SV

Achille Mbembe

Politik der Feindschaft

*Aus dem Französischen
von Michael Bischoff*

Suhrkamp

Die Originalausgabe erschien unter dem Titel *Politiques de l'ininmitié*
© Éditions La Découverte, Paris, 2016.

Bibliografische Information der Deutschen Nationalbibliothek
Die Deutsche Nationalbibliothek verzeichnet diese Publikation
in der Deutschen Nationalbibliografie;
detaillierte bibliografische Daten sind im Internet
über http://dnb.d-nb.de abrufbar.

Erste Auflage 2017
© dieser Ausgabe Suhrkamp Verlag Berlin 2017
Alle Rechte vorbehalten, insbesondere das des öffentlichen Vortrags sowie
der Übertragung durch Rundfunk und Fernsehen, auch einzelner Teile.
Kein Teil des Werkes darf in irgendeiner Form (durch Fotografie,
Mikrofilm oder andere Verfahren) ohne schriftliche Genehmigung des
Verlages reproduziert oder unter Verwendung elektronischer Systeme
verarbeitet, vervielfältigt oder verbreitet werden.
Satz: Satz-Offizin Hümmer GmbH, Waldbüttelbrunn
Druck: Pustet, Regensburg
Printed in Germany
ISBN 978-3-518-58708-9

Inhalt

Einleitung: Die Welt auf dem Prüfstand   9

Erstes Kapitel: Das Ende der Demokratie   23
    Umkehrung, Inversion und Beschleunigung   24
    Der dunkle Körper der Demokratie   34
    Mythen   43
    Die Zerstörung des Göttlichen   56
    Nekropolitik und Beziehung ohne Begehren   65

Zweites Kapitel: Die Gesellschaft der Feindschaft   81
    Das beängstigende Objekt   82
    Der Feind, dieser Andere, der ich bin   92
    Die zum Glauben Verdammten   99
    Der Unsicherheitsstaat   102
    Nanorassismus und Narkotherapie   107

Drittes Kapitel: Fanons Apotheke   121
    Das Zerstörungsprinzip   122
    Gesellschaft von Objekten und Metaphysik der Zerstörung   143
    Rassistische Ängste   150
    Radikale Dekolonisierung und Fest der Phantasie   158
    Die Pflegebeziehung   162
    Der unverschämte Doppelgänger   168
    Das Leben, das wegfließt   179

Viertes Kapitel: Dieser nervtötende Süden   187

Die Sackgassen des Humanismus	189
Das Andere des Menschlichen und Genealogien des Objekts	193
Die Nullwelt	200
Antimuseum	206
Autophagie	209
Kapitalismus und Animismus	216
Emanzipation des Lebendigen	221
Schluss: Ethik des Passanten	227

*Für Fabien Éboussi Boulaga,
Jean-François Bayart
und Peter L. Geschiere*

Einleitung

Die Welt auf dem Prüfstand

Wer ein Buch in die Hand nimmt, weiß darum noch nicht, was er damit anfangen soll. Ursprünglich wollte ich eines schreiben, das kaum von Geheimnissen umgeben wäre. Herausgekommen ist am Ende ein kurzer Essay, der aus hingeworfenen Skizzen und parallelen Kapiteln besteht, aus mehr oder weniger durchgezogenen Linien und zahlreichen Punkten, aus lebhaften und rasch ausgeführten Strichen oder gar leichten Rückzugsbewegungen, gefolgt von plötzlichen Kehrtwenden.

Gewiss, das sperrige Thema eignete sich kaum für ein Geigensolo. So reicht es denn, die Präsenz eines Knochens, eines Totenschädels oder eines Skeletts im Innern des Elements erahnen zu lassen. Dieser Knochen, dieser Totenschädel und dieses Skelett haben Namen – die Neubesiedlung der Erde, das Ende der Demokratie, die Gesellschaft der Feindseligkeit, die unerwünschte Beziehung, die Stimme des Blutes, Terror und Gegenterror als Heilmittel und Gift unserer Zeit (Kapitel 1 und 2). Den besten Zugang zu diesen verschiedenen Skeletten bot eine Form, die sich keineswegs zögerlich, sondern zielstrebig und energisch gibt. Wie dem auch sei, dies ist ein Text, über dessen Oberfläche der Leser frei, ohne Kontrolle und ohne Visum hinweggleiten kann. Er kann verweilen, solange er will, sich ganz nach Belieben bewegen und jederzeit durch jede beliebige Tür hinausgehen oder zurückkehren. Er kann jede Richtung einschlagen und dabei gegenüber jedem

Wort und jeder These kritische Distanz und bei Bedarf auch eine gewisse Skepsis bewahren.

Es heißt, Schreiben entfalte stets eine Kraft oder spreche einen Streitpunkt an – was ich hier ein Element nenne. Im vorliegenden Fall handelte es sich um ein rohes Element oder eine einengende Kraft, um eine Kraft, die eher trennt als Bindungen verstärkt – eine Kraft der Spaltung und einer realen Isolierung, die sich allein um sich selbst dreht und sich vom Rest der Welt abzuschotten versucht, zugleich aber behauptet, deren bestmögliche Regierung zu sein. Die nachfolgenden Überlegungen betreffen in der Tat die erneute Erhebung der Feindschaftsbeziehung und ihrer zahlreichen Ausprägungen unter den heutigen Gegebenheiten auf die globale Ebene. Der Platonische Begriff des *pharmakon* – eines Medikaments, das zugleich als Heilmittel und als Gift wirkt – bildet hier den Dreh- und Angelpunkt. Zum Teil gestützt auf das politische und psychiatrische Werk Frantz Fanons, werde ich zeigen, wie im Gefolge der Dekolonisierungskonflikte der Krieg (in Gestalt von Eroberung und Besetzung, Terror und Aufstandsbekämpfung) am Ende des 20. Jahrhunderts zum Sakrament unserer Zeit wurde.

Diese Transformation hat wiederum leidenschaftliche Bewegungen freigesetzt, die Schritt für Schritt die liberalen Demokratien drängen, Notstandsmaßnahmen zu verhängen, ein rigoroses Vorgehen ins Auge zu fassen und diktatorische Mittel gegen sich selbst und ihre Feinde einzusetzen. Ich frage unter anderem, welche Folgen diese Umkehrung hat und wie sich unter diesen neuen Bedingungen die Frage nach dem Verhältnis zwischen Gewalt und Recht, zwischen Norm und Ausnahme, zwischen Krieg, Sicherheit und Freiheit stellt. Im Kontext einer immer kleiner werdenden Welt und einer Neubesiedlung der Erde zugunsten neuer Zirkulationszyklen der

Bevölkerungen versucht dieser Essay nicht nur, neue Wege zu einer Kritik atavistischer Nationalismen zu öffnen. Er fragt auch indirekt, worin die Grundlagen einer gemeinsamen Genealogie und damit auch einer über die Menschheit hinausreichenden Politik des Lebendigen bestehen könnten.

Der Essay behandelt in der Tat jene Art von Arrangement mit der Welt – oder mit der Nutzung der Welt –, die zu Beginn dieses Jahrhunderts darin besteht, dass man alles, was nicht man selbst ist, für nichts erachtet. Dieser Prozess hat eine Genealogie und einen Namen: den Kurs auf Trennung und die Auflösung von Bindungen. Das geschieht vor dem Hintergrund einer Angst vor der eigenen Vernichtung. Tatsächlich empfinden heute viele Menschen Angst. Sie befürchten, Opfer einer Invasion zu werden und bald zu verschwinden. Ganze Völker haben das Gefühl, nicht mehr die nötigen Mittel zur Aufrechterhaltung ihrer Identität zu besitzen. Sie glauben, es gebe kein Außen mehr und man müsse zum Schutz vor den Bedrohungen immer mehr Mauern errichten. Sie wollen sich an nichts mehr erinnern, vor allem nicht an eigene Verbrechen und Untaten, und fabrizieren bösartige Objekte, die ihnen am Ende tatsächlich nachgehen und die sie dann mit Gewalt zu bekämpfen versuchen.

Von den bösen Geistern verfolgt, die sie unablässig erfinden und von denen sie nun in einer spektakulären Verkehrung umzingelt sind, stellen sie sich ganz ähnliche Fragen wie jene, mit denen sich vor gar nicht langer Zeit zahlreiche außerwestliche Gesellschaften auseinandersetzen mussten, die im Netz weitaus zerstörerischer Mächte gefangen waren – der Kolonisierung und des Imperialismus.[1] Kann ich den Anderen unter diesen Umständen noch für meinesgleichen halten? Worauf

---

1 Chinua Achebe, *Things Fall Apart*, London 1958; dt.: *Okonkwo oder*

beruht denn unter den extremen Bedingungen, die wir hier und jetzt erleben, mein Menschsein und das der Anderen? Wäre es angesichts der erdrückenden Last, zu der der Andere geworden ist, nicht besser, wenn mein Leben nicht mit dem seinigen und seines nicht mit dem meinigen verbunden wäre? Warum muss ich gegenüber allen und gegen alle unbedingt über den Anderen und sein Leben wachen, wenn er seinerseits doch nur meinen Untergang im Sinn hat? Und wenn Menschlichkeit letztlich nur dann existiert, wenn sie in der Welt und von dieser Welt ist, wie lässt sich dann eine Beziehung zu den Anderen begründen, die auf der wechselseitigen Anerkennung unserer gemeinsamen Verwundbarkeit und Endlichkeit basierte?

Es geht offenbar nicht darum, den Kreis zu erweitern, sondern darum, aus den primitiven Formen des Fernhaltens von Feinden, Eindringlingen und Fremden – also von allen, die nicht zu uns gehören – Grenzen zu machen. In einer Welt, die von einer größeren Ungleichheit der Mobilitätschancen als jemals zuvor geprägt ist und in der Bewegung und Weggehen die einzige Überlebenschance darstellen, ist die Brutalität der Grenzen nur eine Grundgegebenheit unserer Zeit. Die Grenzen sind keine Linien mehr, die man überquert, sondern Linien, die trennen. In diesen mehr oder weniger miniaturisierten und militarisierten Räumen soll alles zum Stillstand kommen. Zahllose Menschen finden dort heute ihr Ende; sie werden deportiert, falls sie nicht einfach ertrinken oder an tödlichen Stromstößen sterben.

Der Gleichheitsgrundsatz wird sturmreif geschossen, und zwar sowohl durch das Recht des gemeinsamen Ursprungs

---

Das Alte stürzt, Stuttgart 1959; Neuübers.: *Alles zerfällt*, Frankfurt am Main 2012.

und der Herkunftsgemeinschaft als auch durch die Zerstückelung der Staatsbürgerschaft und deren Zerfall in eine »reine« Staatsbürgerschaft (die der Einheimischen) und eine erworbene Staatsbürgerschaft (die längst prekär geworden und kaum vor Aberkennung geschützt ist). Angesichts der für unsere Zeit so typischen Gefährdungslagen geht es zumindest dem Anschein nach nicht mehr um die Frage, wie sich Lebensführung und Ausübung der Freiheit mit dem Wissen um die Wahrheit der Fürsorge für Andere vereinbaren lassen. Jetzt geht es vielmehr um die Frage, wie man den Willen zur Macht in einer Art Ausbruch primitiver Strebungen durch den Einsatz teils grausamer, teils tugendhafter Mittel aktualisieren kann.

Damit hat sich der Krieg nicht nur in der Demokratie, sondern auch in Politik und Kultur als Zweck und als Notwendigkeit etabliert. Er ist nun Heilmittel und Gift – unser *pharmakon*. Die Verwandlung des Kriegs in das *pharmakon* unserer Zeit hat wiederum verhängnisvolle Affekte freigesetzt, die unsere Gesellschaften nach und nach drängen, den Weg der Demokratie zu verlassen und sich in Gesellschaften der Feindschaft zu verwandeln, wie das unter der Kolonialherrschaft geschah. Von dieser weltweiten Fortführung des Kolonialismus und seiner zahlreichen aktualisierten Ausprägungen bleiben auch die Gesellschaften des Nordens nicht verschont. Der Krieg gegen den Terror und die Ausrufung eines weltweiten »Ausnahmezustands« verstärken diese Entwicklung noch.

Wer könnte sich heute mit dem Krieg als *pharmakon* unserer Zeit auseinandersetzen, ohne sich auf Frantz Fanon zu beziehen, in dessen Schatten dieser Essay geschrieben worden ist? Der Kolonialkrieg – und darüber spricht er in erster Linie – ist vielleicht nicht die letzte Matrix des *nomos* der Erde, aber zumindest doch eines der bevorzugten Mittel seiner Institutionalisierung. Als Eroberungs- und Besetzungskriege und in vielerlei Hinsicht als Vernichtungskriege waren die Kolonialkriege zugleich auch Belagerungskriege, im Ausland geführte Kriege und Rassenkriege. Aber wie könnte man vergessen, dass sie auch Elemente von Bürgerkriegen, von Verteidigungskriegen aufwiesen, wenn die Befreiungskriege nicht im Gegenzug sogar Kriege zur sogenannten »Aufstandsbekämpfung« auslösten. Gerade wegen der Verschränkung und Verkettung von Kriegen wie auch von Ursachen und Wirkungen gaben sie Anlass zu solchem Schrecken und solchen Grausamkeiten. Deshalb auch führten sie bei den Menschen, die sie erlitten oder daran teilnahmen, manchmal zum Glauben an eine illusorische Allmacht und manchmal zum reinsten Horror und dem Gefühl vollkommener Ohnmacht.

Wie die meisten heutigen Kriege – der Krieg gegen den Terror einschließlich diverser Formen der Besetzung – waren die Kolonialkriege Ausbeutungs- und Raubkriege. Auf allen Seiten – denen der Besiegten wie auch denen der Sieger – führten sie unausweichlich zum Untergang von etwas Ungreifbarem, nahezu Namenlosem, schwer Auszudrückendem: Wie erkennt man auf dem Gesicht des Feindes, den man zu töten versucht, aber dessen Wunden man auch zu pflegen vermöchte, ein anderes Gesicht des Menschen in seiner vollen Menschlichkeit, der damit unseresgleichen wäre (Kapitel 3)? Die Kolonialkriege setzten leidenschaftliche Kräfte frei, durch die sich die Fähigkeit der Menschen, Trennungslinien zu ziehen, noch beträchtlich vergrößerte. Sie zwangen die einen, ihre am stärksten unterdrückten Wünsche offener denn je zu zeigen und ihre dunkelsten Mythen noch direkter aufzugreifen. Anderen boten sie die Möglichkeit, aus ihrem Tiefschlaf zu erwachen, zum ersten und vielleicht einzigen Mal die Macht zu spüren, Teil der umgebenden Welt zu sein, und dabei ihre eigene Verwundbarkeit und Unfertigkeit zu ertragen. Brutal dem Leid unbekannter Dritter ausgesetzt, ließen wieder andere schließlich sich anrühren. Angesichts dieser zahllosen leidenden Körper traten sie plötzlich aus dem Kreis der Gleichgültigkeit heraus, in den sie sich bislang eingemauert hatten.

Fanon hatte verstanden, dass es in der Kolonialherrschaft und dem gleichnamigen Krieg kein Subjekt des Lebens gibt (Kapitel 3). Als lebendiges Subjekt ist es stets offen gegenüber der Welt. Indem es das Leben der anderen Lebewesen und Nichtlebewesen begreift, begreift es sein eigenes, existiert es erst als Lebensform, vermag es nun die Asymmetrie der Beziehung zu korrigieren, dort eine Dimension der Gegenseitigkeit einzubringen und Sorge für das gemeinsame Menschsein zu übernehmen. Andererseits erblickte Fanon in Fürsorge und Pflege eine Resymbolisierung, in der stets die Möglichkeit der Reziprozität und Gegenseitigkeit (der echten Begegnung mit anderen) ins Spiel kommt. Dem Kolonisierten, der sich weigerte, kastriert zu werden, riet er, Europa den Rücken zu kehren, das heißt bei sich selbst zu beginnen und sich jenseits der Kategorien aufzurichten, die ihn gebeugt hielten. Das Problem bestehe nicht nur darin, dass man einer bestimmten Rasse zugeordnet wird, sondern auch in der Tatsache, dass man die Voraussetzungen dieser Zuordnung verinnerlicht hat; dass man diese Kastration am Ende selbst wünscht und sich zu ihrem Komplizen macht. Denn das fiktive Bild, das der Andere vom kolonisierten Subjekt fabriziert hatte, trieb den Kolonisierten nun vollständig oder nahezu vollständig dazu, sich darin einzurichten wie in seiner Haut und seiner Wahrheit.

Dem Unterdrückten, der sich von der Last der Rasse zu befreien versuchte, riet Fanon deshalb zu einem langen Heilungsprozess. Diese Therapie begann mit und in der Sprache und in der Wahrnehmung, mit der Einsicht in jene fundamentale Realität, wonach in der Welt Mensch zu werden bedeutet, dass man akzeptiert, dem Anderen ausgesetzt zu sein. In der Therapie folgt nun eine gewaltige Arbeit an sich selbst, mit neuen Erfahrungen des Körpers, der Bewegung, des Zusammenseins (und der Kommunikation) als des lebendigsten und verwundbarsten gemeinsamen Fundaments des Menschen und schließlich mit der Ausübung von Gewalt. Diese Gewalt richtete sich gegen das Kolonialsystem. Zu den Besonderheiten dieses Systems gehörte die Schaffung eines ganzen Spektrums von Leid, das keine Reaktion, kein Verantwortungsgefühl, keine Fürsorge, keine Sympathie und oft auch kein Mitleid auslöste. Im Gegenteil, man tat alles, um bei allen die Fähigkeit abstumpfen zu lassen, wegen des Leidens der einheimischen Bevölkerung selbst zu leiden und sich davon berühren zu lassen. Und mehr noch, die koloniale Gewalt diente dem Zweck, die Kraft der Wünsche bei den Unterdrückten einzufangen und auf unproduktive Ziele umzuleiten. Unter dem Vorwand, nur das Wohl der einheimischen Bevölkerung im Sinn zu haben, versuchte der Kolonialapparat nicht nur, deren Lebenswunsch zu blockieren, sondern auch ihre Fähigkeit zur Selbstachtung als sittlich Handelnde zu beeinträchtigen und zu schwächen.

Genau dagegen richtete sich Fanons politische und klinische Praxis ganz entschieden. Deutlicher als andere verwies er auf einen der großen aus der Neuzeit überkommenen Widersprüche, dessen Lösung seiner Zeit jedoch große Mühe bereitete. Die gewaltige Neubesiedlung der Welt, die zu Beginn der Neuzeit ihren Anfang genommen hatte, führte schließlich zu einer massiven »Landnahme« (der Kolonisierung), in einer Größenordnung und mit Hilfe von Techniken, wie man sie in der Geschichte der Menschheit noch nicht erlebt hatte. Statt die Demokratie auf dem gesamten Erdball zu verbreiten, brachte der Wettlauf um neue Territorien ein neues Recht (*nomos*) der Erde hervor, dessen Hauptmerkmal darin bestand, dass Krieg und Rasse zu den beiden bevorzugten Sakramenten der Geschichte erhoben wurden. Die Sakramentalisierung des Kriegs und der Rasse in den Hochöfen des Kolonialismus machte sie zugleich zum Gegengift und zum Gift der Neuzeit, zu deren zweifachem *pharmakon*.

Unter diesen Umständen, so glaubte Fanon, könne die Dekolonisierung als konstituierendes politisches Ereignis kaum ohne Gewalt ablaufen. Jedenfalls existierte sie als aktive Urkraft bereits zuvor. Die Dekolonisierung setzte einen belebten Körper in Bewegung, der fähig war, sich erschöpfend auszudrücken, und dies in einem Zusammenstoß mit allem, was ihm vorausging oder ihm äußerlich war und ihn hinderte, zu seinem Begriff zu finden. Doch so schöpferisch die reine und grenzenlose Gewalt auch sein mochte, war sie doch niemals vor einer möglichen Verblendung gefeit. In steriler Wiederholung gefangen, konnte sie jederzeit entarten und ihre Energie in den Dienst der Zerstörung um der Zerstörung willen gestellt werden.

Andererseits verfolgte die Therapie nicht hauptsächlich das Ziel, die Krankheit vollständig auszurotten oder den Tod zu unterdrücken und Unsterblichkeit herzustellen. Der kranke Mensch war der Mensch ohne Familie, ohne Liebe, ohne zwischenmenschliche Beziehungen und ohne Verbundenheit mit einer Gemeinschaft. Es war der Mensch ohne jede Möglichkeit einer echten Begegnung mit anderen Menschen, zu denen er keine vorgängigen Abstammungs- oder Herkunftsbande besaß (Kapitel 3). Diese *Welt aus bindungslosen Menschen* (oder aus Menschen, die ohne die anderen auskommen möchten) gibt es auch heute noch, wenn auch in ständig wechselnden Ausprägungen. Es gibt sie in den Windungen der erneuerten Judenfeindlichkeit wie auch ihres Gegenstücks, der Islamfeindlichkeit. Es gibt sie in Gestalt des Wunsches nach Apartheid und Endogamie, der unsere Zeit quält und uns in einen halluzinierenden Traum stürzt, in den einer »Gemeinschaft ohne Fremde«.

Fast überall treten Blutrecht, Talionsprinzip und Rassenpflicht – als konstitutive Elemente des atavistischen Nationalismus – wieder an die Oberfläche. Die bislang mehr oder weniger verdeckte Gewalt der Demokratien kommt gleichfalls wieder zum Vorschein und zeichnet einen todbringenden Kreis, der die Phantasie einengt und aus dem man nur schwer zu entkommen vermag. Die politische Ordnung formiert sich fast überall neu als Organisationsform für den Tod. Schritt für Schritt sucht ein im Wesen molekularer und angeblich defensiver Terror sich zu rechtfertigen, indem er die Beziehungen zwischen Gewalt, Mord und Gesetz, Glaube, Geboten und Gehorsam, Norm und Ausnahme oder auch Freiheit, Verfolgung und Sicherheit vernebelt. Es geht nicht darum, den Mord durch Recht und Justiz aus dem Gemeinschaftsleben auszuschließen. Vielmehr gilt es nun, immer wieder den höchsten Einsatz zu riskieren. Weder der Terrorist noch der Terrorisierte – beide der jüngste Ersatz des Bürgers – lehnen den Mord ab. Im Gegenteil, wenn sie nicht ganz einfach an den (zugefügten oder erlittenen) Tod glauben, halten sie ihn wenigstens für den letzten Garanten einer in Blut und Eisen getauchten Geschichte – der Geschichte des Seins.

Die Unauflöslichkeit der menschlichen Bande, die Untrennbarkeit des Menschen und der übrigen Lebewesen, die Verwundbarkeit des Menschen im Allgemeinen und des kriegskranken Menschen im Besonderen oder auch die Sorgfalt, deren es bedarf, um das Leben auf Dauer zu sichern – mit alledem befasste sich Fanon intensiv in seinem Denken wie auch in seinem Tun. Um diese Fragen wird es – auf Umwegen und in wechselnder Gestalt – in den folgenden Kapiteln gehen. Da Fanon eine ganz besondere Fürsorge für Afrika entfaltete und sein eigenes Schicksal definitiv mit dem dieses Kontinents verband, liegt es auf der Hand, dass Afrika bei diesen Überlegungen im Vordergrund steht (Kapitel 4).

Es gibt in der Tat Namen, die kaum auf die Sache, sondern über sie hinweg oder an ihr vorbei weisen. Sie entstellen und verdecken. Deshalb widersetzt sich die eigentliche Sache oft der Bezeichnung und jeglicher Übersetzung. Nicht weil sie hinter einer Maske verborgen wäre, sondern weil sie derart zu wuchern vermag, dass jedes Adjektiv überflüssig wird. Das galt in Fanons Augen für Afrika und dessen Maske, den Neger. Eine verschwommene, nebulöse, gewichtslose Entität ohne historisches Profil, über die nahezu jeder nahezu alles sagen könnte, ohne dass dies irgendwelche Folgen hätte? Oder eine eigenständige Kraft und ein Projekt, die aus eigener Lebenskraft zu ihrem Begriff zu finden und sich in das neue Weltzeitalter einzuschreiben vermöchten?

Um der Vielfalt der Lebenswelten gerecht zu werden, ohne in Wiederholungen zu versinken, richtete Fanon den Blick auf die Erfahrung der Menschen mit den oberflächlichen und den tiefen Schichten, mit der Welt des strahlenden Lichts und den Schattenwelten. Da es sich um letztgültige Bedeutungen handelte, wusste er, dass er sowohl in den Strukturen als auch in den dunklen Bereichen des Lebens danach suchen musste. Daher die außergewöhnliche Aufmerksamkeit, die er der Sprache, dem gesprochenen Wort, der Musik, dem Theater, dem Tanz, dem Pomp, dem Dekor und allen erdenklichen Arten technischer Objekte und psychischer Strukturen widmete. Allerdings geht es in diesem Essay nicht darum, einen Toten zu besingen, sondern darum, auf bruchstückhafte Weise einen großen Denker der *Verwandlung* in Erinnerung zu rufen.

Ich habe nichts gefunden, was für diesen Zweck besser geeignet wäre als eine bildhafte Sprache, die zwischen Schwindel, Auflösung und Zerstreuung schwankt. Eine Sprache, die aus ineinander verschlungenen Schleifen besteht und deren Kanten und Linien sich jeweils in ihrem Fluchtpunkt treffen. Diese Sprache soll ins Leben zurückholen, was den Mächten des Todes überantwortet war. Sie soll den Zugang zu den Grundfesten der Zukunft wieder eröffnen, angefangen bei der Zukunft derer, die vor gar nicht langer Zeit nur schwer zu sagen vermochten, worin der Anteil des Menschlichen liegt und worin der des Tiers, des Objekts, der Sache oder der Ware (Kapitel 4).

Johannesburg, 24. Januar 2016

Dieser Essay entstand während meines langen Aufenthalts am Witwatersrand Institute for Social and Economic Research (WISER) der University of the Witwatersrand in Johannesburg.

In diesen Jahren habe ich größten Nutzen gezogen aus dem ständigen Gedankenaustausch mit meinen Kolleginnen und Kollegen Sarah Nuttall, Keith Breckenridge, Pamila Gupta, Sara Duff, Jonathan Klaaren, Cath Burns und in jüngerer Zeit Hlonipa Mokoena sowie Shireen Hassim. Adam Habib, Tawana Kupe, Zeblon Vilakazi, Ruksana Osman und Isabel Hofmeyr haben mich unablässig ermutigt. Das Postdoc-Seminar, das ich gemeinsam mit meiner Kollegin Sue Van Zyl am Wiser abhielt und zu dem Charne Lavery, Claudia Gastrow, Joshua Walker, Sarah Duff, Kirk Side und Timothy Wright regelmäßig Beiträge leisteten, bildete einen Forschungsraum von unschätzbarer Kreativität.

Paul Gilroy, David Theo Goldberg, Jean Comaroff, John Comaroff, Françoise Vergès, Éric Fassin, Laurent Dubois, Srinivas Aravamudan, Elsa Dorlin, Grégoire Chamayou, Ackbar Abbas, Dilip Gaonkar, Nadia Yala Kisukidi, Eyal Weizman, Judith Butler, Ghassan Hage, Ato Quayson, Souleymane Bachir Diagne, Adi Ophir, Célestin Monga, Siba Grovogui, Susan van Zyl, Henry Louis Gates und Xolela Mangcu waren fruchtbare Inspirationsquellen für mich und – oft ohne ihr Wissen – Gesprächspartner allerersten Ranges.

Ich danke meinen Kolleginnen und Kollegen am Johannesburg Workshop in Theory and Criticism (JWTC) Leigh-Ann Naidoo, Zen Marie und Kelly Gillespie für ihre unermüdliche Zusammenarbeit und Najibha Deshmukh wie auch Adila Deshmukh für ihre tiefe Freundschaft.

Mein Verleger Hugues Jallon und sein Team, Pascale Iltis, Thomas Deltombe und Delphine Ribouchon, waren wie stets eine zuverlässige Stütze.

Ich widme diesen Essay einem unserer ganz Großen, Fabien Éboussi Boulaga, und zwei unerschütterlichen Freunden, Jean-François Bayart und Peter L. Geschiere.

Erstes Kapitel
Das Ende der Demokratie

Dieses Buch möchte von Afrika aus, wo ich lebe und arbeite (aber auch von der übrigen Welt her, die ich unermüdlich bereise), einen Beitrag zur Kritik unserer Zeit leisten – einer Zeit großer Bevölkerungsbewegungen und einer Globalisierung der Welt unter Führung des Militarismus und des Kapitals und in letzter Konsequenz einer Zeit, die das Ende der Demokratie (oder deren Verkehrung) erlebt. Zu diesem Zweck werde ich auf ein Verfahren zurückgreifen, das sich quer zu den Dingen stellt und auf die drei Motive der Öffnung, der Durchquerung und der Zirkulation achtet. Solch eine Vorgehensweise ist nur dann fruchtbar, wenn sie unsere Gegenwart *gegen den Strich liest*.

Sie geht von der Annahme aus, dass jede echte Dekonstruktion der heutigen Welt mit der vollen Anerkennung des zutiefst provinziellen Charakters unseres Diskurses und des unvermeidlich regionalen Charakters unserer Begriffe beginnen muss – das heißt mit einer Kritik jedes abstrakten Universalismus. Auf diese Weise versucht sie mit dem Zeitgeist zu brechen, der bekanntlich auf Abschließung und Abgrenzungen jeglicher Art bedacht ist, auf Grenzen hier und dort, nah und fern, innen und außen, die als Maginotlinie für einen Großteil dessen fungiern, was heute als »globales Denken« gilt. Als »global« kann jedoch nur ein Denken angesehen werden, das der theoretischen Segregation den Rücken kehrt und sich auf die Archive der von Édouard Glissant so genannten »All-Welt« stützt.

Umkehrung, Inversion und Beschleunigung

Im Blick auf die hier skizzierten Überlegungen verdienen vier Eigenheiten unserer Zeit besondere Erwähnung. Die erste ist das Schrumpfen der Welt wie auch das Bevölkerungswachstum aufgrund der Umkehrung der demographischen Entwicklung zugunsten des Südens. Die geographische und kulturelle Entwurzelung im Gefolge der freiwilligen Umsiedlung oder erzwungenen Ansiedlung ganzer Populationen in Gebieten, die bislang ausschließlich von einheimischen Bevölkerungen bewohnt wurden, waren Ereignisse von entscheidender Bedeutung für den Beginn der Moderne.[1] Auf der atlantischen Seite der Erde prägten zwei zentrale, mit der Ausbreitung des Kapitalismus verbundene Momente diese globale Neuverteilung der Weltbevölkerung.

Dabei handelte es sich um die Kolonisierung (die Anfang des 16. Jahrhunderts mit der Eroberung Amerikas begann) und um den Handel mit schwarzen Sklaven. Sowohl der Handel mit Negersklaven als auch die Kolonisierung fielen zeitlich weitgehend mit der Herausbildung des merkantilistischen Denkens im Westen zusammen, wenn sie nicht sogar schlicht und einfach dessen Ursprung bildeten.[2] Der Sklavenhandel bedeutete für die Gesellschaften, aus denen die Sklaven entführt wurden, einen gewaltigen Aderlass, der sie gerade der nützlichsten und vitalsten Kräfte beraubte.

In Amerika wurden die Arbeitskräfte afrikanischer Herkunft in den Dienst eines gewaltigen Projekts zur Unterwer-

---

1 Paul Gilroy, *The Black Atlantic: Modernity and Double Consciousness*, London 1993.
2 Allgemein dazu siehe Parkakunnel Joseph Thomas, *Mercantilism and East India Trade*, London 1963; William J. Barber, *British Economic Thought and India, 1690-1858*, Oxford 1975.

fung der Umwelt zum Zweck ihrer rationalen und gewinnbringenden Verwertung gestellt. In vielerlei Hinsicht ging es beim Plantagensystem in erster Linie um Wälder und Bäume, die es niederzubrennen, abzuholzen und regelmäßig zurückzustutzen galt, um Baumwolle und Zuckerrohr, die an die Stelle der bisherigen Pflanzen treten sollten; um die alten Bauern, die umerzogen werden mussten; um die bisherigen Pflanzenformationen, die zu vernichten waren, und um den Ersatz eines Ökosystems durch ein Agrarsystem.³ Die Plantage war indessen keine bloß ökonomische Einrichtung. Für die in die Neue Welt verpflanzten Sklaven war sie auch der Schauplatz, auf dem es zu einem anderen Neubeginn kam. Dort begann ein Leben, das von nun an nach einem im Kern rassischen Prinzip gelebt wurde. Aber nach diesem Verständnis war die Rasse keineswegs nur ein biologischer Signifikant, sondern verwies auf einen Körper ohne Welt und Boden, der aus verbrennbarer Energie bestand und gleichsam einen Doppelgänger der Natur darstellte, die man durch Arbeit in fixes oder liquides Kapital verwandeln konnte.⁴

Die Kolonisierung wiederum arbeitete mit der Ausscheidung all derer, die in den Gesellschaften der Kolonialherren in irgendeiner Weise als überflüssig oder überschüssig angesehen wurden. Das galt insbesondere für die Armen, die der Gesellschaft zur Last fielen, die Vagabunden und Kriminellen, von denen man glaubte, dass sie der Nation Schaden zufügten. Die Kolonialisierung war eine Technik zur Steuerung von Wanderungsbewegungen. Damals glaubten viele, diese

---

3 Siehe Walter Johnson, *River of Dark Dreams. Slavery and Empire in the Cotton Kingdom,* Cambridge, MA, 2013.
4 Zu einer vergleichenden Analyse dieser Institution siehe Richard S. Dunn, *A Tale of Two Plantations. Slave Life and Labor in Jamaica and Virginia*, Cambridge 2014.

Migrationsform wäre für die Ursprungsländer letztlich von Nutzen. »Nicht nur zahlreiche Männer, die jetzt noch im Müßiggang leben und ein Gewicht, eine Last darstellen und diesem Königreich nichts einbringen, werden auf diese Weise zum Arbeiten gebracht, auch ihre Kinder im Alter von zwölf oder vierzehn Jahren oder darunter werden vom Müßiggang abgehalten, weil sie zahlreiche unbedeutende Dinge herstellen, die für dieses Land vielleicht gute Handelswaren darstellen«, schrieb Antoine de Montchrestien zu Beginn des 17. Jahrhunderts in seinem *Traité d'économie politique*. Und mehr noch, fügte er hinzu, »unsere müßiggängerischen Frauen werden beschäftigt, indem sie Federn rupfen, färben und sortieren, Hanf ziehen, schlagen und bearbeiten und Baumwolle und mancherlei anderes zum Färben sammeln«. Die Männer wiederum »können in den Bergwerken arbeiten und in der Landwirtschaft und sogar im Walfang [...] oder auch in der Kabeljau-, Lachs- oder Heringsfischerei und als Holzfäller«.[5]

Vom 16. bis zum 19. Jahrhundert waren diese beiden Formen der Umschichtung der Weltbevölkerung durch Menschenraub, Ausbeutung des natürlichen Reichtums und Arbeitszwang für subalterne soziale Schichten wichtige ökonomische, politische und vielfach auch philosophische Themen der Zeit.[6] Sowohl die Wirtschafts- als auch die Demokratietheorie basierten zum Teil auf einer Verteidigung oder einer Kritik einer dieser beiden Formen der Neuverteilung der Bevölke-

---

5 Antoine de Montchrestien, *Traité d'économie politique*, Genf 1999 [1615], S. 187.
6 Siehe z. B. Josiah Child, *A New Discourse of Trade*, London 1690, S. 197; Charles Davenant, »Discourses on the public revenue and on the trade«, in: *The Political and Commercial Works. Collected and Revised by Sir Charles Whitworth*, London 1967 [1711], S. 3.

rungen.⁷ Diese bildeten ihrerseits den Ausgangspunkt zahlreicher Verteilungskonflikte und Eroberungskriege. Im Gefolge dieser weltweiten Bewegung kam es zu einer Neuaufteilung der Erde – im Zentrum die westlichen Mächte und draußen an den Rändern die peripheren Länder, dem totalen Krieg, der Besetzung und der Ausplünderung ausgesetzt.

Zu berücksichtigen ist außerdem die allgemein übliche Unterscheidung zwischen der wirtschaftlichen oder kommerziellen Kolonisierung und der Kolonisierung der Völker im eigentlichen Sinne. Gewiss war man in beiden Fällen der Ansicht, dass der eigentliche Sinn der Kolonien in der Bereicherung des Mutterlandes lag. Der Unterschied lag darin, dass man in der Siedlungskolonie eine Erweiterung der eigenen Nation erblickte, während die Handels- oder Ausbeutungskolonie allein der Bereicherung des Mutterlandes durch einen ungleichen und ungerechten Handel diente, der sich ohne größere Investitionen vor Ort realisieren ließ.

Die Aneignung der Ausbeutungskolonien diente theoretisch nur einem einzigen Ziel, und wenn Europäer dorthin gingen, so nur vorübergehend. Im Fall der Siedlungskolonien dagegen zielte die Migrationspolitik darauf, Menschen, die man verloren hätte, wenn sie im Lande geblieben wären, im Schoße der Nation zu behalten. Die Kolonie diente als Ventil für diese unerwünschten Menschen, für Bevölkerungsgruppen, »deren Verbrechen und Laster« rasch »zerstörerisch« hätte wirken können und deren Bedürfnisse sie ins Gefängnis gebracht oder zum Betteln gezwungen hätte, wodurch sie für

---

7 Siehe Christophe Salvat, *Formation et diffusion de la pensée économique libérale française. André Morellet et l'économie politique du XVIIe siècle*, Diss., Lyon 2000; Daniel Diatkine (Hg.), »Le libéralisme à l'épreuve: de l'empire aux nations (Adam Smith et l'économie coloniale)«, *Cahiers d'économie politique*, Nr. 27-28, 1996.

das Land ohne Nutzen gewesen wären. Diese Aufspaltung der Menschheit in »nützliche« und »unnütze«, »überflüssige«, »überschüssige« Menschen ist bis heute die Regel, wobei die Nützlichkeit sich im Wesentlichen an der Arbeitsfähigkeit bemisst.

Die großen Migrationsbewegungen zu Beginn der Neuzeit hatten nicht nur mit der Kolonisierung zu tun. Wanderungen und Mobilität hatten ihre Ursache auch in religiösen Faktoren. In der Zeit von 1685 bis 1730 flohen nach der Aufhebung des Edikts von Nantes 170 000 bis 180 000 Hugenotten aus Frankreich. Auch viele andere Gemeinschaften waren von religiös bedingter Auswanderung betroffen. Tatsächlich entwickelten sich mehrere Arten internationaler Verkehrsströme. Beispiele sind hier die portugiesischen Juden, deren Handelsnetze große europäische Hafenstädte wie Hamburg, Amsterdam, London und Bordeaux umspannten; die Italiener, die sich im Bankwesen, in der Diplomatie oder in hochspezialisierten Handwerkssparten der Produktion von Glas und Luxusgütern engagierten; und natürlich Soldaten, Söldner, Ingenieure, die wegen der zahlreichen Konflikte der Zeit leicht von einem Kriegsmarkt zum nächsten wechseln konnten.[8]

Zu Beginn des 21. Jahrhunderts sind Sklavenhandel und Kolonisierung ferner Weltgegenden nicht mehr die Instrumente, die man zu einer Neuverteilung der Weltbevölkerung einsetzt. Arbeit im herkömmlichen Sinne ist nicht mehr unbedingt das bevorzugte Mittel der Wertschöpfung. Dennoch ist es eine Zeit der Erschütterungen, der großen und kleinen

---

8 Siehe Jean-Pierre Bardet und Jacques Dupaquier (Hg.), *Histoire des populations de l'Europe. I. Des origines aux prémices de la révolution démographique,* Paris 1998.

Verlagerungen und Verschiebungen, kurz: neuer Gestalten des Exodus.[9] Die neuen Zirkulationsdynamiken und die Bildung von Diasporen gehen zu einem großen Teil auf Handel und Kommerz, Kriege, Umweltkatastrophen und Kulturtransfers unterschiedlichster Art zurück.

Die beschleunigte Alterung der Bevölkerung in den reichen Ländern der Erde ist hier ein Phänomen von beträchtlicher Tragweite. Sie ist das genaue Gegenteil der für das 19. Jahrhundert typischen demographischen Überschüsse, von denen oben die Rede war. Die geographische Entfernung als solche ist heute kein Mobilitätshindernis mehr. Die großen Migrationswege haben sich diversifiziert, und man ergreift immer aufwändigere Maßnahmen zum Schutz der Grenzen. Auch wenn der tausendfüßige Strom der Migranten sich gleichzeitig in mehrere Richtungen bewegt, bleiben Europa und die Vereinigten Staaten doch die wichtigsten Ziele der in Bewegung befindlichen Massen – und insbesondere jener, die aus den Armutszentren der Erde kommen. Dort entstehen neue Ballungszentren und trotz allem auch neue multinationale Großstädte. Durch die neuen internationalen Bevölkerungsbewegungen erscheinen nach und nach überall auf der Erde diverse Ansammlungen mosaikförmiger Territorien.

Diese neuen Schwärme – die zu den früheren Migrationswellen aus dem Süden hinzukommen – verwischen die Kriterien nationaler Zugehörigkeit. Die Zugehörigkeit zu einer Nation beruht nicht mehr allein auf der Herkunft, sondern

---

9 Zum Umfang dieser neuen Zirkulationsformen siehe World Bank, *Development Goals in an Era of Demographic Change. Global Monitoring Report 2015/2016*, 2016: ⟨https://openknowledge.worldbank.org/handle/10986/22547;jsessionid=3E2E44278FE100AA58B1BCDF7AA2DDDA°⟩ (Stand Juli 2016).

auch auf der eigenen Entscheidung. Immer mehr Menschen verfügen heute über mehrere Nationalitäten (der Herkunft, des gegenwärtigen Aufenthalts, der eigenen Wahl) und Identitätsbindungen. Gelegentlich werden sie gedrängt, sich zu entscheiden und in der Bevölkerung aufzugehen, wodurch die doppelte Treuepflicht ein Ende nähme, oder sie laufen Gefahr, bei einem Delikt, das die »Existenz der Nation« bedroht, die erworbene Staatsbürgerschaft wieder zu verlieren.[10]

Allerdings umfasst die – gegenwärtige – Neubesiedlung der Erde nicht allein die Menschen. Die Bewohner der Erde beschränken sich nicht allein auf den Menschen. Mehr als jemals zuvor gehören auch zahlreiche Artefakte dazu wie auch alle sonstigen Lebewesen des Tier- und Pflanzenreichs. Selbst geologische, geomorphologische und klimatologische Kräfte gehören inzwischen zum Gesamtbild der Erdbewohner.[11] Natürlich handelt es sich dabei nicht im eigentlichen Sinne um Wesen oder um Gruppen oder Familien von Entitäten und letztlich nicht einmal um Umwelt oder Natur, sondern um Lebensmedien oder Agenzien (Wasser, Luft, Staub, Mikroben, Termiten, Bienen, Insekten), um Urheber spezifischer Beziehungen. An die Stelle der *conditio humana* ist damit die *conditio terrae* getreten.

Das zweite Kennzeichen unserer Zeit ist die – gegenwärti-

---

10 Siehe Seyla Benhabib und Judith Resnik (Hg.), *Migrations and Mobilities. Citizenship, Borders, and Gender*, New York 2009; und Seyla Benhabib, *The Rights of Others. Aliens, Residents, and Citizens,* Cambridge 2004; dt.: *Die Rechte der Anderen. Ausländer, Migranten, Bürger*, Frankfurt am Main 2008.

11 Der Ausdruck »neue Erdbewohner« bedeutet nicht, dass sie bislang gar nicht da gewesen wären. »Neu« bezieht sich auf ihre veränderte Stellung in unserer Wahrnehmung und Darstellung. Zu diesen Fragen siehe Bruno Latour, *Face à Gaïa. Huit conférences sur le nouveau régime climatique*, Paris 2015.

ge – Neudefinition des Menschen im Rahmen einer allgemeinen Ökologie und einer inzwischen erweiterten, kugelförmigen, unwiderruflich planetarischen Ökologie. Tatsächlich wird die Welt nicht länger als ein vom Menschen geschaffenes Artefakt angesehen. Nachdem der Mensch die Zeitalter des Steins und des Silbers, des Eisens und des Goldes hinter sich gelassen hat, tendiert er nun dazu, plastisch zu werden. Die Ankunft des plastischen Menschen und seiner unmittelbaren Folge, des digitalen Subjekts, steht in direktem Widerspruch zu zahlreichen Überzeugungen, die bislang als unverrückbare Wahrheiten galten.

Etwa der Glaube, wonach es ein »Wesen des Menschen«, einen »menschlichen Wesenskern« gebe, der ihn vom Tier- und Pflanzenreich unterscheide. Oder auch die Überzeugung, die von ihm bewohnte Erde sei lediglich ein passives Objekt seiner Eingriffe. Desgleichen die Vorstellung, von allen Lebewesen sei die »menschliche Gattung« die einzige, die sich teilweise von ihrem Tiersein gelöst habe. Nachdem der Mensch die Ketten biologischer Notwendigkeit gesprengt habe, erhebe er sich fast auf die Höhe des Göttlichen. Im Widerspruch zu diesen und zahlreichen anderen Glaubensartikeln räumt man heute ein, dass der Mensch Teil einer größeren Gruppe von Lebewesen ist, zu denen Tiere, Pflanzen und andere Lebensformen gehören.

Nach Ansicht der Biologie und der Gentechnik gibt es kein »Wesen des Menschen«, das bewahrt, und keine »menschliche Natur«, die geschützt werden müsste. Damit gäbe es auch fast keine Grenze für eine Veränderung der biologischen und genetischen Struktur des Menschen. Durch genetische Manipulationen und Eingriffe in die Keimbahn sei es möglich, so glaubt man, den Menschen nicht nur zu »verbessern« (*enhancement*), sondern in einem Akt spektakulärer Selbstschöpfung auf medizinisch-technischem Wege Leben zu erschaffen.

Das dritte konstitutive Merkmal der Zeit ist die umfassende Einführung der Computertechnologie in alle Bereiche des sozialen Lebens. Angesichts der Leistungsfähigkeit und Allgegenwart der Computerisierung gibt es keine klare Trennung zwischen Bildschirm und Leben mehr. Das Leben findet nun auf dem Bildschirm statt, und der Bildschirm ist zur plastischen und simulierten Form des Lebens geworden, die zudem noch digital erfasst werden kann. Und »das Subjekt erlebt sich selbst nicht mehr über das Porträt oder die Gestalt, die ihm der Spiegel darbietet, sondern über die Konstruktion einer Form von Präsenz des Subjekts, die eher dem Durchpausen oder einem Schattenriss ähnelt«.[12]

Damit ist ein Teil jener Subjektivierungs- und Individuierungsarbeit ausgeschlossen, über die bislang jeder Mensch zu einer Person mit einer mehr oder weniger definierbaren Identität wurde. Ob man will oder nicht, wir leben in einer Zeit der Formbarkeit, der Kreuzung und aller erdenklichen Transplantationen – Formbarkeit des Gehirns, Kreuzung von Künstlichem und Organischem, gentechnische Eingriffe und Computerisierung, immer größere Angleichung von Mensch und Maschine. All diese Mutationen lassen nicht nur dem Traum von einem buchstäblich grenzenlosen Leben freien Lauf. Durch sie wird die Macht über das Leben – oder die Fähigkeit, die Gattung Mensch nach Belieben zu verändern – zur zweifellos absoluten Form von Macht.

Die Verknüpfung zwischen der Fähigkeit, den Menschen – wie auch andere Lebewesen und scheinbar tote Stoffe – wil-

---

12 Claire Larsonneur (Hg.), *Le Sujet digital*, Paris 2015, S. 3.

lentlich zu verändern, und der Macht des Kapitals stellt das vierte Kennzeichen unserer Zeit dar. Die Macht des Kapitals – eine schöpferische Lebenskraft (wenn es um die Expansion der Märkte und die Akkumulation des Profits geht) und zugleich ein blutiger, allesverschlingender Prozess (wenn es um die unwiderrufliche Zerstörung von Seiendem und Lebewesen geht) – hat sich vervielfacht, seit die Aktienmärkte auf den Einsatz künstlicher Intelligenz setzen, um die Bewegung liquider Mittel zu optimieren. Da die meisten Hochfrequenzhändler hochentwickelte Algorithmen benutzen, um die gewaltigen Datenmengen auf den Aktienmärkten zu bewältigen, arbeiten sie auf einer zeitlichen Mikroebene, die dem Menschen nicht zugänglich ist. Die Datenübertragung zwischen Börse und Börsenmakler bemisst sich heute in Millisekunden. In Verbindung mit weiteren Faktoren hat diese außergewöhnliche Kompression der Zeit zu einer paradoxen Situation geführt, nämlich einerseits zu einer spektakulären Steigerung der Fragilität und Instabilität der Märkte und andererseits zu einer nahezu grenzenlosen Zerstörungsmacht.

Damit stellt sich die Frage, ob sich noch verhindern lässt, dass die Ausbeutung der Erde in absoluter Zerstörung endet. Diese Frage ist umso aktueller, als die Ähnlichkeiten zwischen Markt und Krieg niemals so deutlich waren wie heute. Über Jahrhunderte war der Krieg der Prägestock der technologischen Entwicklung. Auch heute spielen zahlreiche militärische Apparate diese Rolle, neben dem Markt, der sich seinerseits immer mehr am Vorbild des Krieges orientiert[13] – eines Krieges allerdings, der heute zwischen verschiedenen Spezies, zwischen Natur und Mensch ausgetragen wird. Diese enge

---

13 Pierre Caye, *Critique de la destruction créatrice*, Paris 2015, S. 20.

Verflechtung zwischen Kapital, Computertechnologie, Natur und Krieg sowie die dadurch ermöglichten neuen Machtkonstellationen sind zweifellos die direkteste Bedrohung für die Idee des Politischen, die bislang die Grundlage für die als Demokratie bezeichnete Staatsform bildete.

Der dunkle Körper der Demokratie

Diese Idee war relativ einfach: Es gibt kein Fundament und keinen unveränderlichen Sockel für die Gemeinschaft, die der Debatte grundsätzlich entzogen wären. Die Gemeinschaft ist insofern politisch, als sie im Wissen um die Kontingenz ihrer Fundamente und um ihre latente Gewalt bereit ist, ihre Ursprünge ständig in Frage zu stellen. Und sie ist insofern demokratisch, als das Staatsleben angesichts dieser Garantie permanenter Offenheit einen öffentlichen Charakter annimmt; die Macht steht unter der Kontrolle der Bürger; und die Bürger haben die Freiheit, bei Bedarf jederzeit der Wahrheit, der Vernunft, der Gerechtigkeit und dem Gemeinwohl Geltung zu verschaffen. Der Idee des Stärkeren, der rein faktischen Macht (Willkür) und dem Hang zur Geheimhaltung werden hier Gleichheit, Rechtsstaat und Öffentlichkeit entgegengesetzt. Tatsächlich reicht in den heutigen Gesellschaften der bloße Verweis auf Ursprungsmythen nicht mehr aus, um die demokratische Ordnung zu legitimieren.

Auch wenn die Stärke der modernen Demokratien stets aus ihrer Fähigkeit resultierte, sich selbst – und nicht nur ihre Form, sondern auch ihre Idee und ihren Begriff – ständig neu zu erfinden, geschah das doch oft um den Preis einer Verheimlichung oder Verschleierung ihrer Ursprünge in der Gewalt. Die Geschichte dieser gleichzeitigen Erfindung und Neuerfindung, Verheimlichung und Verschleierung ist äußerst paradox und sogar chaotisch. In jedem Fall zeigt sie, dass die demokratische Ordnung in ihren vielfältigen Entwicklungsbahnen notorisch zwiespältig ist.

Nach landläufiger Darstellung sind demokratische Gesellschaften befriedete Gesellschaften. Das unterscheidet sie angeblich von Kriegergesellschaften. Brutalität und physische Gewalt, so heißt es, seien dort zwar nicht verschwunden, würden aber beherrscht. Aufgrund des Gewaltmonopols des Staates und der Verinnerlichung von Zwängen durch den Einzelnen sei die für Mittelalter und Renaissance noch typische unmittelbare körperliche Gewalt der Selbstbeherrschung, der Zurückhaltung und der Höflichkeit gewichen. Diese neue Form der Beherrschung des Körpers, des Verhaltens und der Affekte habe zu einer Befriedung der sozialen Räume geführt.

An die Stelle der körperlichen Gewalt sei die Macht der Formen getreten. Die Regulierung des Verhaltens, die Beherrschung des Benehmens, die Verhinderung von Unordnung und Gewalt erfolgten nun über allseits akzeptierte Rituale.[14] Die Herstellung einer Distanz zwischen Individuen, Formen und Ritualen trage zur Schaffung einer von Sitten geprägten Zivilisation bei. Im Unterschied zu monarchischen oder tyrannischen Regimen basierten demokratische Gesellschaften nicht auf dem Prinzip des Gehorsams gegenüber einem starken Mann, der allein der Gesellschaft die Möglichkeit einer Selbstdisziplinierung aufzuzwingen vermöchte. Deren Stärke beruhe weitgehend auf der Stärke ihrer Formen.[15]

---

14 Norbert Elias, *Die höfische Gesellschaft*, Neuwied 1969; ders., *Über den Prozeß der Zivilisation*, 2 Bde., Frankfurt am Main 1976.
15 Erving Goffman, *Interaction Ritual*, Garden City, NY, 1967; dt.: *Interaktionsrituale. Über Verhalten in direkter Interaktion*, Frankfurt am Main 1971.

Die Vorstellung, wonach das Leben in Demokratien grundlegend friedlich, geordnet und frei von Gewalt (einschließlich Krieg und Verwüstung) sei, vermag einer Überprüfung kaum standzuhalten. Zwar gingen Entstehung und Konsolidierung der Demokratie mit zahlreichen Versuchen einher, individuelle Gewalt oder zumindest deren spektakulärste und widerwärtigste Ausdrucksformen durch moralische Missbilligung oder rechtliche Sanktionen zu kontrollieren, zu reglementieren und insgesamt zu verringern. Aber die Brutalität wurde dadurch in den Demokratien allenfalls gedämpft. Von Anfang an tolerierten die modernen Demokratien gewisse Formen politischer Gewalt, darunter auch ungesetzliche. Sie nahmen in ihre Kultur Formen von Brutalität auf, die von einer Reihe außerstaatlicher, privater Institutionen ausgeübt wurden, etwa von Freikorps, Milizen und anderen paramilitärischen oder ständischen Gruppierungen.

Lange Zeit waren die Vereinigten Staaten ein demokratischer Sklavenstaat. W. E. B. Du Bois verweist in seinem Buch *Black Reconstruction* auf das Paradoxon im Herzen dieser Nation, die seit ihrer Gründung die Gleichheit der Menschen proklamiert, deren Regierung ihre Macht angeblich aus der Zustimmung der Regierten bezieht, sich aber durch die Duldung der Sklaverei mit einer absoluten Doppelmoral abfindet.[16] Zu Beginn der 1830er Jahre lebten in den Vereinigten Staaten nahezu zwei Millionen Schwarze. Im Jahr 1900 lag ihr Bevölkerungsanteil bei 11,6 Prozent. Ihr Schicksal ist eng mit dem der Weißen verknüpft, aber ihre Lebensbedingungen und erst recht ihre Zukunftsaussichten sind keineswegs

---

16 W. E. B. Du Bois, *Black Reconstruction in America, 1860-1880*, New York 1998 [1935].

gleich. Wie schon viele Historiker angemerkt haben, ist es für beide Gruppen ebenso schwierig, sich voneinander zu separieren wie sich miteinander zu vereinigen. In rechtlicher Hinsicht finden die Sklaven sich in der Stellung von Fremden innerhalb einer Gesellschaft von Gleichen. In den Vereinigten Staaten geboren zu sein (was 1860 für etwa 90 Prozent der Schwarzen zutraf) oder aus einer gemischten Verbindung zu stammen (13 Prozent um dieselbe Zeit) ändert nichts an ihrer erbärmlichen Stellung oder dem Odium, das ihnen anhaftet und das wie ein vergiftetes Erbe von Generation zu Generation weitergegeben wird.

Der demokratische Sklavenstaat ist also durch eine Zweiteilung gekennzeichnet. In ihm bestehen zwei Ordnungen – eine *Gemeinschaft der Gleichen*, in der zumindest theoretisch der Gleichheitsgrundsatz herrscht, und eine ebenfalls gesetzlich etablierte Gruppe von *Nichtgleichen* oder Menschen ohne Teilhabe. Die Menschen ohne Teilhabe verfügen grundsätzlich nicht über das Recht, Rechte zu haben. Für sie gilt das Gesetz der Ungleichheit. Diese Ungleichheit und das Recht, das sie bestimmt und begründet, stützen sich ihrerseits auf das Rassenvorurteil. Das Rassenvorurteil und das zugehörige Recht erlauben es, eine gleichsam unüberbrückbare Distanz zwischen der Gemeinschaft der Gleichen und den für sie Anderen aufrechtzuerhalten. Soweit es sich überhaupt um eine Gemeinschaft handelt, kann der demokratische Sklavenstaat nur eine *Gemeinschaft der Trennung* sein.

»Man hat dem Neger«, so schrieb Alexis de Tocqueville in seiner Abhandlung über die Demokratie in Amerika, »in fast allen Staaten, welche die Sklaverei abschafften, Wahlrechte verliehen; geht er aber zur Urne, so setzt er sein Leben aufs Spiel. Wird er unterdrückt, so kann er klagen, aber seine Richter sind alle Weiße. Zwar kann er nach Gesetz Geschworener werden, aber das Vorurteil hindert ihn daran. Sein Sohn ist von der Schule, in der das Kind der Europäer unterrichtet wird, ausgeschlossen. In den Theatern könnte er sich selbst mit Gold das Recht nicht verschaffen, neben seinem ehemaligen Herrn zu sitzen; in den Spitälern liegt er in einer besonderen Abteilung. Der Schwarze darf den gleichen Gott anrufen wie der Weiße, aber nicht vor dem gleichen Altar zu ihm beten. Er hat seine eigenen Geistlichen und Kirchen. Man verschließt ihm die Pforten des Himmels nicht; aber die Ungleichheit macht beinahe nicht einmal vor der Schwelle des Jenseits halt. Ist der Neger gestorben, so begräbt man ihn abgesondert, und selbst in der Gleichheit des Todes zeigen sich die Unterschiede des Lebens.«[17]

In den demokratischen Sklavenstaaten können die Nichtgleichen »nicht ein einziges Stück Boden beanspruchen«.[18] Aber in den demokratischen Sklavenstaaten bemüht man sich nicht nur eifrig, sie auf Distanz zu halten. Vor allem möchte man wissen, wie man sich ihrer entledigen kann, indem man sie veranlasst, freiwillig das Land zu verlassen, oder indem man sie bei Bedarf in Massen deportiert.[19] Und wenn man gelegentlich bereit ist, sie auf eine Stufe mit sich selbst zu heben oder sich gar mit ihnen zu vermischen, so nur, um sie »jederzeit nach Belieben in den Staub niederwerfen« zu können, diesen Naturzustand dieser erniedrigten Rassen.[20] Denn der Sklave ist kein Rechtssubjekt, sondern eine Ware wie jede an-

---

17 Alexis de Tocqueville, *De la démocratie en Amérique*, 2 Bde., Paris 1835/1840; dt.: *Über die Demokratie in Amerika*, München 1976, S. 398.
18 Ebd., S. 407.
19 Kenneth C. Barnes, *Journey of Hope. The Back to Africa Movement in Arkansas in the Late 1800s,* Chapel Hill 2004.
20 Tocqueville, *Über die Demokratie in Amerika*, a. a. O., S. 398.

dere. Die dramatischste Szene dieses »in den Staub Niederwerfens« ist der Lynchmord. Er ist eine grandiose, groteske und exhibitionistische Form rassistischer Grausamkeit. Er findet nicht hinter den Mauern eines Gefängnisses statt, sondern im öffentlichen Raum.[21] Durch die Öffentlichkeit der Hinrichtung demonstriert die rassistische Demokratie eine unerträgliche Brutalität und entfacht Schafottgelüste. Als Technik rassistischer Macht dient das Hinrichtungsritual dem Ziel, die Opfer in Angst und Schrecken zu versetzen und jene todbringenden Strebungen neu zu beleben, die den Untergrund der weißen Überlegenheit bilden.[22]

Thomas Jefferson, der selbst zahlreiche Sklaven besaß, war sich in ganz besonderem Maße des Dilemmas bewusst, das die auf der Ausbeutung von Sklaven beruhende Plantagenwirtschaft für eine freie Gesellschaft darstellte. Er beklagte immer wieder den »schädlichen Einfluss, den diese Institution [die Sklaverei] auf unser Volk ausübt«. Sklaverei war in seinen Augen in der Tat gleichbedeutend mit absoluter Sitten-

---

21 Etwa um dieselbe Zeit zeichnet sich zum Beispiel in Frankreich eine gegensätzliche Tendenz ab. Die Demokratie versucht, Gehorsam auch ohne den Einsatz direkter Gewalt zu erzwingen oder zumindest, indem sie deren unmenschlichste Äußerungsformen in immer weniger sichtbare Räume verlegt. Siehe Emmanuel Taieb, *La Guillotine au secret. Les exécutions publiques en France, 1870-1939*, Berlin, Paris 2011.

22 Siehe Ida B. Wells-Barnett, *On Lynchings*, New York 1969; Robyn Wiegman, »The anatomy of lynching«, *Journal of the History of Sexuality*, Jg. 3, Nr. 3, 1993, S. 445-467; David Garland, »Penal excess and surplus meaning. Public torture lynchings in twentieth-century America«, *Law and Society Review*, Jg. 39, Nr. 4, 2005, S. 793-834; und Dora Apel, »On Looking. Lynching photographs and legacies of lynching after 9/11«, *American Quarterly*, Jg. 55, Nr. 3, 2003, S. 457-478.

losigkeit und entfesselte unvermeidlich die am schwersten zu beherrschenden Leidenschaften. Als das üble Dilemma der amerikanischen Demokratie war die Sklaverei Ausdruck des verdorbenen und unverbesserlichen Despotismus, der auf der widerwärtigen Erniedrigung der Unterworfenen basierte.[23] Die Plantage ist in der Tat ein rechtsfreier Raum, in dem man den schlimmsten Grausamkeiten freien Lauf lässt, ob es sich nun um körperliche Übergriffe, Folter oder summarische Hinrichtungen handelt.

Dank des von den Plantagenbesitzern in der Karibik angehäuften Geldes vermag England im 18. Jahrhundert die aufkommende Kultur des Geschmacks, die Kunstmuseen und die Kaffeehäuser zu finanzieren, jene privilegierten Orte der Einübung einer gehobenen bürgerlichen Kultur. Kolonialbarone wie William Beckford und reiche Plantagenbesitzer wie Joseph Addison, Richard Steele und Christopher Carrington betätigen sich als Förderer kultureller Einrichtungen. Sie versorgen Künstler, Architekten und Komponisten mit Aufträgen. Kultiviertes Benehmen und der Konsum von Luxusgütern gehen miteinander einher; Kaffee, Zucker und Gewürze werden zu unverzichtbaren Elementen kultivierten Lebens, während Kolonialbarone und indische Nabobs ihr mit üblen Mitteln erworbenes Vermögen dazu verwenden, sich eine aristokratische Identität zuzulegen.[24]

Und schließlich wird die »Zivilisierung der Sitten« möglich dank neuer, im Zuge der kolonialen Abenteuer eingeführter Formen der Bereicherung und des Konsums. Tatsächlich gilt

---

23 Thomas Jefferson, *Notes on the State of Virginia,* London 1999 [1775]; dt.: *Betrachtungen über den Staat Virginia*, Zürich 1989.
24 Simon Gikandi, *Slavery and the Culture of Taste*, Princeton 2015, S. 149.

der Außenhandel ab dem 17. Jahrhundert als Königsweg zur Sicherung des Wohlstands eines Staates. Während die Kontrolle der internationalen Handelsströme nun auf der Herrschaft über die Meere basierte, wird die Fähigkeit, ungleiche Handelsbeziehungen herzustellen, zu einem entscheidenden Machtfaktor. Die Staaten und Fürstenhöfe Europas gieren nicht mehr nur nach Gold und Silber, sondern auch nach Pfeffer, Zimt, Gewürznelken, Muskatnuss und anderen Gewürzen. Aber ebenso auch nach Baumwolle, Seide, Indigo, Kaffee, Tabak, Zucker, Balsam, Likören aller Art, Gummi und Heilpflanzen, die man in der Ferne zu lächerlichen Preisen kauft und auf den europäischen Märkten zu exorbitanten Preisen wieder verkauft.

Zur Befriedung der Sitten braucht man in der Tat nur Kolonien an sich zu bringen, Konzessionen an Handelskompanien zu vergeben und immer mehr Erzeugnisse ferner Weltgegenden zu konsumieren. Der innere Frieden im Westen basierte also zu einem großen Teil auf Gewalt in der Ferne, auf grausamen Brandherden, die man entfachte, auf kriegerischen Fehden und anderen Massakern, von denen die Einrichtung von Festungen und Kontoren in aller Welt begleitet war. Er basierte auf der Versorgung mit Segeltuch, Masten, Bauholz, Pech, Seilen und Tauwerk für die Segelschiffe, aber auch auf der mit Luxusgütern wie Seide, bemaltem und bedrucktem Kaliko, Salz für die Konservierung von Fisch, Pottasche und Farbstoffen für die Textilindustrie und natürlich mit Zucker.[25] Mit anderen Worten, Vergnügungen aller Art,

---

25 Siehe Sidney W. Mintz, *Sweetness and Power. The Place of Sugar in Modern History*, New York 1986; K.N. Chaudhuri, *The Trading World of Asia and the English East India Company, 1660-1760*, Cambridge 1978.

Freude am Luxus und andere Leidenschaften fielen nun nicht mehr blinder Verdammung anheim. Aber die Befriedigung dieser neuen Bedürfnisse basierte auf der Einrichtung eines Systems der Ungleichheit in weltweitem Maßstab. Die Kolonisierung ist das wichtigste Element dieses Systems.[26] Im Blick darauf schreibt der Historiker Romain Bertrand, der Kolonialstaat bleibe »ein Staat auf dem Kriegsfuß«.[27] Damit meint er nicht nur die zu Beginn einer Eroberung begangenen Ausschreitungen oder die Ausübung einer grausamen Privatjustiz oder die unbarmherzige Verfolgung nationaler Bewegungen, sondern auch die, wie man es nennen könnte, »terroristische Kolonialpolitik«, das heißt die bewusste Überschreitung einer Schwelle der Gewalt und Grausamkeit gegenüber Menschen, die man zuvor aller Rechte beraubt hat. Der Wunsch, diese Menschen vollkommen zu zerstören, führte zur Verallgemeinerung von Praktiken wie dem Niederbrennen von Dörfern und Reisfeldern, der Exekution einfacher Dorfbewohner, der Plünderung kollektiver Nahrungsvorräte, extrem brutalen Razzien in der Zivilbevölkerung und einer Systematisierung der Folter.

Kolonialsystem und Sklaverei bilden also den bitteren Bodensatz der Demokratie, der in Jeffersons Augen den Körper der Freiheit schwächt und unausweichlich in Richtung Zerfall zieht. Die drei Systeme, das der Plantage, das der Kolonie

---

26 Siehe Klaus Knorr, *British Colonial Theories, 1570-1850*, Toronto 1944, S. 54; und Joyce Oldham Appleby, *Economic Thought and Ideology in the Seventeenth-Century England*, Princeton 1978; William Letwin, *The Origin of Scientific Economics. The English Economic Thought 1660-1776*, London 1963.

27 Romain Bertrand, »Norbert Elias et la question des violences impériales. Jalons pour une histoire de la »mauvaise conscience« occidentale«, *Vingtième siècle*, Nr. 106, 2010, S. 127-140.

und das der Demokratie, wechseln einander ab, aber sie trennen sich nie voneinander – wie George Washington und sein Sklave und Gefährte William Lee oder wie Thomas Jefferson und sein Sklave Jupiter. Der eine verleiht dem anderen seine Aura, in einem strengen Verhältnis scheinbarer Distanz und verdrängter Nähe und Intimität.

Mythen

Die Kritik an der Gewalt von Demokratien ist gleichfalls nicht neu. Sie zeigte sich ganz unmittelbar in den Gegendiskursen und der Praxis des Kampfes, der ihr Aufkommen und ihren Sieg im 19. Jahrhundert begleitete. Das gilt zum Beispiel für die verschieden Varianten des Sozialismus, der anderen neuen Idee des 19. Jahrhunderts; oder auch für den Anarchismus am Ende des 19. Jahrhunderts wie auch für die Traditionen des revolutionären Syndikalismus in Frankreich vor dem Ersten Weltkrieg und nach der Weltwirtschaftskrise von 1929.

Damals stellten sich zwei grundlegende Fragen, nämlich erstens, ob Politik etwas anderes sein kann als eine Tätigkeit, die sich auf den Staat bezieht und ihn benutzt, um die Privilegien einer Minderheit zu schützen; und zweitens, unter welchen Bedingungen die radikalen Kräfte, die sich bemühten, die Heraufkunft der zukünftigen Gesellschaft zu beschleunigen, das Recht beanspruchen können, Gewalt einzusetzen, um ihre Utopien zu verwirklichen. Auf philosophischer Ebene fragte man sich, ob die Menschheit in der Lage sei, aus sich heraus und ohne Rekurs auf eine transzendente Kraft ihre Fähigkeiten zu entwickeln und ihr Handlungsvermögen zu steigern – das einzige Mittel für die menschliche Geschichte, sich selbst hervorzubringen.

Gegen Ende des 19. Jahrhunderts kommt der Begriff der direkten Aktion auf. Darunter versteht man eine gewalttätige Aktion ohne jede Vermittlung durch den Staat. Ihr Ziel ist die Überwindung der Zwänge, die den Menschen hindern, auf seine eigenen Kraftreserven zurückzugreifen und sich dadurch selbst zu erschaffen. Das beste Beispiel dafür ist die Revolution. Sie beseitigt mit Gewalt jede objektive Gegenkraft, die sich einer Veränderung der Grundlagen der Gesellschaft widersetzt, und zielt auf die Aufhebung der Klassengegensätze und die Schaffung einer egalitären Gesellschaft.

Der Generalstreik ist ein weiteres Beispiel; er zielt auf die Einführung einer anderen Produktionsweise. Diese Art der Konfliktaustragung ohne jede Vermittlung schließt Kompromisse *per definitionem* aus. Sie lehnt zudem jegliche Versöhnung ab. Die Revolution, so glaubt man, ist ein gewaltsames Ereignis. Diese Gewalt ist geplant. Bei revolutionären Ereignissen kann sie sich gegen Personen richten, die für die zu stürzende Ordnung stehen. Obwohl unvermeidlich, muss sie jedoch eingedämmt und gegen Strukturen und Institutionen gerichtet werden. Die revolutionäre Gewalt hat in der Tat etwas Unüberwindliches. Sie zielt auf die Zerstörung und Beseitigung einer bestehenden Ordnung – ein Ziel, das sich nicht mit friedlichen Mittel erreichen ließe. Sie richtet sich eher gegen faktische Zustände als gegen Personen.[28]

Der Anarchismus in seinen verschiedenen Gestalten versteht sich als Überwindung der Demokratie, insbesondere der par-

---

28 Mikhaïl Bakounine, *Fédéralisme, socialisme et antithéologisme*, in: Œuvres, Bd. 1, Paris 1980; und Bd. 8; dt.: Michael Bakunin, *Die revolutionäre Frage. Föderalismus – Sozialismus – Antitheologismus. Klassiker der Sozialrevolte*, Bd. 6, Münster 2000.

lamentarischen.[29] Die wichtigsten anarchistischen Strömungen versuchen, das Politische jenseits der bürgerlichen Herrschaft zu *denken*. Sie wollen politische Herrschaft gänzlich abschaffen, wobei die parlamentarische Demokratie nur eine ihre Formen darstellt. Für Michail Bakunin etwa erfolgt die Überwindung der bürgerlichen Demokratie durch die Überwindung des Staates, einer Institution, der es vor allem um die Erhaltung ihrer selbst und jener Klassen geht, die sich den Staat angeeignet haben, um ihn anschließend zu kolonisieren. Mit der Überwindung des Staates beginnt die Einrichtung der »Kommune« – die kein bloß ökonomisches oder politisches Gebilde, sondern die zentrale Gestalt sozialer Selbstorganisation darstellt.

Die andere Kritik an der Brutalität der Demokratien ist das Werk der revolutionären Syndikalisten, denen es weniger darum geht, Druck auf das bestehende System auszuüben, als es vielmehr gewaltsam zu zerstören. Gewalt ist etwas anderes als Macht. Macht, so schreibt Georges Sorel, dient dem Ziel, »die Organisation einer bestimmten sozialen Ordnung aufzurichten, in der eine Minderheit regiert: während die Gewalt auf die Zerstörung ebendieser Ordnung hinzuwirken strebt«.[30] Von 1919 bis Anfang der 1930er Jahre verfolgten zahllose Arbeiterdemonstrationen in Frankreich dieses Ziel. Die meisten endeten mit Toten, der Besetzung der Straße und der Errichtung von Barrikaden. Der Kreislauf aus Provokation, Repression und Mobilisierung trug ebenso zur Stärkung eines Klassenbewusstseins bei wie lange Streiks und die nachfolgenden

---

29 Zu einer rechten Kritik siehe Carl Schmitt, *Die geistesgeschichtliche Lage des heutigen Parlamentarismus*, München 1923.
30 Georges Sorel, *Réflexions sur la violence*, Paris 1921; dt.: *Über die Gewalt*, Frankfurt am Main 1981, S. 203.

Auseinandersetzungen mit den Ordnungskräften. Proletarische Gewalt, so glaubt man, sei moralisch, die des Staatsapparats dagegen reaktionär. Fast zwei Jahrzehnte nach der Unterdrückung der Pariser Kommune und der Auflösung der Ersten Internationale 1876 erlebte der Anarchismus in Frankreich einen Aufschwung. Die Abschaffung des Privateigentums und die Enteignung der Besitzenden gehörten zu den proklamierten Zielen, und der Terror der Unterdrückten war eine ihrer Waffen. In den 1890er Jahren nahm dieser Terror die Form spektakulärer Aktionen an – auf der Grundlage einer Ökonomie des Opfers, eines Opfers für die proletarische Sache.[31]

Diese Kritik an der Demokratie – aus der Perspektive sozialer Klassen, die deren Brutalität im Westen von Anfang an zu spüren bekamen – ist relativ gut bekannt. Nicht ausreichend berücksichtigt hat man indessen ihre vielfältigen Genealogien und Verflechtungen. Man tut so, als beschränkte sich die Geschichte der modernen Demokratien auf die interne Geschichte der westlichen Gesellschaften und als hielten sich diese Gesellschaften – in sich und gegenüber der Welt abgeschlossen – in den engen Grenzen ihrer unmittelbaren Umgebung. Das war jedoch niemals der Fall. Der Sieg der modernen Demokratie im Westen fiel mit einer historischen Periode zusammen, in der dieser Teil der Welt sich einerseits im Inneren festigte und andererseits über die Weltmeere expandierte. Die Geschichte der modernen Demokratie hat zwei Gesichter oder zwei Seiten – eine Tag- und eine Nachtseite.

---

31 Siehe Romain Ducoulombier, *Ni Dieu, ni maitre, ni organisation? Contribution à l'histoire des réseaux sous la Troisième République (1880-1914)*, Rennes 2009; und Miguel Chueca (Hg.), *Déposséder les possédants. La grève générale aux »temps héroïques« du syndicalisme révolutionnaire (1895-1906)*, Marseille 2008.

Kolonialreich und Sklavenstaat – oder genauer gesagt: Plantage und Bagno – sind die wichtigsten Sinnbilder der Nachtseite.

Vor allem das Bagno war ein Ort, an dem Verbannungsstrafen verbüßt wurden. Diese Strafen zielten gleichermaßen darauf, die Betroffenen auszuschließen und auszuschalten. So verfuhr man ursprünglich mit politischen Gegnern, mit Kriminellen, die zur Zwangsarbeit verurteilt worden waren, und insbesondere mit Wiederholungstätern.[32] In Frankreich sah das Gesetz vom 26. August 1792 in der Tat die Deportation aus politischen Gründen vor. Von 1852 bis 1854 erlebten die Strafkolonien einen beträchtlichen Aufschwung. Im 19. Jahrhundert schickte man zahlreiche Strafgefangene in Strafkolonien, insbesondere nach Französisch-Guyana, wo zuweilen aus geringfügigen, zeitlich begrenzten Strafen lebenslange Haftstrafen wurden.[33] In mehreren Hinsichten nahm die Strafkolonie die für unsere Zeit typische massenhafte Inhaftierung vorweg – die des extremen und generalisierten Zwangs und der Isolationshaft.[34] In der gewalttätigen Behandlung der Häftlinge und den Entzugsformen, denen man sie aussetzt, mischen sich zwei Logiken, die der Neutralisierung und die des Exils.[35]

---

32 Odile Krakovich, *Les Femmes bagnardes*, Paris 1990.
33 Für die Zeit von 1852 bis 1938 schätzt Odile Krakovich die Zahl der Häftlinge in Strafkolonien auf insgesamt 102 100; ebd., S. 260. Siehe auch Danielle Donet-Vincent, »Les »bagnes« des Indochinois en Guyane (1931-1963)«, Januar 2006, ⟨http://criminocorpus.revues.org/182⟩ (Stand Juli 2016).
34 Ruth Gilmore, *Golden Gulag. Prisons, Surplus, Crisis, and Opposition in Globalizing California*, Berkeley 2007.
35 Zu diesen Debatten siehe Marie Gottschalk, *The Prison and the Gallows. The Politics of Mass Incarceration in America*, Cambridge 2006; Michelle Alexander, *The New Jim Crow. Mass Incarceration in the*

Im Grunde war die moderne Demokratie seit ihren Anfängen darauf angewiesen, sich in ein quasimythologisches Gewand zu kleiden, um den kontingenten Charakter ihrer Grundlagen und die in ihren Fundamenten angelegte Gewalt zu verbergen. Wie bereits angemerkt, bestanden zwischen dem demokratischen System, dem Plantagensystem und dem Kolonialsystem lange Zeit engste Verbindungen. Und diese Verbindungen waren keineswegs zufällig. Demokratie, Plantage und Kolonialreich gehören objektiv ein und derselben geschichtlichen Matrix an. Diese ursprüngliche und strukturierende Tatsache bildet den Kern jedes historischen Verständnisses der Gewalt in der heutigen Weltordnung.

Um den Charakter der Beziehungen zwischen dem demokratischen System und dem System der Kolonialreiche zu verstehen und zu erkennen, in welcher Weise diese Beziehung die Gewalt der Demokratien bestimmt, müssen wir mehrere (politische, technologische, demographische, epidemiologische und sogar botanische) Faktoren ins Auge fassen.[36] Von allen technischen Hilfsmitteln, die zur Herausbildung der Kolonialreiche seit dem 18. Jahrhundert beigetragen haben, waren die wichtigsten zweifellos die Militärtechnik, die Medizin und die Verkehrsmittel. Es reichte allerdings nicht aus, Kolo-

Age of Colorblindness, New York 2010; und Lorna A. Rhodes, *Total Confinement. Madness and Reason in the Maximum Security Prison,* Berkeley 2004.

36 Daniel R. Headrick, *The Tools of Empire. Technology and European Imperialism in the Nineteenth-Century*, New York 1981; Philip D. Curtin, *Disease and Empire. The Health of European Troops in the Conquest of Africa*, Cambridge 1998; sowie Marie-Noelle Bourquet und Christophe Bonneuil (Hg.), »De l'inventaire du monde à la mise en valeur du globe. Botanique et colonisation (fin 17e siècle-début 20e siècle)«, *Revue française d'Histoire d'Outre-Mer,* Jg. 86, Nr. 322-323, 1999.

nien zu erwerben, und das oft zu einem Spottpreis, wie der geringe Umfang des bei der Eroberung eingesetzten Kapitals und Personals beweist. Die neuen Territorien mussten auch besiedelt und effektiv ausgebeutet werden. Unter Ausnutzung der Dekadenz des Mogulreichs, des Königreichs Java und des Osmanisches Reichs taten zum Beispiel Großbritannien, die Niederlande und Frankreich genau dies in Indien, Indonesien und Algerien, zuweilen sogar mit vorindustrieller Technik.[37]

Man kann gar nicht genug hervorheben, welchen Einfluss das Chinin auf die Aneignung der Welt durch den Westen hatte. Die verbreitete Anwendung der Rinde des Chinarindenbaums – die Rinde wurde in Hochregionen der Anden gesammelt, der Baum später auch in den Plantagen Indiens und Javas gezüchtet – erhöhte die Akklimatisierungsfähigkeit der Weißen für die Tropen ganz beträchtlich. Auch der außergesetzliche Charakter der von den Demokratien außerhalb Europas geführten Kolonialkriege kann kaum genügend betont werden. Vor allem soweit es Afrika betraf, fiel der Drang nach Kolonien mit den ersten militärtechnischen Revolutionen des industriellen Zeitalters zusammen. Ab der Mitte des 19. Jahrhunderts begannen Militärtechnik und die Geschwindigkeit der Geschosse militärische Auseinandersetzungen in einen »wahrhaft unmenschlichen Prozess« zu verwandeln.[38] Zu den Kanonen, Büchsen, Befestigungsanlagen früherer Zeiten kamen nun – um hier nur einige zu nennen – weitreichende

---

37 Bouda Etemad, *La Possession du monde. Poids et mesure de la colonisation*, Brüssel 2000.
38 Laurent Henninger, »Industrialisation et mécanisation de la guerre, sources majeures du totalitarisme (XIX^c-XXe siècles)«, *Astérion*, Nr. 2, 2004, S. 1.

Steilfeuergeschütze und zur Unterstützung der Artillerie Maschinengewehre, Kraftfahrzeuge und Flugzeuge hinzu.

Zu dieser Zeit bemühten sich die Demokratien auch, die Prinzipien der industriellen Massenproduktion, soweit dies eben möglich war, auf die Kriegskunst zu übertragen und in den Dienst der Massenvernichtung zu stellen. Mit Hilfe neuer, industriell gefertigter Waffen, die zum Teil im amerikanischen Bürgerkrieg (1861-1865) und im Russisch-Japanischen Krieg (1904-1905) erprobt wurden, strebte man nach einer Vervielfachung der Feuerkraft, auch um den Preis einer fatalistischen Hinnahme zahlloser Todesopfer und einer Unterwerfung unter die Technik. Die kolonialen Eroberungen bildeten in dieser Hinsicht ein bevorzugtes Experimentierfeld. Sie ermöglichen die Entstehung eines Denkens in Bezug auf Macht und Technik, dessen extreme Ausprägungen den Weg zu den Konzentrationslagern und den modernen Völkermordideologien eröffneten.[39]

Auf dem Umweg über die kolonialen Eroberungen kam es zu einer Beschleunigung der Konfrontation zwischen Mensch und Maschine, Vorbedingung des »industrialisierten Krieges« und der Blutbäder, deren Sinnbild der Erste Weltkrieg sein sollte. Gleichfalls während der kolonialen Eroberungen gewöhnte man sich an hohe Verluste, insbesondere unter den gegnerischen Soldaten. Außerdem handelte es sich bei den Eroberungskriegen um asymmetrische Rassenkriege reinsten Wassers.[40] Im Verlauf von anderthalb Jahrhunderten verloren

---

39 Iain R. Smith und Andreas Stucki, »The colonial development of concentration camps (1868-1902)«, *The Journal of Imperial and Commonwealth History*, Jg. 39, Nr. 3, 2011, S. 417-437.

40 Olivier Le Cour Grandmaison, *Coloniser, exterminer. Sur la guerre et l'État colonial*, Paris 2005.

die Kolonialarmeen nur wenige Männer. Nach Schätzungen von Historikern lagen die Verluste dort zwischen 280 000 und 300 000 Mann – vergleichsweise geringe Zahlen, wenn man bedenkt, dass allein der Krimkrieg nahezu 250 000 Menschenleben kostete. In den drei größten »schmutzigen Kriegen« der Dekoloniserung (Indochina, Algerien, Angola und Mosambik) zählte man 75 000 Tote auf Seiten der Kolonialherren und 850 000 unter den Einheimischen.[41] Die Tradition der »schmutzigen Kriege« hat ihren Ursprung in den Kolonialkriegen. Sie enden stets mit Kahlschlägen in der einheimischen Bevölkerung und tiefgreifenden schädlichen Umweltveränderungen in den solcherart verwüsteten Gebieten.

Die meisten Kolonialkriege – obwohl von Regimen ausgelöst, die behaupten, im Recht zu sein – sind keine Verteidigungskriege. Sie werden nicht mit dem Ziel geführt, irgendwelche Güter zurückzugewinnen oder für irgendeine Gerechtigkeit zu sorgen, die mit Füßen getreten worden wäre. Kein Delikt, dessen Schwere sich objektiv bestimmen ließe, bildet ihren Anlass. Die in diesen Kriegen ausgeübte Gewalt hält sich nicht an den Grundsatz der Verhältnismäßigkeit. Es gibt praktisch keine formale Grenze für die Zerstörungen, die man dem zum Feind erklärten Gebilde zufügt. So werden denn zahlreiche Unschuldige getötet, die meisten nicht wegen begangener, sondern wegen möglicher zukünftiger Vergehen. Der Eroberungskrieg dient also nicht der Sicherung eines Rechts. Wenn der Feind kriminalisiert wird, geschieht das nicht, um irgendeine Gerechtigkeit wiederherzustellen. Ob nun bewaffnet oder nicht, der zu strafende Feind ist *per se* und gleichsam

---

41 Zu Kamerun siehe Thomas Deltombe, Manuel Domergue, Jacob Tatsitsa, *Kamerun! Une guerre cachée aux origines de la Françafrique (1948-1971)*, Paris 2011.

von Natur aus Feind. Kurz, die koloniale Eroberung öffnet den Weg zur Sphäre eines nichtregulierten Krieges, eines außerhalb des Rechts stehenden Krieges, geführt von der Demokratie, die damit die Gewalt nach außen an einen Ort verlagert, an dem Konventionen und Sitten jenseits der Norm liegen.

Paradoxerweise floriert diese Sphäre eines außerhalb des Rechts stehenden Krieges gerade in dem Augenblick, als man im Westen zahlreiche Bemühungen unternimmt, sowohl das *ius in bello* (das Recht im Krieg) als auch das *ius ad bellum* (das Recht zum Krieg) umzugestalten. Diese schon im 17. und 18. Jahrhundert begonnenen Bemühungen betreffen unter anderem den Charakter des Konflikts (um welche Art von Krieg es sich handelt); den Charakter des Feindes (mit welchem Feind man es zu tun hat, gegen wen und wie man kämpft); die Art der Kriegführung; die allgemeinen Regeln, die aufgrund der Stellung der Kombattanten, der Nichtkombattanten und aller von Gewalt und Verwüstung Betroffenen einzuhalten sind. Ende des 19. Jahrhunderts zeichnen sich die Grundlagen eines humanitären Völkerrechts ab. Dieses Recht dient unter anderem dem Ziel, den Krieg zu »humanisieren«. Es entsteht zu einer Zeit, als der »Brutalisierungskrieg« seinen Höhepunkt in Afrika erreicht. Die Regeln des modernen Kriegsrechts werden erstmals auf den Konferenzen in Brüssel 1874 und in Den Haag 1899 sowie 1907 formuliert. Aber die Entwicklung internationaler Grundsätze auf diesem Gebiet veranlasst die europäischen Mächte nicht unbedingt auch, ihr Verhalten vor Ort zu verändern. Das war damals so, und es ist heute noch so.

Die Gewalt der Demokratien wurde also sehr bald in die Kolonien ausgelagert, wo sie die Form brutaler Unterdrückung annahm. Da die Macht in den Kolonien tatsächlich keinerlei

Legitimationsgrundlage besaß, versuchte man sie nach Art eines Schicksals aufzuzwingen. Im Denken wie in der Praxis stellte man sich das Leben der unterworfenen Einheimischen als Abfolge prädestinierter Ereignisse vor. Deren Leben, so glaubte man, sei dazu verdammt, so zu sein, wie es war, und die vom Staat ausgeübte Gewalt sei nicht nur notwendig, sondern auch unschuldig. Der Grund dafür liegt in der Tatsache, dass die Macht des Kolonialstaats kaum durch den Gegensatz zwischen *legal* und *illegal* strukturiert ist. Das Kolonialrecht richtet sich bedingungslos an politischen Imperativen aus. Ein derart instrumentelles Rechtsverständnis befreit die Inhaber der Macht von jeder echten Beschränkung, in der Praxis der Kriegführung ebenso wie bei der Kriminalisierung von Widerstandsgruppen und im alltäglichen Regierungsgeschäft. Das konstituierende Element ist die rohe, weil uneingeschränkte Gewalt.

Der fast immer von Ausrottungswünschen (Eliminierungsdrang) begleitete Kolonialkrieg ist *per definitionem* ein Krieg, der außerhalb der Grenzen, außerhalb des Rechts, geführt wird.[42] Auch nach erfolgreichem Abschluss der Besetzung ist die unterworfene Bevölkerung niemals sicher vor Massakern.[43] Tatsächlich kann es nicht erstaunen, dass die größten kolonialen Völkermorde in Siedlungskolonien stattfanden. Denn dort geht es um ein Nullsummenspiel. Um die europäische Beset-

---

42 Siehe z. B. Kevin Kenny, *Peaceable Kingdom Lost. The Paxton Boys and the Destruction of William Penn's Holy Experiment*, New York 2009.
43 A. Dirk Moses (Hg.), *Empire, Colony, Genocide. Conquest, Occupation, and Subaltern Resistance in World History*, New York 2008; Martin Shaw, »Britain and genocide. Historical and contemporary parameters of national responsibility«, *Review of International Studies,* Jg. 37, Nr. 5, 2011, S. 2417-2438.

zung zu rechtfertigen, versucht man, jede einheimische Besiedlung zu leugnen und deren Spuren zu beseitigen. Neben den großen blutigen Episoden grassiert eine kleinteilige, selten zurückgehaltene, aktive und elementare, fast schon sedimentierte Gewalt, die das gesamte soziale Leben durchdringt.[44] Das für die Einheimischen geltende Recht ist nie dasselbe wie das für die Kolonialherren geltende. Von Einheimischen begangene Verbrechen werden innerhalb eines Normenrahmens bestraft, in dem diese Menschen kaum als juristische Subjekte vollen Rechts erscheinen. Wird dagegen ein Kolonist eines Verbrechens gegen einen Einheimischen beschuldigt (und sei es auch Mord), braucht er nur auf berechtigte Notwehr zu plädieren oder nach Vergeltung zu rufen, um jeder Verurteilung zu entgehen.[45]

Viele Historiker haben darauf hingewiesen, dass Kolonialreiche alles andere als in sich widerspruchsfreie Systeme darstellten. Improvisation, *ad-hoc*-Reaktionen auf unvorhergesehene Situationen und sehr oft auch informelles Vorgehen sowie geringe Institutionalisierung waren die Regel.[46] Aber statt zu einer Linderung der Brutalität und Grausamkeit führte diese Porosität und Segmentierung nur noch zu deren Verschärfung. Wo der dichte Schleier der Geheimhaltung sich über Fälle von Amtsmissbrauch legte, reichte es aus, sich auf den Imperativ der Sicherheit zu berufen, um den Bereich der Immunität über jedes vernünftige Maß hinaus auszudeh-

---

44 Zu den Einzelheiten siehe Elizabeth Kolsky, *Colonial Justice in British India. White Violence and the Rule of Law*, Cambridge 2010.
45 Lisa Ford, *Settler Sovereignty. Jurisdiction and Indigenous People in America and Australia, 1788-1836*, Cambridge, MA, 2010.
46 Siehe insb. Martin Thomas, »Intelligence providers and the fabric of the late colonial state«, in: Josh Dulfer und Marc Frey, *Elites and Decolonization in the Twentieth Century*, Basingstoke 2011, S. 11-35.

nen, und die Undurchschaubarkeit ließ Apparate von gleichsam naturgegebener Trägheit entstehen.[47] Da spielte es kaum eine Rolle, wenn die Darstellung nicht recht mit den Erscheinungen übereinstimmte. Um sich der Notwendigkeit von Beweisen zu entziehen, genügte der Hinweis auf Geheimhaltung und Sicherheit. Als Sprössling der Demokratie bildete die koloniale Welt keine Antithese zur demokratischen Ordnung. Sie war von jeher deren Doppelgängerin oder deren Nachtseite. Es gibt keine Demokratie ohne ihre Doppelgängerin, ihre Kolonie, ganz gleich, wie man sie nennt oder welche Struktur sie besitzt. Sie ist der Demokratie nicht äußerlich. Sie befindet sich nicht notwendig außerhalb der Mauern. Die Demokratie trägt die Kolonie tief in sich, und die Kolonie trägt die Demokratie – oft in Gestalt von Masken.

Wie Frantz Fanon gezeigt hat, verbirgt sich hinter dieser Nachtseite in Wirklichkeit eine elementare und grundlegende Leere – das Recht, das seinen Ursprung im Nichtrecht hat und sich als außerhalb des Gesetzes stehendes Gesetz etabliert. Zu dieser grundlegenden Leere kommt eine zweite, diesmal auf Erhaltung ausgerichtete Leere. Beide sind eng miteinander verschlungen. Paradoxerweise braucht die demokratische politische Ordnung des Mutterlandes diese zweifache Leere, um glauben zu machen, dass es einen unüberwindlichen Kontrast zwischen ihr und ihren scheinbaren Gegensätzen gibt, um ihre mythologischen Ressourcen aufzufüllen und um die eigentlichen Hintergründe drinnen wie draußen besser verbergen zu können. Mit anderen Worten, die für Funktions-

---

47 Priya Satia, *Spies in Arabia. The Great War and the Cultural Foundations of Britain's Covert Empire in the Middle East*, Oxford 2008; und Martin Thomas, *Empires of Intelligence. Security Services and Colonial Disorder after 1914*, Berkeley, Cal., 2008.

weise und Fortbestand der modernen Demokratien notwendigen mythologischen Logiken bedürfen der Auslagerung ihrer urtümlichen Gewalt an fremde Orte, an Nicht-Orte, deren sinnbildliche Gestalten die Plantage, die Kolonie und – heute – das Lager und das Gefängnis sind.

Obwohl diese Gewalt meist in Kolonien ausgelagert wird, bleibt sie im Mutterland dennoch latent. Deshalb verwenden die Demokratien große Mühe darauf, diese latente Gewalt möglichst weitgehend aus dem Bewusstsein zu tilgen, jede echte Frage nach ihren Grundlagen und Hintergründen unmöglich zu machen und die Mythologien zu schützen, ohne deren Hilfe die ihre ständige Reproduktion sichernde Ordnung unvermittelt ins Wanken geriete. Die Demokratien haben große Angst, dass diese im Innern latente, in die Kolonien und an andere fremde Orte ausgelagerte Gewalt plötzlich wieder an die Oberfläche tritt und die Vorstellung bedroht, die sich die politische Ordnung von sich selbst (als mit einem Schlage und ein für alle Mal etablierte Ordnung) gemacht hatte und der es dann gelang, mehr oder weniger als Ausdruck des gesunden Menschenverstands angesehen zu werden.

Die Zerstörung des Göttlichen

Im Übrigen kristallisieren sich die paranoiden Neigungen um den Kern großer Erzählungen, etwa um solche vom (erneuten) Anfang und solche vom Ende – der Apokalypse. Zwischen der Zeit des (erneuten) Anfangs und der des Endes scheint es kaum Unterschiede zu geben, so sehr ist das, was beide Ereignisse ermöglicht, von Zerstörung, Katastrophe und Verwüstung geprägt. Aus dieser Perspektive wird Herrschaft ausgeübt über eine Modulierung katastrophaler Schwellen. Manche Herrschaftsformen arbeiten mit Quarantäne und Strangulation, andere mit Gleichgültigkeit und schlichter Aufgabe. In jedem Fall zeigt sich, dass es im jüdisch-christlichen Erbe der Philosophie, von dem die Menschen in Europa so nachhaltig geprägt wurden, eine strukturelle Beziehung zwischen der Zukunft der Welt und dem Schicksal des Seins auf der einen, der Katastrophe als zugleich politischer und theologischer Kategorie auf der anderen Seite gibt.

Man glaubt, um zu seinem Höhepunkt zu gelangen, müsse das Sein eine Phase der Reinigung durch Feuer hinter sich bringen. Dieses einzigartige Ereignis nimmt den letzten Akt vorweg, in dessen Verlauf, wie Heidegger es ausdrückt, »sich die Erde selbst in die Luft sprengt und das jetzige Menschentum verschwindet«. Für einen Teil der jüdisch-christlichen Tradition ist das Verschwinden des »jetzigen Menschentums« allerdings kein unwiederbringlicher Verlust, der in vollkommener Leere endet, sondern nur das Ende des ersten Anfangs und potenziell der Beginn eines »anderen Anfangs« und einer »anderen Geschichte«, der Geschichte einer anderen Menschheit und einer anderen Welt.

Es ist jedoch keineswegs sicher, ob die ganze Menschheit dem Sein in seinem Verhältnis zur Theologie der Katastrophe solch eine Stellung zuweist. In den antiken afrikanischen Traditionen etwa bildet den Ausgangspunkt für die Frage nach der menschlichen Existenz nicht die Seinsfrage, sondern die nach dem Verhältnis, der wechselseitigen Implikation, das heißt der Entdeckung und Anerkennung eines anderen Leibes als des eigenen – die Frage, wie man sich immer wieder an ferne Orte versetzt, die zugleich anders sind als der eigene, aber in ihm impliziert. Aus dieser Sicht ist Identität keine Frage der Substanz, sondern der Formbarkeit. Sie ist eine Frage der Ko-Komposition, der Öffnung für das Dort eines anderen Leibes, der Wechselseitigkeit zwischen multiplen Leibern und ihren multiplen Namen und Orten.

Aus dieser Perspektive heißt Geschichte hervorbringen, Knoten und Situationspotenziale zu entknoten und zu verschlingen. Die Geschichte ist eine Abfolge paradoxer Situationen, die von bruchlosen Transformationen, Veränderungen in der Kontinuität und der wechselseitigen Assimilation diverser Segmente des Lebens geprägt sind. Daher die Bedeutung, die man dem Bemühen beimisst, Gegensätze in Beziehung zueinander zu bringen, Fremdes einzuverleiben und Singuläres zusammenzufügen. Solche Traditionen schenken der Idee eines Endes der Welt oder einer anderen Menschheit nur wenig Aufmerksamkeit. Diese Obsession ist letztlich daher möglicherweise eine Eigenheit der westlichen Metaphysik. Für viele Kulturen geht die Welt einfach nicht unter; der Vorstellung eines Neubeginns der Zeiten entspricht nichts Präzises. Das heißt nicht, dass alles ewig währte; dass alles sich ständig wiederholte, alles zyklisch wäre. Es bedeutet lediglich, dass die Welt *per definitionem* offen ist und dass es Zeit nur im Unerwarteten und Unvorhergesehenen gibt. Ein Ereignis ist dann genau das, was niemand genau voraussehen, messen oder berechnen kann. Das »spezifisch Menschliche« liegt deshalb darin, ständig wachsam, ständig auf Unbekanntes gefasst zu sein und Unerwartetes anzunehmen, da die Überraschung den Ausgangspunkt der magischen Praktiken bildet, ohne die die Welt nicht Welt wäre.

Auf einer anderen Ebene und für einen Großteil der Menschheit hat das Weltende bereits stattgefunden. Die Frage lautet nicht, wie man in seiner Erwartung leben soll, sondern wie man nach dem Ende leben kann, das heißt mit Verlust und Trennung. Wie lässt sich die Welt nach ihrer Zerstörung wiederherstellen? Für diesen Teil der Menschheit bedeute Verlust der Welt die Notwendigkeit, sich von allem zu lösen, was zuvor in materieller, psychischer und symbolischer Hinsicht besondere Bedeutung besessen hatte; eine Ethik des Verzichts im Hinblick auf all das zu entwickeln, was gestern da war, heute nicht mehr da ist und vergessen werden sollte, weil es jedenfalls stets ein Leben nach dem Ende gibt. Das Ende ist keine letzte Grenze für das Leben. Im Prinzip des Lebens gibt es etwas, das sich der Vorstellung eines Endes widersetzt. Der Verlust und seine Folge, die Trennung, bilden dagegen einen ganz entscheidenden Übergang. Aber auch wenn jede Trennung in gewisser Weise einen Verlust darstellt, ist doch nicht jeder Verlust gleichbedeutend mit dem Ende der Welt. Es gibt auch Verluste, die befreiend wirken, weil sie den Zugang zu anderen Registern des Lebens und der Beziehung eröffnen. Es gibt Verluste, die das Überleben sichern und deshalb in den Bereich der Notwendigkeit fallen. Es gibt Objekte und Investitionen, von denen man sich trennen muss, um ihren Fortbestand zu sichern. Und ebenso führt das Festhalten an manchen Objekten und Investitionen letztlich nur zu Zerstörung des Ich und der betreffenden Objekte.

Dennoch ist die Zeit eindeutig von zwei Bewegungen geprägt: der Begeisterung für Ursprünge und Neubeginn einerseits, für das Ende der Welt und der Zeiten, die Auslöschung alles Bestehenden und die Heraufkunft einer anderen Welt andererseits. Diese beiden Formen von Begeisterung nehmen natürlich je nach Ort unterschiedliche Gestalten an. In der Postkolonie, in der eine spezielle Form von Macht grassiert, die Herrschende und Beherrschte in ein und demselben Bündel von Begierden vereint, findet die Begeisterung für das Ende ihren Ausdruck oft in einer religiösen Sprache. Ein Grund dafür liegt in der Tatsache, dass die Postkolonie eine relativ spezifische Form der Aufnahme und Entmannung des Wunschs nach Revolte und des Willens zum Kampf darstellt. Die Kräfte der Gesellschaft werden nicht unbedingt in Arbeit, Profitstreben oder Bewahrung und Erneuerung der Welt investiert, sondern gleichsam in eine unvermittelte und unmittelbare Lust, die zugleich bar jeder Lust und eine Suche nach libidinöser Befriedigung ist – all das erklärt sowohl das Ausbleiben einer revolutionären Veränderung als auch die fehlende Hegemonie der etablierten Regime.

Die Begeisterung für die Ursprünge nährt sich aus einer Angst, die ausgelöst wird von der – nicht immer realen, aber stets phantasierten und in jedem Fall traumatischen – Begegnung mit dem Anderen. In der Tat meinen viele, sie hätten lange schon den Anderen den Vorzug vor sich selbst gegeben. Nun gehe es nicht mehr darum, den Anderen den Vorzug vor sich selbst zu geben, sondern sich selbst vor den Anderen, die uns nichts gelten, und endlich im Blick auf Objekte Wahlentscheidungen zu treffen, die sich auf jene konzentrieren, welche uns ähnlich sind. Unsere Zeit ist also eine der festen narzisstischen Bindungen. Die gedankliche Fixierung auf den Ausländer, den Muslim, die verschleierte Frau, den Flüchtling, den Juden oder den Neger dient in diesem Kontext der Abwehr. Man weigert sich, anzuerkennen, dass unser Ich sich in Wahrheit stets im Gegensatz zu einem Anderen konstituiert – einem Neger, einem Juden, einem Araber, einem Fremden, die wir internalisiert haben –, allerdings in einem regressiven Modus. Dass wir in Wirklichkeit aus diversen Anleihen bei fremden Subjekten bestehen und daher immer schon Grenzwesen waren – genau das weigern sich heute viele einzugestehen.

Die Verallgemeinerung der Befürchtungen und die Demokratisierung der Angst erfolgen im Übrigen vor dem Hintergrund tiefgreifender Veränderungen, angefangen bei den Glaubensregimen und folglich auch den Geschichten, die man sich jeweils erzählt. Diese Geschichten brauchen nicht auf Wahrheit zu beruhen. So ist denn wahr nicht, was tatsächlich geschehen ist oder stattgefunden hat, sondern was geglaubt wird. Geschichten von Bedrohungen. Von Menschen mit Schlangenköpfen, halb Kühe, halb Stiere. Von Feinden, die uns Böses wollen und uns willkürlich und überraschend zu töten versuchen. Von Terroristen, deren Stärke darin besteht, dass sie den Lebenstrieb in sich selbst abgetötet haben und sterben wollen, möglichst indem sie andere töten. Tatsächlich hat angeblich in globalem Maßstab ein Krieg gänzlich neuer Art begonnen. Es heißt, er sei an allen Fronten ausgebrochen. Er werde uns vollständig von außen aufgezwungen. Wir trügen keinerlei Verantwortung dafür, weder für seine Ursachen noch für seinen Verlauf, noch auch für die extremen Formen, die er anderswo, fern unserer Heimat, annimmt. Er verursache gewaltige Kosten, an finanziellen Mitteln, an Blut und an realen Leibern. Da wir ihn weder eindämmen noch unsere Feinde vernichten könnten, führe er unweigerlich zum Tod von Vorstellungen, von denen wir noch vor kurzem glaubten, sie dürften niemals geopfert werden. Da wir eindeutig Opfer eines äußeren Angriffs werden, hätten wir das Recht, zurückzuschlagen, und dieser Gegenschlag sei letztlich eine ehrenwerte Form legitimer Verteidigung. Wenn unsere Feinde oder die Völker und Staaten, die ihnen Zuflucht oder Schutz bieten, bei diesem Gegenschlag verwüstet werden, sei das nur gerecht. Sie seien selbst schuld an ihrer Verwüstung.

All diese Geschichten haben einen gemeinsamen Faden: Mit dem Schwert zu *leben* ist zur Norm geworden. Auch in den Demokratien geht es im politischen Kampf mehr und mehr darum, wer die repressivsten Maßnahmen gegen die Bedrohung durch den Feind durchsetzen wird. Auch der Krieg hat sein Gesicht verändert. Bei ihren Einsätzen zögern militärische Spezialeinheiten nicht, mutmaßlichen Feinde kaltblütig, aus der Ferne, ohne Vorwarnung, ohne eine Möglichkeit zu entkommen und ohne die Gefahr einer Gegenwehr abzuschlachten. Das Morden ist keine bloß vorübergehende Entladung mehr, sondern zeugt von der Rückkehr einer archaischen Funktionsweise, bei der es keinen Unterschied mehr zwischen libidinösen Strebungen im eigentlichen Sinne und dem Todestrieb als solchem gibt. Wenn es unwiderruflich zur Begegnung des Es mit der Sterblichkeit kommen soll, muss der Andere für immer aus meinem Leben verschwinden.[48] Ist das Töten unschuldiger Zivilisten mit Hilfe einer Drohne oder bei einem sei es auch gezielten Luftangriff ein weniger blinder, ein moralischerer oder klinischerer Akt als Erwürgen oder Enthaupten? Tötet der Terrorist seine Feinde allein für das, was sie sind? Verweigert er ihnen das Recht zu leben wegen ihres Denkens? Möchte er überhaupt wissen, was sie sagen und tun, oder reicht es ihm, dass sie da sind, bewaffnet oder unbewaffnet, Muslime oder Ungläubige, Einheimische oder Fremde, im falschen Augenblick am falschen Ort?

Die Verallgemeinerung der Angst nährt sich auch aus der Vorstellung, das Ende des Menschen – und damit auch der Welt – sei nahe. Das Ende des Menschen bedeutet aber nicht

---

48 Siehe Simon Frankel Pratt, »Crossing off names. The logic of military assassination«, *Small Wars & Insurgencies*, Jg. 26, Nr. 1, 2015, S. 3-24; und allgemein Nils Melzer, *Targeted Killing in International Law*, New York 2008; und Grégoire Chamayou, *Théorie du drone*, Paris 2013; dt.: *Ferngesteuerte Gewalt: eine Theorie der Drohne*, Wien 2014.

notwendig auch das Ende der Welt. Die Geschichte der Welt und die des Menschen, obwohl ineinander verschlungen, werden nicht unbedingt ein gemeinsames Ende finden. Das Ende des Menschen zieht nicht notwendig das Ende der Welt nach sich. Umgekehrt bedeutet das Ende der materiellen Welt ohne Zweifel auch das Ende der Menschheit. Das Ende des Menschen eröffnet eine neue Sequenz des Lebens, vielleicht ein »Leben ohne Geschichte«, da der Begriff der Geschichte so untrennbar mit der Geschichte des Menschen verbunden schien, dass man meinte, Geschichte sei stets die Geschichte des Menschen. Das ist heute offensichtlich nicht mehr der Fall. Das Ende des Menschen öffnet möglicherweise nur den Weg zu einer Geschichte der Welt ohne den Menschen, zu einer Geschichte nach den Menschen, aber mit anderen Lebewesen, mit all den Spuren, die der Mensch hinterlassen wird – aber eindeutig eine Geschichte *ohne ihn*.

Strenggenommen wird die Menschheit möglicherweise in einer universellen Auszehrung enden, aber das Ende des Menschen bedeutet nicht auch das Ende jedes vorstellbaren Endes. Das Zeitalter des Menschen ist nicht vollständig deckungsgleich mit dem Zeitalter der Welt. Die Welt ist älter als der Mensch, und man kann beide kaum miteinander verwechseln. Ohne Welt kann es keine Menschen geben. Aber es ist durchaus denkbar, dass eine bestimmte Art von Welt den Menschen überlebt – die Welt ohne Menschen. Ob diese Welt ohne Menschen von einem mächtigen Engel angekündigt wird, der vom Himmel herabsteigt, in eine Wolke gehüllt, sein Haupt umgeben von einem Regenbogen, ein Gesicht wie die Sonne, die Beine wie Säulen aus Feuer, kann niemand sagen. Wird er seinen rechten Fuß aufs Meer setzen und den linken aufs Land? Niemand weiß es. Wird er, solcherart auf dem Lande und dem Meer stehend, die Hand zum

Himmel erheben und im Namen dessen schwören, der von Ewigkeit zu Ewigkeit herrscht? Viele glauben daran. Und sie glauben, dass es danach keine Zeit mehr geben wird; dass sich das Mysterium Gottes vollenden wird, wenn der siebte Engel seine Posaune bläst.

Sie sehen ein Ende voraus, das einem endgültigen Abbruch der Zeit entspricht oder auch dem Eintritt in eine neue Art von Geschichtlichkeit, die durch die Vollendung des Göttlichen gekennzeichnet ist. Dann wird Gott kein Mysterium mehr sein. Es wird möglich sein, ohne jede Vermittlung Zugang zu seiner Wahrheit zu finden, in absoluter Transparenz. Vollendung, Endlichkeit und Offenbarung, lange getrennt, werden endlich vereint sein. Eine Zeit, deren Wesen es war, ein Ende zu finden, wird ein Ende finden, nur um endlich den Zugang zu einer anderen Zeit zu eröffnen, einer Zeit, die niemals endet. Endlich wird man auf die andere Seite gelangen können. Endlich wird man die Zeit der Endlichkeit und Sterblichkeit hienieden hinter sich lassen können. Die Vorstellung, wonach es eine zutiefst befreiende Macht gibt, die nahezu aus dem Nichts entspringt, wenn das Ende erst wirklich gekommen ist, findet sich im Kern der technotheologisch konnotierten politischen Gewalt unserer Zeit.[49]

---

49 Arthur Kroker und Michael A. Weinstein, »Maidan, caliphate, and code. Theorizing power and resistance in the 21st century«, 3. März 2015: ⟨https://journals.uvic.ca/index.php/ctheory/article/view/15127/6106⟩ (Stand Juli 2016).

Nekropolitik und Beziehung ohne Begehren

Was immer man unter Terrorismus verstehen mag, er ist ebenso wenig eine Fiktion wie die Eroberungskriege, der Gegenterror und die Aufstandsbekämpfung, die angeblich die Reaktion darauf darstellen. Terror und Gegenterror sind die beiden Gesichter ein und derselben Realität, der *Beziehung ohne Begehren*. Der terroristische Aktivismus und die gegen den Terror gerichtete Mobilisierung haben mehr als nur eine Gemeinsamkeit. Beide greifen das Recht und die Rechte an.

Auf der einen Seite zielt das terroristische Projekt auf den Zusammenbruch der rechtsstaatlich organisierten Gesellschaft, deren tiefste Fundamente es objektiv bedroht. Auf der anderen Seite stützt sich die gegen den Terror gerichtete Mobilisierung auf die Vorstellung, wonach nur außergewöhnliche Maßnahmen Feinden beizukommen vermöchten, gegen die der Staat seine Machtmittel rückhaltlos einsetzen dürfen müsse. In diesem Zusammenhang stellt man die Aussetzung von Rechten und die Aufhebung von Garantien, die dem Schutz des Individuums dienen, als Voraussetzung für das Überleben ebendieser Rechte dar. Mit anderen Worten, das Recht kann nicht durch das Recht geschützt werden. Es kann nur fortbestehen dank des Nichtrechts. Der Schutz des Rechtsstaats vor dem Terror mache es erforderlich, dem Recht selbst Gewalt anzutun oder verfassungsmäßig abzusichern, was bislang nur als Ausnahme oder schlicht als Unrecht galt. Danach erfordert die Verteidigung des Rechtsstaats und unserer Lebensweise den absoluten Einsatz der Souveränität – auch auf die Gefahr hin, dass die Mittel zum Zweck werden.

Aber ab wann wird aus »legitimer Verteidigung« (oder einer

bloßen Reaktion) in den Prinzipien wie in der Funktionsweise schlicht eine Verdopplung der terroristischen Institution und Mechanik? Hat man es nicht mit einem ganz anderen politischen Regime zu tun, wenn die Aussetzung von Recht und Freiheitsrechten zwar nicht unbedingt die Regel, aber doch auch keine bloße Ausnahme mehr ist? Wo endet Gerechtigkeit und wo beginnt Rache, wenn Gesetze, Erlasse, Hausdurchsuchungen, Kontrollen, Sondergerichte und andere Notstandsmaßnahmen darauf abzielen, eine Kategorie pauschal Verdächtiger zu produzieren – einen Verdacht, den die Forderung, sich zu distanzieren (in diesem Fall vom Islam), nur noch verstärkt? Wie kann man von gewöhnlichen und unschuldigen Muslimen verlangen, die Verantwortung für Leute zu übernehmen, die sich kaum um ihr Leben scheren und im Extremfall sogar ihren Tod wollen? Dürfen wir in einer Zeit großer Brutalität, in der alle Welt mit der Kettensäge mordet, weiterhin Menschen stigmatisieren, die vor dem Tod fliehen und Zuflucht bei uns suchen, statt dass sie geduldig hinnähmen, dort zu sterben, wo sie geboren sind?

Jede glaubwürdige Antwort auf diese Fragen muss ihren Ausgang bei der offenkundigen Verbreitung von Macht- und Souveränitätsformen nehmen, zu deren Kennzeichen die Produktion von Tod in großem Maßstab gehört. Diese Produktion basiert auf einem vollkommen instrumentellen Kalkül im Blick auf Leben und Politik. Gewiss, wir leben von jeher in einer Welt, die zutiefst von diversen Formen des Terrors, das heißt von der Vergeudung menschlichen Lebens, geprägt ist. Mit dem Terror und damit auch in einem Regime der Verschwendung zu leben ist nichts Neues. In der Geschichte versuchten die dominierenden Staaten immer schon, den Terror zu entschärfen, indem sie dessen extremste Äußerungsformen auf ferne oder ausgelagerte, rassisch stigmatisierte Orte beschränkten – die Plantage zu Zeiten der Sklaverei, die Kolonie, das Lager, das *compound* im Apartheidregime, das Getto oder, wie heute in den Vereinigten Staaten, das Gefängnis. Gelegentlich wurden diese Formen der Quarantäne und Besetzung wie auch die Macht zur Segmentierung und Zerstörung von privaten Autoritäten ausgeübt, oft ohne jede Kontrolle – was zur Entstehung von Formen einer *Herrschaft ohne Verantwortung* führte, wobei das Kapital das Recht beanspruchte, über Leben und Tod der ihm unterworfenen Menschen zu bestimmen. So geschah es etwa in der Epoche der Handelskompanien und Kolonialgesellschaften zu Beginn der Kolonialzeit.

In vielen Teilen der postkolonialen Welt war die Wende, die in der Ausbreitung des kriegerischen Verhältnisses zum Ausdruck kam, oft letztlich die Folge des autoritären Kurses, den politische Regime angesichts heftiger Proteste einschlugen. Vor allem in Afrika nahm der Terror mehrere Formen an. Die erste bestand in staatlichem Terror, insbesondere wenn es um die Eindämmung von Protesten ging, bei Bedarf durch eine heimtückische oder durch eine durchgreifende, brutale, uneingeschränkte Repression (Verhaftungen, Erschießungen, Notstandsmaßnahmen, diverse Formen wirtschaftlichen Zwangs). Zur leichteren Begründung der Repression versuchen die an der Macht befindlichen Regime, den sozialen Protest zu entpolitisieren. Gelegentlich bemühen sie sich, den Auseinandersetzungen ethnische Konturen zu verleihen. Zuweilen werden ganze Regionen unter eine doppelte militärische und zivile Verwaltung gestellt. Die Regime, die sich am stärksten bedroht fühlen, treiben die Logik der Radikalisierung bis ins Extrem, indem sie die Bildung von Banden oder Milizen initiieren oder fördern, die entweder unter der Kontrolle von Vertrauten und anderen im Dunkeln operierenden

Unternehmern aus dem Gewaltgeschäft oder von militärisch oder politisch Verantwortlichen stehen, die Machtpositionen innerhalb der formellen staatlichen Strukturen innehaben. In manchen Fällen gewinnen Milizen eine immer größere Autonomie und verwandeln sich in echte militärische Einheiten, die eine Parallelstruktur zur regulären Armee bilden. In anderen dienen die formellen militärischen Strukturen als Deckmantel für außergesetzliche Aktivitäten, wobei die Zunahme ihrer Machenschaften mit einer Verschärfung der politischen Repression im eigentlichen Sinne einhergeht.

Eine zweite Form von Terror entsteht dort, wo es zu einer Fraktionierung des Gewaltmonopols kommt, gefolgt von einer ungleichen Neuverteilung der Terrormittel innerhalb der Gesellschaft. Unter diesen Umständen beschleunigt sich die Dynamik der Auflösung institutionalisierter und der Zunahme informeller Strukturen. Es entsteht eine neue soziale Spaltung zwischen jenen, die (weil bewaffnet) geschützt sind, und jenen, die ungeschützt bleiben. Und schließlich werden politische Konflikte eher als in der Vergangenheit mit Gewalt ausgetragen, wobei der Waffenbesitz innerhalb der Gesellschaft zu einem der wichtigsten Faktoren der sozialen Spaltung und zu einem zentralen Element der Dynamik der Unsicherheit, des Schutzes des Lebens und des Zugangs zu Eigentum wird. Die fortschreitende Auflösung des staatlichen Gewaltmonopols führt letztlich zu dessen Aufteilung auf mehrere Instanzen außerhalb und innerhalb des Staates, die jedoch unabhängig voneinander agieren. Die Auflösung dieses Monopols ermöglicht auch das Auftreten privater Akteure, von denen einige nach und nach die Fähigkeit erlangen, Gewaltressourcen an sich zu bringen und auf wirtschaftliche Zwecke auszurichten, darunter auch die Fähigkeit, regelrecht Krieg zu führen.

Auf einer anderen Ebene gewinnen die Formen einer gewaltsamen Aneignung von Ressourcen an Komplexität, und es entstehen Verbindungen zwischen Streitkräften, Polizei, Justiz und kriminellen Milieus. Wo Repression und kriminelle Machenschaften aller Art einander ablösen, bildet sich eine politisch-kulturelle Konstellation heraus, in der die große Gefahr besteht, dass jeder von jedem anderen jederzeit und unter jedem beliebigen Vorwand getötet werden kann. Durch die Herstellung eines Verhältnisses wechselseitiger Gleichheit in der Fähigkeit zu töten und deren Folge (der Möglichkeit, getötet zu werden) – einer Gleichheit, die allein der Besitz oder Nichtbesitz von Waffen aufzuheben vermag – betont diese Konstellation den funktionalen Charakter des Terrors und ermöglicht die Zerstörung jeglichen sozialen Bandes außer dem der Feindschaft. Dieses Feindschaftsband rechtfertigt die aktive Spaltung, deren gewalttätiger Ausdruck der Krieg ist. Zugleich schafft dieses Band die Möglichkeit, dass die Vorstellung aufkommt und zur Norm wird, wonach Macht sich nur um den Preis des Lebens anderer Menschen erringen und ausüben lässt.

Beim Regieren durch Terror geht es daher weniger darum, die Menschen zu unterdrücken und zu disziplinieren, als darum, entweder massenhaft oder in kleinen Dosen zu töten. Bei den Akteuren handelt es sich wahlweise um Staaten im üblichen Sinne; um bewaffnete Formationen, die ihre Operationen hinter der Maske des Staates verbergen oder nicht; um Armeen ohne Staat, die aber bestimmte Territorien kontrollieren; um Staaten ohne Armee; um Unternehmen oder Gesellschaften, die mit der Ausbeutung von Bodenschätzen betraut sind, sich zudem aber das Recht auf Kriegführung anmaßen. Die Regulierung der Bevölkerungen erfolgt über Kriege, die ihrerseits mehr und mehr aus der Aneignung der ökonomischen Ressourcen bestehen. Unter solchen Umständen nimmt die Verflechtung zwischen Krieg, Terror und Ökonomie eine Form an, die nicht mehr als bloße Kriegswirtschaft beschrieben werden kann. Durch die Schaffung neuer Märkte für militärische Güter und Dienstleistungen verwandeln Krieg und Terror sich ganz unmittelbar in Produktivkräfte.

Terror und Grausamkeiten werden gerechtfertigt mit dem Willen, die Korruption auszurotten, deren sich die bestehenden Tyranneien angeblich schuldig gemacht haben. Sie sind offenbar Teil einer gewaltigen therapeutischen Liturgie, in der sich der Wunsch nach Aufopferung, messianische Eschatologien und Reste von Wissensbeständen mischen, die teils mit autochthonen okkulten Vorstellungen, teils mit den modernen Diskursen des Utilitarismus, des Materialismus und der Konsumgesellschaft zusammenhängen. Doch wo die Grundlagen auch immer liegen mögen, ins Politische übersetzt werden sie durch erschöpfende Kriege, in deren Verlauf Tausende, ja Hunderttausende von Opfern ermordet und Hunderttausende Überlebende entweder vertrieben oder verhaftet und in Lager gesperrt werden. Die Macht ist hier weitaus brutaler als in den Zeiten autoritärer Herrschaft. Sie ist physischer, körperlicher und drückender. Sie zielt nicht mehr auf eine Abrichtung der Bevölkerung. Wenn sie daran festhält, die Leiber eng zusammenzupferchen (oder sie massenhaft in von ihr kontrollierte Gebiete zu sperren), so nicht um sie zu disziplinieren, sondern um ein Höchstmaß an Nutzen herauszupressen und zuweilen auch an Lust (wie es vor allem bei der sexuellen Sklaverei der Fall ist).

Auch die Formen des Tötens sind vielfältig. Vor allem bei Massakern werden die leblosen Leiber rasch auf den Zustand bloßer Skelette, bloßer Überreste eines nicht begrabenen Schmerzes reduziert; leere, bedeutungslose Körperlichkeit; seltsame

Ablagerungen, in eine grausame Abgestumpftheit getaucht.[50] Besonders frappierend ist oft die Spannung zwischen der Versteinerung der Knochen samt ihrer sonderbaren Kälte und ihrem hartnäckigen Wunsch, um jeden Preis etwas zu bedeuten. In anderen Fällen scheint von diesen undurchdringlich wirkenden Knochenstücken keinerlei Ruhe auszugehen; nichts als die illusorische Ablehnung eines bereits eingetretenen Todes. In wieder anderen Fällen, in denen die physische Amputation an die Stelle des unmittelbaren Todes tritt, eröffnet das Entfernen bestimmter Glieder den Weg zum Einsatz von Techniken des Einkerbens, der Amputation und der Exzision, deren bevorzugtes Zielobjekt gleichfalls die Knochen darstellen. Die Spuren dieser demiurgischen Chirurgie sind noch lange nach dem Ereignis zu erkennen, in Form menschlicher Gestalten, die zwar noch leben, deren körperliche Ganzheit aber ersetzt worden ist durch Stücke, Fragmente, Bruchlinien, vor allem jedoch riesige Wunden und Narben, die dem Opfer und allen in seiner Umgebung das morbide Spektakel seiner Sezierung ständig vor Augen führen sollen.

Im Übrigen – und ohne in einen geographischen oder klimatischen Naturalismus zu verfallen – hängen die Formen, die der Terror im Anthropozän annimmt, natürlich von klimatischen Bedingungen und den für verschiedene ökologische Milieus typischen Lebensweisen ab. Das gilt insbesondere für die Sahara und die Sahelzone, wo die Dynamik der Gewalt sich oft mit der Dynamik der räumlichen Mobilität und den typischen Bewegungsmustern der nomadischen Welt in den Wüsten und Halbwüsten verbindet. Während die Strate-

---

50 Thomas Gregory, »Dismembering the dead. Violence, vulnerability and the body in war«, *European Journal of International Relations,* Jg. 21, Nr. 4, Dezember 2015.

gien der Staaten dort seit der Kolonialzeit auf die Beherrschung von Territorien zielt, beruht die der verschiedenen Gewaltformationen (einschließlich der terroristischen) auf der Beherrschung der Bewegung und der sozialen und kaufmännischen Netzwerke. Eine der typischen Merkmale der Wüste ist ihr fließender Charakter. Und das gilt nicht nur für die Wüste, sondern auch für ihre Ränder, die sich mit den klimatischen Bedingungen verändern.

Typisch für die Wüstenregionen der Sahara ist auch die Bedeutung der Märkte und Routen, die die Waldgebiete im Süden mit den Städten im Maghreb verbinden. Dort ist der Terrorismus ein Terrorismus verschiedener Strata, an der Verbindungsstelle zwischen den Regimen der Karawanen, der Nomaden und der Sesshaften. Das ist so, weil Raum und Bevölkerungen dort ständig in Bewegung sind. Der Raum wird in der Bewegung nicht nur durchquert. Er ist selbst in Bewegung. Denis Retaillé und Olivier Walther schreiben dazu: »Diese Bewegungsfähigkeit der Orte ist möglich, weil sie nicht primär durch die Existenz einer festen Infrastruktur bestimmt sind.«[51] Von größerer Bedeutung sei hier »eine Organisationsform, die subtiler ist als das auf einer Einteilung des Raumes in mehrere bioklimatische Bereiche beruhende Zonenmodell«.[52] Die Fähigkeit, sich über weite Strecken zu bewegen, wechselnde Bündnisse einzugehen, dem Fließenden gegenüber dem Territorium den Vorzug zu geben und mit Ungewissheit umzugehen, gehört zu den Ressourcen, die unerlässlich sind, wenn man wirklich etwas gegen die regionalen Terrormärkte ausrichten will.

---

51 Denis Retaillé und Olivier Walther, »Terrorisme au Sahel. De quoi parle-t-on?«, *L'Information géographique*, Jg. 75, Nr. 3, 2011, S. 4.
52 Ebd.

In diesen mehr oder weniger mobilen Formen der Verwaltung des Terrors besteht Souveränität in der Fähigkeit, massenhaft Menschen zu fabrizieren, deren Hauptmerkmal darin besteht, dass sie am Rande des Lebens oder auf dem äußeren Rand des Lebens leben – Menschen, für die Leben eine beständige Auseinandersetzung mit dem Tod bedeutet, und dies unter Bedingungen, in denen der Tod selbst zunehmend etwas Geisterhaftes erhält, sowohl durch die Art, wie er erlebt wird, als auch durch die Art, wie man tötet. Ein überflüssiges Leben also, dessen Preis so niedrig ist, dass dieses Leben keinerlei Marktwert und erst recht keinen eigenen menschlichen Wert besitzt; jene Art von Leben, dessen Wert außerhalb der Ökonomie liegt und dessen Äquivalent allein in der Art von Tod liegt, den man ihm zufügen kann.

In aller Regel handelt es sich um einen Tod, auf den zu reagieren niemand sich verpflichtet fühlt. Niemand empfindet gegenüber dieser Art von Leben oder dieser Art von Tod irgendein Gefühl der Verantwortung oder der Gerechtigkeit. Die nekropolitische Macht basiert gleichsam auf einer Umkehrung des Verhältnisses zwischen Leben und Tod, als wäre das Leben nur das Medium des Todes. Ständig versucht sie die Unterscheidung zwischen Mitteln und Zwecken aufzuheben. Deshalb ist sie auch gleichgültig gegenüber objektiven Anzeichen von Grausamkeit. In ihren Augen ist das Verbrechen ein grundlegender Bestandteil der Offenbarung und der Tod ihrer Feinde daher bar jeden symbolischen Gehalts. Solch ein Tod hat nichts Tragisches. Deshalb vermag die nekropolitische Macht ihn bis ins Endlose zu vermehren, entweder in kleinen Dosen (zellularer oder molekularer Modus) oder in krampfartigen Schüben – Strategie der »kleinen Massaker«, gemäß einer erbarmungslosen Logik der Abtrennung, Strangulation und Vivisektion, wie man sie gegenwärtig auf allen Schauplätzen des Terrors und des Gegenterrors beobachten kann.[53]

Der Rassismus bildet in hohem Maße die Triebkraft hinter dem nekropolitischen Prinzip, insofern damit organisierte Zerstörung auf der Grundlage einer Opferökonomie gemeint ist, die eine allgemeine Entwertung des Lebens und eine Gewöhnung an den Verlust voraussetzt. Dieses Prinzip ist in jenem Prozess am Werk, in dem heute die permanente Simulation des Ausnahmezustands den »Krieg gegen den Terror« rechtfertigt – einen grenzenlosen, absoluten Ausrottungskrieg, der das Recht zu Grausamkeit, Folter und unbegrenzter Inhaftierung für sich beansprucht, einen Krieg also, der seine Waffen aus jenem »Übel« schöpft, das er auszurotten vorgibt, all das in einem Kontext, in dem Recht und Gerechtigkeit in Gestalt endloser Repressalien, Racheakte und Vergeltungsmaßnahmen ausgeübt werden.

Mehr noch als der Differenz gehört die Zeit den Phantasien von Trennung oder sogar der Ausrottung. Sie gehört dem, was nicht zusammenführt; was keineswegs vereint; was man keinesfalls teilen will. An die Stelle der These von der universellen Gleichheit, die es vor gar nicht langer Zeit erlaubte, substanzielle Ungerechtigkeiten in Frage zu stellen, ist schrittweise das oft gewalttätige Bild einer »Welt ohne ...« getreten – der »Welt des großen Loswerdens«, in der man sich aller Störenden entledigt: der Muslime, die die Innenstadt verstopfen; der Neger und anderer Ausländer, die deportiert werden sollten; der Terroristen (oder mutmaßlichen Terroristen), die man selbst foltert oder von Stellvertretern foltern lässt; der Juden,

---

53 Achille Mbembe, »Necropolitics«, *Public Culture*, Jg. 15, Nr. 1, 2003, S. 11-40.

von denen leider doch so viele den Gaskammern entronnen sind; der Migranten, die von allen Seiten herbeiströmen; der Flüchtlinge und aller Gescheiterten, dieses Treibguts aus Leibern und menschlichem Aas, das einem schimmelnden, stinkenden, verfaulenden Haufen Abfall zum Verwechseln ähnlich sieht und massenhaft entsorgt werden muss.

Mehr noch aber hat sich die klassische Unterscheidung zwischen Henkern und Opfern – die einst die Grundlage für die elementarste Gerechtigkeit bildete – weitgehend aufgelöst. Heute Opfer, morgen Henker und dann wieder Opfer – der Teufelskreis des Hasses dreht sich unablässig und zieht alles in seinen Bann. Nur wenig Elend wird noch als ungerecht verurteilt. Es gibt keine Schuld, keine Reue, keine Wiedergutmachung. Es gibt auch keine Ungerechtigkeiten mehr, die entschädigt werden müssten, oder Tragödien, die wir vermeiden könnten. Um versammeln zu können, muss man zuvor trennen. Und immer wenn wir »wir« sagen, müssen wir um jeden Preis jemanden ausschließen, ihm etwas wegnehmen, etwas konfiszieren.

In einer sonderbaren Verkehrung verlangt man nun von den Opfern, neben den Vorurteilen, unter denen sie zu leiden haben, auch noch die Schuldgefühle auf sich zu nehmen, die eigentlich ihre Henker empfinden müssten. Sie sollen büßen – anstelle der Täter, die von jeder Reue wie auch von jeglicher Verpflichtung zur Wiedergutmachung ihrer Untaten freigestellt sind. Auf der anderen Seite verwandeln sich einstige Opfer, die überlebt haben, ohne zu zögern, in Henker und entfalten gegenüber Schwächeren nun den Terror, den sie einst erlitten haben, wodurch sie genau jene Logiken wiederholen und verschärfen, die ehedem die Versuche zu ihrer eigenen Ausrottung leiteten.

Und schließlich grassiert allenthalben der Hang zur Ausnahme und Immunität. Wie kann man die Demokratie verändern oder sich sogar von ihr verabschieden, sodass es möglich ist, die überbordende soziale, ökonomische und symbolische Gewalt einzugrenzen, bei Bedarf zu übernehmen, auf jeden Fall jedoch zu institutionalisieren und gegen einen »großen Feind« – ganz gleich welchen – zu richten, den es um jeden Preis zu vernichten gilt? Während an der Verschmelzung von Kapitalismus und Animismus kein Zweifel mehr bestehen kann und die Verquickung von Tragik und Politik zur Norm zu werden droht, ist dies die Frage, die unsere Zeit – die der *Verkehrung der Demokratie* – immer wieder stellt.[54]

Fast überall ist die Rede von Aufhebung, Einschränkung, Rücknahme oder schlicht Abschaffung – der Verfassung, des Rechts, der Freiheiten, der Staatsbürgerschaft, aller möglichen Schutzvorschriften und Garantien, die bis vor kurzem noch als fraglos sicher galten. Sowohl die meisten aktuellen Kriege als auch die damit verbundenen Formen von Terror zielen nicht auf deren Anerkennung, sondern auf die Schaffung einer *von Beziehungen freien Welt*. Ob nun als vorübergehend verstanden oder nicht, die Abkehr von der Demokratie und die Suspendierung von Rechten, Verfassungen oder Freiheiten werden paradoxerweise mit der Notwendigkeit gerechtfertigt, ebendiese Rechte, Verfassungen und Freiheiten zu schützen. Und mit der Abkehr und der Suspendierung kommt auch die Abschließung, kommen alle erdenklichen Arten von Mauern, Stacheldrahtzäunen, Lagern und Tunneln, als hätte man wirklich Schluss gemacht mit einer be-

---

54 Wendy Brown, *Undoing the Demos. Neoliberalism's Stealth Revolution*, New York 2015; dt.: *Die schleichende Revolution. Wie der Neoliberalismus die Demokratie zerstört*, Berlin 2015.

stimmten Ordnung der Dinge, einer bestimmten Ordnung des Lebens, einer bestimmten Vorstellung von Gemeinsamem im Gemeinwesen der Zukunft.

Die Frage, die sich uns gestern stellte, ist in mehrfacher Hinsicht genau dieselbe, wie wir sie uns heute erneut stellen müssen: War es jemals möglich, ist es überhaupt möglich und wird es jemals möglich sein, dem Anderen anders zu begegnen denn als einem schlichtweg dort, gleich vor mir gegebenen Objekt? Gibt es irgendetwas, das uns mit Anderen verbände, sodass wir gemeinsam sagen könnten, dass wir sind? Welche Formen könnte diese Fürsorge annehmen? Ist eine andere Weltpolitik möglich, die nicht notwendig auf Unterschied oder Andersheit basierte, sondern auf einer sicheren Idee des Mitmenschlichen und Gemeinsamen? Sind wir nicht dazu verdammt, einander ausgesetzt zu sein, und das zuweilen in ein und demselben Raum?

Aufgrund dieser strukturellen Nähe gibt es kein »außen«, kein »anderswo«, kein »nah«, die man einem »innen«, einem »hier« oder einem »fern« gegenüberstellen könnte. Man kann die eigene Heimat nicht mehr zu einem sicheren Ort machen, indem man Chaos und Tod in die Ferne zu den Anderen auslagert. Früher oder später wird man in der Heimat ernten, was man in der Ferne gesät hat. Sicherheit kann nur auf Gegenseitigkeit beruhen. Dazu ist es nötig, Demokratie jenseits des Nebeneinanders von Singularitäten und jenseits einer simplifizierenden Integrationsideologie zu denken. Außerdem wird die Demokratie der Zukunft auf einer klaren Unterscheidung zwischen dem »Universellen« und dem »Gemeinschaftlichen« aufbauen. Das Universelle impliziert den Einschluss in etwas oder in eine bereits bestehende Entität. Das Gemeinschaftliche setzt ein Verhältnis der gemeinsamen Zugehörigkeit oder des Teilens voraus – die Idee einer Welt, die nun einmal die einzige ist, die wir haben und die, wenn sie Bestand haben soll, von allen Nutzungsberechtigten, allen Spezies, geteilt werden muss. Damit dieses Teilen möglich wird und diese globale Demokratie, die Demokratie aller Spezies, Gestalt annimmt, ist die Forderung nach Gerechtigkeit und Wiedergutmachung unverzichtbar.[55]

Wenn wir uns diese weitreichenden Veränderungen vorstellen, muss uns klar sein, dass sie tiefgreifenden Einfluss auf das Verhältnis zwischen Demokratie, Erinnerung und der Idee einer Zukunft haben, welche die gesamte Menschheit miteinander teilen könnte. Und wenn man von der »ganzen Menschheit« spricht, muss auch klar sein, dass sie heute in ihrer Zerstreuung Ähnlichkeit mit einer Totenmaske hat – mit etwas, einem Rest, allem außer einer Gestalt, einem Gesicht und einem klar erkennbaren Körper, in diesem Zeitalter des Gewimmels, des Wucherns und des Aufpfropfens von allem auf nahezu alles. Tatsächlich fehlt etwas. Aber war dieses »etwas«, halb Aas, halb Grabplastik, wirklich jemals da, vor unseren Augen, außer in Gestalt eines herausgeputzten Skeletts – bestenfalls ein elementarer, urtümlicher und rückhaltloser Kampf gegen den Zerfall zu Staub?[56] Die Zeit ist alles andere als eine der Vernunft, und es ist nicht sicher, ob sie es auf kurze Sicht jemals wieder sein wird. Neben dem Bedürfnis nach Mysterien und der Wiederkehr des Kreuzzugsgeistes ist sie

---

55 »Épilogue. Il n'y a qu'un seul monde«, in: Achille Mbembe, *Critique de la raison nègre*, Paris 2013; dt.: »Epilog: Es gibt nur eine Welt«, in: ders., *Kritik der schwarzen Vernunft*, Berlin 2014.

56 Aimé Césaire, *Discours sur le colonialisme*, Paris 1955; dt.: *Rede über den Kolonialismus und andere Texte*, Berlin 2010; Frantz Fanon, *Les Damnés de la terre*, in: *Œuvres*, Paris 1961; dt.: *Die Verdammten dieser Erde*, Frankfurt am Main 1981.

vielmehr eine Zeit der paranoiden Dispositionen, der hysterischen Gewalt, der Verfahren zur Vernichtung all derer, die von der Demokratie zu Staatsfeinden erklärt werden.[57]

---

57 Frédéric Lordon, *Imperium. Structures et affects des corps politiques*, Paris 2015, S. 16.

Zweites Kapitel
Die Gesellschaft der Feindschaft

Vielleicht war es immer schon so.¹ Vielleicht waren die Demokratien immer schon Gemeinschaften von Gleichartigen und daher, wie im letzten Kapitel dargelegt, auf Trennung ausgerichtete Kreise. Möglicherweise hatten sie auch immer schon Sklaven, eine Gruppe von Personen, die auf die eine oder andere Weise als Fremde oder Ausländer oder als unerwünschte, überflüssige Menschengruppe galten, die man am liebsten hätte loswerden wollen und die deshalb »in irgendeiner Form ganz oder halb entrechtet« waren.² Das ist möglich.

Es ist gleichfalls möglich, dass eine »allgemeine Menschheitsdemokratie« tatsächlich »nirgends« existiert und dass man, da die Erde nun einmal auf Staaten aufgeteilt ist, die Demokratie innerhalb der Staaten zu verwirklichen versucht. Das heißt letztlich, eine Politik des Staates, die eindeutig zwischen den eigenen Staatsbürgern (jenen, die zum Kreis der Gleich-

---

1 Die Weltgeschichte, so schrieb Freud schon 1915, sei »im wesentlichen eine Reihenfolge von Völkermorden« (Sigmund Freud, »Zeitgemäßes über Krieg und Tod«, in: ders., *Gesammelte Werke*, Bd. 10, Frankfurt am Main 1969, S. 345); und Lacan meinte in den 1950er Jahren, dass »wir schon sehr zur Genüge eine Zivilisation des Hasses« seien (Jacques Lacan, *Séminaire – livre I*, Paris 1998; dt.: *Das Seminar, Buch I: Freuds technische Schriften*, Olten 1978, S. 348).
2 Carl Schmitt, *Die geistesgeschichtliche Lage des heutigen Parlamentarismus*, München 1923, S. 15.

artigen gehören) und anderen Menschen unterscheidet, hält alle Nichtgleichartigen entschlossen fern.³ Für den Augenblick genügt es, zu wiederholen: Wir leben in einer Zeit der Trennung, der Hassbewegungen, der Feindseligkeit und vor allem des Kampfes gegen den Feind, weshalb denn die liberalen Demokratien, die bereits von den Mächten des Kapitals, der Technologie und des Militarismus beträchtlich unter Druck gesetzt werden, in einen gewaltigen Inversionsprozess geraten sind.⁴

Das beängstigende Objekt

Der Ausdruck »Bewegung« verweist indessen unweigerlich auf einen Trieb, der vielleicht nicht rein ist, aber doch eine fundamentale Kraft darstellt. Diese Kraft fließt – ob nun bewusst oder unbewusst – in ein Begehren, und zwar bevorzugt in einen Herrschaftswunsch. Dieser Herrschaftswunsch, der zugleich ein Immanenzfeld und eine aus Mannigfaltigkeiten bestehende Kraft darstellt, richtet sich auf ein Objekt (oder auf mehrere Objekte). Früher hatten diese Objekte meist Namen wie Neger oder Jude. Heute haben Neger und Juden andere Vornamen – Islam, Muslim, Araber, Ausländer, Immigrant, Eindringling, um nur einige davon zu nennen.

Ob nun auf Herrschaft ausgerichtet oder nicht, das Begehren ist zugleich jene Bewegung, durch die das Subjekt – rund-

---

3   Ebd., S. 16-20.
4   Wendy Brown spricht von einer »Entdemokratisierung« in ihrem Aufsatz »American Nightmare: Neoliberalism, Neoconservatism, and De-Democratization«, *Political Theory*, Jg. 34, Nr. 6, Dezember 2006, S. 690-714. Siehe auch Jean-Luc Nancy, *Vérité de la démocratie*, Paris 2008.

um eingehüllt in eine einzigartige Phantasie (der Allmacht, der Amputation, der Zerstörung oder Verfolgung, das hat kaum Bedeutung) – sich in der Hoffnung, die eigene Sicherheit angesichts äußerer Bedrohungen zu gewährleisten, bald auf sich selbst zurückzieht, bald aus sich herauszugehen und die Windmühlen seiner Phantasie anzugreifen versucht, die es inzwischen belagern. Aus seiner Struktur gerissen, macht es sich tatsächlich an die Eroberung des beängstigenden Objekts. Und da dieses Objekt in Wirklichkeit niemals existiert hat, nicht existiert und auch niemals existieren wird, muss es unablässig erfunden werden. Aber durch Erfinden wird es auch nicht realer, außer im Modus eines leeren, aber behexenden und berückenden Raums, zugleich verzaubert und unheilbringend, den es nun nach Art eines Schicksals bewohnt.

Der Wunsch nach einem Feind, der Wunsch nach Apartheid (Trennung und Einschließung) und Ausrottungsphantasien sind heute an die Stelle dieses Zauberkreises getreten. Vielfach reicht eine Mauer, um das zum Ausdruck zu bringen.[5] Es gibt unterschiedliche Arten von Mauern, und nicht alle erfüllen dieselben Funktionen.[6] Die trennende Mauer soll das Problem einer übermäßigen Präsenz lösen, die man für die Quelle unerträglichen Leids hält. Wieder das Gefühl haben zu können, dass man existiert, setzt danach den Bruch mit jemandem voraus, dessen Abwesenheit oder völliges Verschwinden man, wie man glaubt, kaum als Verlust erleben wird. Damit wird auch unterstellt, dass zwischen ihm und uns kei-

---

5 Wendy Brown, *Walled States, Waning Sovereignty*, New York 2014.
6 Eyal Weizman, »Walking through walls. Soldiers as architects in the Israeli-Palestinian conflict«, *Radical Philosophy*, Nr. 136, März-April 2006, S. 8-22.

nerlei Gemeinsamkeit besteht. Den Kern der aktuellen Trennungsprojekte bildet also eine Vernichtungsangst.

Allenthalben erreicht die Errichtung von Betonmauern, Gittern und anderen »Sicherheitssperren« ihren Höhepunkt. Parallel zu den Mauern entstehen andere Sicherheitseinrichtungen: Checkpoints, Sperranlagen, Wachtürme, Gräben, Demarkationslinien aller Art, die oft nur die Funktion haben, die Einschließung zu intensivieren, da man die Menschen, die man für eine Bedrohung hält, nicht ein für alle Mal fernhalten kann. Ein Beispiel dafür sind die palästinensischen Wohngebiete, die buchstäblich eingekreist sind von israelisch kontrollierten Zonen.[7]

Im Übrigen dient die israelische Besetzung der palästinensischen Gebiete als Versuchslabor für eine Reihe von Techniken der Kontrolle, Überwachung und Trennung, die inzwischen weltweite Verbreitung finden. Dazu gehören Maßnahmen wie die regelmäßige Abriegelung oder die Begrenzung der Zahl der Grenzübertritte von Palästinensern nach Israel und in die Siedlungen, die regelmäßige Verhängung von Ausgangssperren in den palästinensischen Enklaven, die Überwachung der Bewegungen oder die vollständige Abschließung ganzer Städte.[8]

Stationäre oder provisorische Checkpoints mit Betonklötzen und Erdwällen zum Absperren der Straße, Überwachung des Luftraums und des Meeres, Import und Export unterschiedlichster Produkte, häufiges militärisches Einfallen, Ein-

---

7 Eyal Weizman, *Hollow Land. Israel's architecture of occupation*, London 2007; dt.: *Sperrzonen. Israels Architektur der Besatzung*, Hamburg 2009.
8 Amira Hass, »Israel's closure policy. An ineffective strategy of containment and repression«, *Journal of Palestinian Studies,* Jg. 31, Nr. 3, 2002, S. 5-20.

reißen von Häusern, Schändung von Friedhöfen, Verwüstung von Olivenhainen, Sperrung oder Zerstörung von Infrastruktur, Bombardierungen aus großer oder mittlerer Höhe, gezielte Morde, Techniken der Aufstandsbekämpfung in Städten, Profiling von Körper und Denken, ständige Schikanen, territoriale Zersplitterung, zellulare und molekulare Gewalt, generalisierte Lagerhaft – all das wird ins Werk gesetzt, um ein Regime der Trennung aufzuzwingen, dessen Funktionieren paradoxerweise gerade von der Enge der Nachbarschaft abhängt.[9]

Solche Maßnahmen erinnern in mancherlei Hinsicht an das berüchtigte Modell der Apartheid mit ihren Bantustans genannten riesigen Reservoiren billiger Arbeitskraft, mit ihren den Weißen vorbehaltenen Gebieten, ihren verschiedenartigen Gerichtsbarkeiten und ihrer ständigen rohen Gewalt. Doch die Metapher der Apartheid reicht nicht aus, um das israelische Trennungsprojekt zu erfassen. Zunächst einmal ruht dieses Projekt auf einem recht einzigartigen metaphysischen und existenziellen Sockel. Die darunterliegenden apokalyptischen Ressourcen und Katastrophen sind weitaus komplexer und geschichtlich viel tiefer verwurzelt als alles, was den südafrikanischen Calvinismus möglich machte.[10]

Sodann sind die Auswirkungen des israelischen Projekts auf die Palästinenser aufgrund ihres Hightech-Charakters weit-

9 Cédric Parizot, »Après le mur. Les représentations israéliennes de la séparation avec les Palestiniens«, *Cultures & Conflits*, Nr. 73, 2009, S. 53-72.
10 Idith Zertal, *Israel's Holocaust and the Politics of Nationhood*, Cambridge 2010; dt.: *Nation und Tod. Der Holocaust in der israelischen Öffentlichkeit*, Göttingen 2011; Jacqueline Rose, *The Question of Zion*, Princeton 2007; und Judith Butler, *Parting Ways. Jewishness and the Critique of Zionism*, New York 2012; dt.: *Am Scheideweg. Judentum und die Kritik am Zionismus*, Frankfurt am Main 2013.

aus schlimmer als die vergleichsweise primitiven Maßnahmen, die das südafrikanische Apartheidregime von 1948 bis Anfang 1980 ergriff. Das gilt auch für die Miniaturisierung der Gewalt, ihre Zellularisierung und Molekularisierung, ebenso wie für die Techniken zugleich materieller und symbolischer Auslöschung.[11] Es gilt zudem für die Verfahren und Techniken der Zerstörung von nahezu allem – Infrastruktur, Häuser, Straßen, Landschaften – und für die fanatische Zerstörungsdynamik, die darauf abzielt, das Leben der Palästinenser in einen Trümmerhaufen und einen zur Entsorgung bestimmten Berg aus Müll zu verwandeln.[12] In Südafrika erreichten die Trümmerberge niemals solche Ausmaße.

Da jede Form der Inklusion notwendig disjunktiv gewesen wäre, konnte jegliche Trennung auch nur partieller Natur sein. Eine radikale Trennung musste dann unweigerlich auch das Überleben des Unterdrückers beeinträchtigen. Da die weiße Minderheit die einheimische Bevölkerung nicht gleich zu Anfang ausgerottet hatte, war es ihr unmöglich, eine systematische ethnische und rassische Säuberung nach dem Muster anderer Siedlungskolonien durchzuführen. Auch Massenvertreibungen und Deportationen waren kaum möglich. Da die wechselseitige Verflechtung der verschiedenen Rassensegmente die Regel geworden war, konnte die Dialektik der Nähe, Distanz und Kontrolle niemals die in Palästina zu beobachtenden kritischen Schwellen erreichen.

In den besetzten Gebieten zeigt sich die Nähe vor allem in

---

11 Siehe Saree Makdisi, »The Architecture of erasure«, *Critical Inquiry*, Jg. 36, Nr. 3, 2010, S. 519-559. Siehe auch Mick Taussig, »Two Weeks in Palestine. My First Visit [1]«: ⟨http://criticalinquiry.uchicago.edu/two_weeks_in_palestine/⟩ (Stand Juli 2016).

12 Siehe insb. Ariella Azoulay, *Civil Imagination. A Political Ontology of Photography,* New York 2015, S. 125-173.

der Kontrolle Israels über die Melderegister und im israelischen Monopol auf die Ausgabe palästinensischer Personalausweise. Ähnliches gilt für nahezu alle übrigen Aspekte des alltäglichen Lebens in den besetzten Gebieten, für alltägliche Fahrten, für die Erlangung von Genehmigungen und für die Kontrolle der Steuern. Das Besondere an dieser Art von Trennung liegt nicht nur darin, dass sie sich bereitwillig mit der Besetzung und, falls nötig, mit deren Aufgabe abfindet.[13] Sie kann sich auch jederzeit in eine Strangulation verwandeln. Die Besetzung ist in jeder Hinsicht ein Ringkampf, der im Dunkeln stattfindet.

Der Wunsch nach Apartheid und Ausrottungsphantasien sind natürlich durchaus keine neuen Erscheinungen und haben sich im Laufe der Geschichte immer wieder verändert, vor allem in den antiken Siedlungskolonien. Chinesen, Mongolen, Afrikaner und Araber eroberten – gelegentlich lange vor den Europäern – riesige Territorien. Sie schufen komplexe Fernhandelsnetze, die Meere und Wüsten überspannten. Aber Europa eröffnete vielleicht erstmals in der modernen Geschichte ein neues Siedlungszeitalter globalen Ausmaßes.[14] Die weltweiten Siedlerströme zwischen dem 16. und dem 19. Jahrhundert zeigen zwei Eigenheiten. Sie waren zugleich ein Ausscheidungsprozess (für die Auswanderer, die Europa verließen, um auf anderen Kontinenten Kolonien zu gründen) und ein Umsturz historischen Ausmaßes. Für die kolonisierten Völker brachten sie neue Knechtschaft.

---

13 Adi Ophir, Michal Givoni und Sari Hanafi (Hg.), *The Power of Inclusive Exclusion. Anatomy of Israeli Rule in the Occupied Palestinian Territories,* New York 2009; und Neve Gordon, *Israel's Occupation,* Berkeley 2008.
14 James Belich, *Replenishing the Earth. The Settler Revolution and the Rise of the Angloworld,* Oxford 2009.

Im Verlaufe dieser langen Zeitspanne waren die Siedlungsbewegungen oft mit zahllosen Grausamkeiten und Massakern verbunden, mit beispiellosen Erfahrungen »ethnischer Säuberung«, mit Vertreibung, Umsiedlung ganzer Bevölkerungen in Lager oder sogar Völkermord.[15] Als Mischung aus Sadismus und Masochismus, oft tastend in meist unerwarteten Situationen vorgehend, neigte der Kolonialismus dazu, alle Kräfte zu zerschlagen, die diesen Trieben im Wege standen oder deren Streben nach perversen Lüsten aller Art zu hemmen versuchten. Die Grenzen dessen, was dem Kolonialismus als »normal« galt, wurden ständig hinausgeschoben, und nur wenige Begierden waren Gegenstand offener Ablehnung oder der Scham und des Abscheus. Die koloniale Welt besaß eine schwindelerregende Fähigkeit, sich mit der Zerstörung ihrer Objekte – einschließlich der einheimischen Bevölkerung – abzufinden. Sollte ein Objekt tatsächlich zugrunde gehen, konnte es, so glaubte man, leicht durch ein anderes ersetzt werden.

Und mehr noch, das Prinzip der Trennung steht am Anfang des kolonialen Unternehmens. Die Kolonisierung bestand in hohem Maß in einer permanenten Trennungsarbeit – auf der einen Seite mein lebendiger Körper und auf der anderen all diese Körper-Dinge, die ihn umgeben; auf der einen Seite mein Leib, durch den all diese anderen Dingleiber als bloßes Fleisch für mich da sind; auf der einen Seite ich, das Stoffliche *par excellence* und Nullpunkt des Koordinatensystems der Welt, auf der anderen Seite die Anderen, mit denen ich niemals vollkommen eins sein werde; die ich zwar auf ihre

---

15 Siehe insb. A. Dirk Moses (Hg.), *Empire, Colony, Genocide. Conquest, Occupation, and Subaltern Resistance in World History,* New York 2008; Patrick Wolfe, »Settler colonialism and the elimination of the native«, *Journal of Genocide Research*, Jg. 8, Nr. 4, 2006, S. 387-409.

Bedeutung für mich selbst reduzieren mag, mit denen ich jedoch niemals eine auf Gegenseitigkeit oder wechselseitiger Einbindung beruhende Beziehung eingehen kann.

Im kolonialen Kontext war die permanente Trennungs- und damit Differenzierungsarbeit zum Teil die Folge der von den Kolonisten empfundenen Angst vor Vernichtung. Man war zwar zahlenmäßig unterlegen, aber mit gewaltigen Zerstörungsmitteln ausgestattet und lebte dennoch ständig mit der beängstigenden Vorstellung, ringsum von bösen Objekten umzingelt zu sein, die das eigene Überleben und die eigene Existenz bedrohten – von der einheimischen Bevölkerung, von wilden Tieren, Reptilien, Mikroben, Mücken, der Natur, dem Klima, von Krankheiten oder sogar von Hexern.

Das Apartheidregime in Südafrika und – in einer ganz anderen Größenordnung und in einem anderen Kontext – die Vernichtung der europäischen Juden sind zwei emblematische Manifestationen dieses Trennungswahns. Vor allem die Apartheid lehnte ganz offen die Möglichkeit ab, dass ein und derselbe Körper für mehr als einen da sein könnte. Sie setzte die Existenz verschiedener, ursprünglicher, bereits existierender Subjekte voraus, deren jedes aus dem Fleisch und Blut einer eigenen Rasse bestand und in der Lag war, sich in ihrem je eigenen Rhythmus zu entwickeln. Man glaubte, es reiche aus, ihnen jeweils eigene Territorien zuzuweisen, um ihre wechselseitige Fremdheit zu renaturalisieren. Diese unterschiedlichen ursprünglichen Subjekte wurden aufgefordert, so zu handeln, als wäre ihre Vergangenheit nicht von »Prostitution«, paradoxer Abhängigkeit und Intrigen jeglicher Art geprägt – Reinheitswahn.[16] Die Unfähigkeit der historischen Apartheid, ein

---

16 Cornelis W. De Kiewiet, *A History of South Africa. Social and Economic*, Oxford 1957; Nigel Penn, *The Forgotten Frontier. Colonists and*

für alle Mal wasserdichte Grenzen zwischen einer Pluralität von Leibern herzustellen, beweist im Nachhinein die Grenzen des kolonialen Trennungsprojekts. Wenn der Andere nicht ausgerottet wird, ist er uns nicht mehr äußerlich. Er ist in uns, in der Doppelgestalt des anderen Ich und des Ich als des Anderen, beide auf Leben und Tod dem Anderen und sich selbst ausgesetzt.

Der Kolonialismus bezog einen Großteil seiner Substanz und seiner überschießenden Energie aus seiner Verbindung zu allen erdenklichen Triebregungen, zu mehr oder weniger eingestanden Wünschen und Begierden, die meist außerhalb des bewussten Ich der Beteiligten blieben. Um die einheimische Bevölkerung, die die Kolonisten unterworfen hatten und von denen sie sich um jeden Preis unterscheiden wollten, möglichst dauerhaft im Griff zu haben, mussten sie diese, so gut es ging, als *psychische Objekte* konstituieren. Das ganze Darstellungsspiel bestand in der kolonialen Situation darin, sich von der einheimischen Bevölkerung ein Bild zu machen, das aus diversen Klischees bestand.

Diese Klischees entsprachen mehr oder weniger den Trümmern der echten Biographien dieser Einheimischen, ihrer ursprünglichen Stellung vor der Begegnung. Mit Hilfe des so geschaffenen Bildmaterials wurde dann der ursprünglichen Stellung als echte menschliche Personen ein vollkommen künstlicher Status aufgepfropft, nämlich der von psychischen Objekten. Für die Einheimischen ergab sich daraus das Dilemma, wie sie einerseits im Alltag dem psychischen Objekt, das sie internalisieren sollten und oft sogar zu akzeptieren gezwungen wurden, und anderseits der eigenen menschlichen Per-

Khoisan on the Cape's Northern Frontier in the 18th Century, Athens, Ohio, 2006.

sönlichkeit gerecht werden konnten, die man gewesen war, die man trotz allem immer noch war, aber die man unter den Bedingungen des kolonialen Daseins vergessen musste.

Als diese psychischen Motive erst erfunden waren, wurden sie konstitutiv für das koloniale Ich. Ihre externe Stellung gegenüber dem kolonialen Ich war äußerst relativ. Die Investition in diese Objekte trug dazu bei, dass die Kolonialordnung in psychischer Hinsicht auch weiterhin funktionierte. Ohne diese Objekte und Motive verlor das affektive, emotionale und psychische Leben in der Kolonie seinen Gehalt und seine Kohärenz. Das Leben kreiste um diese Motive gleichsam wie um ein Gravitationszentrum. Seine Lebenskraft hing von seinem dauerhaften Kontakt zu den Objekten ab, und es erwies sich als besonders verwundbar für eine Trennung von ihnen. In kolonialen oder parakolonialen Situationen lässt sich das böse Objekt – das eine anfängliche Zerstörung überlebt hat – niemals als etwas dem Ich vollkommen Äußerliches denken. Außerdem hat es sich gespalten und ist zugleich Objekt und Subjekt. Da ich es trage und zugleich von ihm getragen werde, kann ich mich nicht einfach davon lösen, indem ich es erbittert verfolge. Auch wenn ich alles zerstöre, was ich verabscheue, befreit mich das im Grunde dennoch nicht von dem zerstörten Dritten oder von dem Dritten, von dem ich mich getrennt habe. *Das ist so, weil das böse Objekt und ich niemals vollkommen getrennt sind. Und zugleich sind wir niemals vollkommen eins.*

Der Feind, dieser Andere, der ich bin

Der nicht zu unterdrückende Wunsch nach Feinden, der Wunsch nach Apartheid und die Ausrottungsphantasie bilden den Kampfplatz, also die entscheidende Probe zu Beginn dieses Jahrhunderts. Als herausragende Träger der gegenwärtigen Verdummung zwingen sie die demokratischen Regime allenthalben, aus dem Mund zu stinken und in ihrem hartnäckigen Delirium wie Betrunkene zu leben. Als diffuse psychische Strukturen, die zugleich leidenschaftliche Grundkräfte darstellen, prägen sie die vorherrschende affektive Stimmung unserer Zeit und verschärfen zahlreiche aktuelle Kämpfe und Mobilisierungsbewegungen. Diese Kämpfe und Mobilisierungsbewegungen werden gespeist aus einer bedrohlichen und beängstigenden Sicht der Welt, die Misstrauen und alles Geheime in den Vordergrund stellt, das mit Verschwörung und Okkultem zu tun hat.[17] In letzter Konsequenz münden sie nahezu unvermeidlich in Zerstörungslust – Blutvergießen, das Blut verschafft sich Geltung, in ausdrücklichem Anschluss an das Talionsprinzip des Alten Testaments.

In dieser depressiven Phase des psychischen Lebens der Nationen ist das Bedürfnis oder auch das triebhafte Bedürfnis nach Feinden daher nicht mehr bloß ein soziales Bedürfnis. Es ist gleichsam ein anales ontologisches Bedürfnis. Einen Feind zu haben – und das bevorzugt auf spektakuläre Weise – ist im Kontexte einer mimetischen, durch den »Krieg gegen den Terror« verschärften Rivalität nachgerade der obligatorische Übergang in die Konstituierung des Subjekts und dessen Eintritt in die symbolische Ordnung unserer Zeit. Es ist geradeso,

---

17 Siehe Peter L. Geschiere, *Sorcellerie et politique en Afrique. La viande des autres*, Paris 1995.

als würde die Verweigerung eines Feindes als tiefe narzisstische Kränkung erlebt. Keinen Feind zu haben – oder keine Anschläge und andere blutige Übergriffe durch jene erlebt zu haben, die uns und unsere Lebensweise hassen – heißt jener Hassbeziehung beraubt zu sein, die dazu berechtigt, allen erdenklichen, ansonsten verbotenen Wünschen freien Lauf zu lassen. Es heißt, jenes Dämons beraubt zu sein, ohne den nicht alles erlaubt ist, während die Zeit doch mit Macht zu absoluter Freizügigkeit, Zügellosigkeit und Hemmungslosigkeit aufzurufen scheint. Und es heißt, frustriert zu werden in seinem Drang, sich selbst Angst zu machen; in seiner Fähigkeit, andere zu verteufeln; in der Lust und Befriedigung, die man empfindet, wenn der angebliche Feind von Spezialkräften abgeschlachtet wird oder, falls lebendig gefangen, endlosen Verhören und Folterungen unterzogen wird an einem der geheimen Orte, die unseren Planeten beschmutzen.[18]

Eine eminent politische Zeit also, liegt doch das Spezifikum der Politik, zumindest wenn man Carl Schmitt glauben will, in der »Unterscheidung zwischen Freund und Feind«.[19] In der Welt Schmitts, die nun die unsere ist, muss der Begriff »Feind« in seiner konkreten existenziellen Bedeutung verstanden werden und nicht als Metapher oder als leere, leblose Abstraktion. Der Feind, von dem Schmitt spricht, ist kein bloßer Konkurrent oder Gegner und auch kein privater Rivale, den man hassen könnte oder der einem unsympathisch ist. Der Begriff verweist vielmehr auf einen Antagonismus höherer Art. Der Feind ist in Fleisch und Blut derjenige, dessen physi-

---

18 Vgl. Mohamedou Ould Slahi, *Guantánamo Diary*, New York 2015; dt.: *Das Guantanamo-Tagebuch*, Stuttgart 2015.
19 Carl Schmitt, *Der Begriff des Politischen. Text von 1932 mit einem Vorwort und drei Corollarien*, Berlin 1991, S. 26.

schen Tod man anstreben darf, weil er unser eigenes Sein in existenzieller Weise negiert.

Wer zwischen Freund und Feind unterscheiden will, muss den Feind zunächst einmal mit Sicherheit identifizieren. Als verwirrend ubiquitäre Gestalt ist er umso gefährlicher, als er überall ist: ohne Gesicht, ohne Namen und ohne Ort. Und wenn er ein Gesicht hat, kann dies nur eine Verschleierung, ein Scheingesicht sein. Wenn er einen Namen hat, muss das ein Tarnname sein – ein falscher Name, der allein der Verdunklung dient. Bald mit und bald ohne Maske auftretend, ist er unter uns, um uns herum, ja in uns, er kann bei Tage oder mitten in der Nacht auftauchen, aber wann immer er auch erscheinen mag, stets ist es unsere Existenzweise, die er zu vernichten droht.

Bei Schmitt gestern wie bei uns heute verdankt das Politische also seine vulkanische Kraft folgender Tatsache: Da es eng mit einem existenziellen Willen zur Machtentfaltung verbunden ist, eröffnet es notwendig und *per definitionem* jene äußerste Möglichkeit, die im endlosen Einsatz reiner Mittel ohne jeden Zweck besteht – den Mord. Mit dem Gesetz des Schwertes als Grundlage ist das Politische der Gegensatz, »auf Grund dessen von Menschen das Opfer ihres Lebens verlangt werden könnte und Menschen ermächtigt werden, Blut zu vergießen und andere Menschen zu töten«, und das nur wegen ihrer tatsächlichen oder nur angeblichen Zugehörigkeit zum Lager des Feindes (*für andere sterben oder andere töten*).[20] Aus dieser Perspektive ist das Politische eine spezielle Form der Gliederung im Blick auf einen zugleich entscheidenden und dunklen Kampf. Aber hier geht es nicht nur um den Staat und um delegiertes Töten, denn außer der Möglichkeit

---

20 Ebd., S. 36.

des Opfers und der Selbsthingabe spielt hier auch buchstäblich die des Selbstmords eine Rolle.

Denn letztlich beendet der Selbstmord brutal die Dynamik jeglicher Abhängigkeit und jede Möglichkeit einer Anerkennung. Sich freiwillig von seiner eigenen Existenz zu verabschieden, indem man sich selbst tötet, heißt nicht notwendig, von sich aus zu verschwinden. Es heißt, willentlich der Gefahr ein Ende zu setzen, von anderen und der Welt angerührt zu werden. Es heißt, jene Art von Desinvestition vorzunehmen, die den Feind zwingt, sich seiner eigenen Leere zu stellen. Der Selbstmörder will nicht länger kommunizieren, weder durch Worte noch durch die Gewalttat, außer vielleicht in den Fällen, in denen er nicht nur dem eigenen Leben, sondern auch noch dem seiner Ziele ein Ende setzt. Der Tötende tötet sich selbst, und er tötet, indem er sich tötet oder nachdem er getötet hat. Jedenfalls versucht er nicht mehr, an der Welt, wie sie ist, teilzuhaben. Er entledigt sich seiner selbst und nebenbei auch einiger Feinde. Damit macht er sich frei von dem, was er war, und entledigt sich der Pflichten, die er zu seinen Lebzeiten hatte.[21]

Der Selbstmörder, der im Akt der Selbsttötung seine Feinde tötet, beweist, wie sehr im Blick auf das Politische der wirkliche Bruch heute zwischen denen, die sich an ihren Leib klammern und den Leib für das Leben halten, und jenen verläuft, für die der Leib nur dann den Weg zu einem glücklichen Leben eröffnet, wenn er gereinigt wird. Der Märtyrer *in spe* sucht nach einem glücklichen Leben. Dieses Leben, so glaubt er, liegt in Gott. Seine Suche erwächst aus einem Willen zur Wahrheit, der mit einem Willen zur Reinheit gleichgesetzt wird. Eine authentische Beziehung zu Gott setzt eine Bekeh-

---

21 Talal Asad, *On Suicide Bombing*, New York 2007.

rung voraus, jenen Akt, durch den man ein anderer wird und dem falschen, das heißt unreinen Leben entkommt. Das Martyrium auf sich nehmen heißt das Gelübde ablegen, das körperliche, das unreine Leben zu zerstören. Und tatsächlich bleiben vom Körper des eifernden Gläubigen oft nur Überreste inmitten anderer Objekte, mehr oder weniger umfangreiche Spuren (Blut) unter anderen Spuren, Abdrücke, rätselhafte Bruchstücke (Patronenhülsen, Waffen, Handys) und zuweilen ein paar Kratzer. Heute gibt es kaum noch Selbstmörder ohne solche Apparate, die eine Verbindung aus Ballistik und Elektronik darstellen – Computerchips, die man zerlegen muss, Speicherelemente, die es zu befragen gilt. Seinem eigenen Leben ein Ende setzen oder sich selbst abschaffen heißt im strengen Wortsinne also, jene scheinbar einfache Entität aufzulösen, die der Leib ist.

Dass der Hass auf den Feind, die Notwendigkeit, ihn zu neutralisieren, und der Wunsch, die in ihm angeblich steckende Bedrohung und Ansteckungsgefahr zu vermeiden, das letzte Wort des Politischen im heutigen Denken darstellen, lässt sich erklären. Die heutigen Gesellschaften, die inzwischen überzeugt sind, einer permanenten Bedrohung ausgesetzt zu sein, sind mehr oder weniger gezwungen, ihren Alltag in Gestalt ständiger »kleiner Traumata« zu leben – ein Anschlag hier, eine Geiselnahme da, eine Schießerei dort und dazu eine ständige Alarmbereitschaft. Der Einsatz neuer technischer Mittel ermöglicht den Zugang zum Privatleben des Einzelnen. Hinterhältige Techniken der Massenüberwachung, im Geheimen und zuweilen missbräuchlich eingesetzt, erkunden ihr Denken, ihre Meinungen, ihre Bewegungen und ihr Intimleben. Auch dank der erweiterten Reproduktion der Angst fabrizieren die liberalen Demokratien unablässig furchterregende Schreckgespenste – heute die verschleierte junge Frau, morgen der aus Trainingslagern im Nahen und Mittleren Osten zurückkehrende Terrorrekrut und jederzeit einsame Wölfe und schlafende Terrorzellen, die sich in den Ritzen der Gesellschaft versteckt haben und nur auf einen günstigen Augenblick warten, um loszuschlagen.

Was ist von dem »Muslim«, dem Ausländer oder dem Immigranten zu halten, über den unablässig und jedes vernünftige Maß übersteigend Bilder erzeugt werden, die Stück für Stück per Assoziation miteinander verknüpft werden? Da zählt es kaum, dass zwischen diesen Bildern und der Realität keinerlei Übereinstimmung besteht, denn Phantasien dieser Art kennen keinen Zweifel und keine Ungewissheit. »Selbst zu allen Extremen geneigt, wird die Masse auch nur durch übermäßige Reize erregt«, schreibt Freud. »Wer auf sie wirken will, bedarf keiner logischen Abmessung seiner Argumente, er muß in den kräftigsten Bildern malen, übertreiben und immer das gleiche wiederholen.«[22]

Unsere Zeit erlebt den Triumph einer Massenmoral.[23] Die heutigen psychischen Regime haben Affekt und Emotion und – in einer für unser technotronisches und digitales Zeitalter paradoxen Weise – auch den Wunsch nach Mythen oder gar Mysterien auf ein Maximum gesteigert. Die beschleunigte Ausdehnung der Algorithmen (die bekanntlich eine wesentliche Grundlage der Finanzialisierung der Ökonomie darstellen) geht einher mit einer Zunahme mythisch-religiösen Denkens.[24] Eifernder Glaube gilt nicht länger als Gegenteil

---

22 Sigmund Freud, »Massenpsychologie und Ich-Analyse«, in ders., *Gesammelte Werke*, Bd. XIII, Frankfurt am Main 1972, S. 83.
23 Gustave Le Bon, *Psychologie des foules*, Paris 2013 [1895]; dt.: *Psychologie der Massen*, Stuttgart 2008.
24 Siehe Jean Comaroff, »The politics of conviction. Faith on the neoliberal frontier«, *Social Analysis*, Jg. 53, Nr. 1, 2009, S. 17-38.

rationalen Wissens. Vielmehr stützen beide sich wechselseitig und werden in den Dienst von Baucherfahrungen gestellt, deren Gipfel die »Gemeinschaft der Märtyrer« darstellt.

Überzeugungen und innere Gewissheiten, die am Ende eines langen, von Revolte und Bekehrung geprägten »spirituellen« Weges stehen, haben nichts mit krankhaftem Wahn oder barbarischem Irrsinn oder Delirien zu tun, sondern mit einer »inneren Erfahrung«, die nur zu teilen vermag, wer sich zum selben Glauben bekennt und demselben Gesetz, denselben Autoritäten und denselben Geboten gehorcht. Alle gehören weitgehend derselben Gemeinschaft an. Sie besteht aus Glaubensgenossen, »zum Glauben Verdammten«, die dazu verurteilt sind, in Wort und Tat und falls nötig bis ans Ende vom bis ans Ende reichenden Charakter der göttlichen Wahrheit zu zeugen.

In der für unsere Zeit typischen mythisch-religiösen Logik wird das Göttliche (ganz wie der Markt, das Kapital oder das Politische) fast immer als eine immanente, unmittelbare Kraft verstanden, vital, aus dem Bauch heraus und voller Energie. Die Wege des Glaubens führen angeblich zu Zuständen und Handlungen, die aus der Sicht der einfachen menschlichen Vernunft skandalös erscheinen; oder auch zu scheinbar unsinnigen Risiken und Brüchen oder zu blutigen Aktionen – Terror und Katastrophen im Namen Gottes. Zu den Wirkungen solchen Glaubenseifers gehört große Begeisterung – jene Begeisterung, die das Tor zur *großen Entscheidung* öffnet.

Tatsächlich leben viele nur noch in der Erwartung dieses Ereignisses. Das Martyrium ist eines der Mittel, die der zum Glauben Verdammte einsetzt, um diesem Warten ein Ende zu setzen. Gläubige und Begeisterte sind heute jene, die Geschichte auf dem Weg über die große Entscheidung zu machen versuchen, indem sie schwindelerregende Taten ganz unmittelbarer Art begehen, die zugleich ein Opfer darstellen. In solchen Taten stellt sich der zum Glauben Verdammte sehenden Auges der Verausgabung und dem Verlust. Vom Willen nach Totalität beseelt, versuchte er ein einzigartiges Subjekt zu werden, indem er sich in die disjunktiven und sogar teuflischen Quellen des Heiligen stürzt. Freiwillig den Verlust auf sich zu nehmen, der die Sprache ebenso zerstört wie deren Subjekt, macht es möglich, das Göttliche in das Fleisch einer Gabe und Gnade gewordenen Welt einzuschreiben. Dann geht es nicht mehr um Qual, sondern um Vernichtung, um den Übergang zu Gott. Das höchste Ziel dieser Opferhandlungen ist es, das Leben nicht von außen, sondern von innen zu beherrschen; eine neue Moral zu erschaffen und auf dem Umweg über einen notfalls blutigen und in jedem Fall endgültigen Endkampf einmal die Erfahrung ekstatischer und souveräner Exaltation und Affirmation zu machen.

Die zum Glauben Verdammten

Das mythisch-religiöse Denken beschränkt sich keineswegs nur auf terroristische Formationen. In ihrem Bemühen, den Terrorismus einzudämmen und sich selbst in Sicherheitsstaaten zu verwandeln, zögern auch die liberalen Demokratien nicht, auf große mythologische Ensembles zurückzugreifen. Kaum eine, die heute nicht an Kriegsbegeisterung appellierte, oft mit dem Ziel, an alte nationalistische Stoffe anzuknüpfen. Jeder Anschlag mit einigen Toten führt automatisch zu einer Trauer, die sich wie auf Befehl einstellt. Die Nation wird aufgefordert, öffentlich Zornestränen zu vergießen und sich gegen den Feind zu stellen. Und der Weg von den Tränen zu den Waffen ist nicht weit. Unter dem Deckmantel des Völkerrechts, der Menschenrechte, der Demokratie oder einfach der »Zivilisation« braucht der Militarismus gar keine Maske mehr aufzusetzen.[25] Um den Hass wiederzubeleben, werden die Komplizen von gestern plötzlich in »Feinde der ganzen Menschheit« verwandelt und rohe Gewalt als Recht ausgegeben.

Da die eigentlich erforderliche Spaltung der Gesellschaft in Herren und Sklaven sich aufgelöst hat, sind die liberalen Demokratien unserer Zeit für ihr Überleben angewiesen auf die Spaltung in Gleiche und Nichtgleiche oder auch in Freunde bzw. »Verbündete« und Feinde der Zivilisation. Ohne Feinde haben sie Schwierigkeiten, sich allein aufrecht zu halten. Ob es solche Feinde tatsächlich gibt, fällt dabei kaum ins Gewicht. Man braucht sie nur zu erschaffen, zu identifizieren, zu demaskieren und ans Licht zu holen.

Das wird allerdings immer mühsamer, wenn man feststellt, dass die besonders erbitterten und unerschrockenen Feinde sich tief im Innern der Nation eingenistet haben. Dort bilden sie nun eine Art Zyste, die von innen her die schönsten Versprechen der Nation zunichtemacht. Wie soll man sie angreifen, ohne den eigenen Körper zu zerstören – Bürgerkrieg. Fahndungen, Hausdurchsuchungen, Kontrollen unterschiedlichster Art, Anweisung des Aufenthaltsorts, Notstandsmaßnahmen, immer mehr Ausnahmegesetze, erweiterte Rechte für Polizei und Geheimdienste und bei Bedarf Aberkennung der Staatsbürgerschaft – alles wird eingesetzt, um uns zugefügte Schläge mit immer härteren Schlägen zu erwidern, aber nicht unbedingt gegen die Urheber des Übels, sondern gegen

---

25 Nicola Perugini und Neve Gordon, *The Human Right to Dominate*, Oxford 2015.

Menschen, die ihnen gleichen. Aber wiederholt und perpetuiert man damit nicht genau das, wogegen man sich angeblich wendet? Wenn wir den Tod von allem fordern, was nicht bedingungslos für uns ist, reproduzieren wir dann nicht die ganze Tragödie des Menschen, der im Hass gefangen ist und sich nicht davon zu befreien vermag?

Wie schon früher, so wird der Krieg gegen die existenzbedrohenden Feinde auch diesmal mit metaphysischen Begriffen beschrieben. Als große Probe fordert er das ganze Sein heraus, dessen Wahrheit. Die Feinde, mit denen eine Verständigung unmöglich oder nicht wünschenswert ist, werden generell mit Hilfe von Karikaturen, Klischees und Stereotypen gezeichnet. Karikaturen, Klischees und Stereotype prägen ihnen eine bildhafte Präsenz auf, die ihrerseits nur jene (ontologische) Bedrohung bestätigt, welche sie für uns darstellen. Gespenst und bildhafte Präsenz also in einer Zeit erneuter Verzauberung des Bodens und des Blutes, aber auch zunehmender Abstraktion, während die kulturellen und die biologischen Elemente sich miteinander zu ein und demselben Bündel verflechten.

Unter dem Einfluss der vom Hass aufgepeitschten Phantasien entwickeln die liberalen Demokratien alle erdenklichen Wahnvorstellungen über die wahre Identität des Feindes. Aber wer ist er in Wirklichkeit? Handelt es sich um einen Staat, eine Religion, eine Zivilisation, eine Kultur oder eine Idee?

Der Unsicherheitsstaat

In ihrer Gesamtheit leisteten die Hassbewegungen – die in die Ökonomie der Feindseligkeit, der Feindschaft und der vielgestaltigen Kämpfe gegen den Feind investierten – am Ende des 20. Jahrhunderts einen Beitrag zu einem signifikanten Wiederanstieg der akzeptablen Formen und Niveaus der Gewalt, die man gegen die Schwachen, gegen Feinde und gegen Eindringlinge (all jene, die unseres Erachtens nicht zu uns gehören) einsetzen darf (oder sollte); zu einer Intensivierung der Instrumentalisierungsbeziehungen innerhalb der Gesellschaft; zu tiefgreifenden Veränderungen im aktuellen Regime der kollektiven Wünsche und Gefühle. Überdies begünstigten sie die Entstehung und Konsolidierung einer Staatsform, die man als Sicherheits- und Überwachungsstaat bezeichnet.

Der Sicherheitsstaat wird aus einem Zustand der Unsicherheit gespeist, an dessen Schaffung er beteiligt ist und auf den er eine Reaktion zu sein behauptet. Während der Sicherheitsstaat eine Struktur darstellt, ist der Zustand der Unsicherheit ein Gefühl oder ein Affekt, eine Lage oder ein Verlangen. Mit anderen Worten, der Zustand der Unsicherheit bildet die Grundlage für die Funktionsweise des Sicherheitsstaats, insofern dieser letztlich eine Struktur darstellt, deren Aufgabe es ist, die für das heutige Leben konstitutiven Triebkräfte anzugehen, zu organisieren und umzuleiten. Der Krieg, der die Angst besiegen soll, ist indessen weder lokalen noch nationalen, noch regionalen Charakters. Er hat globale Ausmaße, und sein bevorzugter Schauplatz ist das alltägliche Leben. Da der Sicherheitsstaat die Unmöglichkeit einer »Beendigung der Feindseligkeiten« zwischen denen, die unsere Lebensweise bedrohen, und uns voraussetzt (und damit die Existenz eines unausrottbaren Feindes, der sich ständig verändert), handelt

es sich um einen permanenten Krieg. Der Kampf ge
innere – oder von außen kommende, aber ins Innere v
te – Bedrohung erfordert daher den Einsatz einer Rei
ßermilitärischer Mittel und die Mobilisierung gewaltigeı psychischer Ressourcen. Da der Sicherheitsstaat schließlich von einer Mythologie der Freiheit beseelt ist, die letztlich auf eine Metaphysik der Macht hinausläuft, beschäftigt er sich weniger mit der Verteilung von Stellungen und Pfründen als mit dem Projekt, über das Leben von Menschen zu verfügen, ob es sich nun um seine Staatsbürger handelt oder um jene, die er als seine Feinde bezeichnet.

Diese Freisetzung psychogener Energie zeigt sich in einer übermäßigen Bindung an etwas, das man früher einmal Illusion nannte. Nach klassischem Verständnis stand die Illusion im Gegensatz zur Realität. Indem sie Ursache und Wirkung verwechselte, besiegelte sie den Triumph der Bilder und der Welt der Erscheinungen, der Reflexe und des Scheins. Sie gehörte der fiktiven Welt an statt der realen, die aus dem engen Geflecht der Dinge und des Lebens hervorgeht. Das Verlangen nach einem für das alltägliche Leben notwendigen Fiktionsüberschuss hat sich nicht nur verstärkt. Es ist ununterdrückbar geworden. Dieser Fiktionsüberschuss wird nicht als Komplement zu einem Dasein verstanden, das »realer« wäre, weil es eher im Einklang mit dem Sein und dessen Wesen stünde. Er wird von manchen vielmehr als Motor des Realen erlebt, als Voraussetzung für dessen Fülle und Glanz. Die Erzeugung dieses Überschusses, die früher den Heilsreligionen oblag, wird heute an das Kapital und an Objekte oder Technologien jeglicher Art delegiert.

Die Welt der Objekte und der Maschinen wie auch die des Kapitals präsentieren sich mehr und mehr in der Art einer animistischen Religion. Selbst die Stellung der Wahrheit wird in

Frage gestellt. Bloße Gewissheiten und Überzeugungen gelten bereits als Wahrheit. Begründungen seien unnötig. Es reiche, zu glauben und sich hinzugeben. Die öffentliche Debatte (eines der Wesensmerkmale der Demokratie) besteht nicht mehr darin, zu diskutieren und gemeinsam unter den Augen der Bürger nach der Wahrheit und letztlich nach Gerechtigkeit zu suchen. Der wesentliche Gegensatz ist nicht mehr der zwischen wahr und falsch, als das Schlimmste gilt vielmehr der Zweifel. Denn im konkreten Kampf mit unseren Feinden hemmt der Zweifel die totale Freisetzung der emotionalen und vitalen Willenskräfte, die notwendig sind, um Gewalt einzusetzen und nötigenfalls Blut zu vergießen.

Auch die Leichtgläubigkeit ist gewachsen. Paradoxerweise geht dieser Anstieg einher mit der exponentiellen Beschleunigung der technologischen Entwicklung und industriellen Innovation, mit der ständig zunehmenden Digitalisierung der Tatsachen und Dinge und der immer weiteren Ausbreitung des, wie man sagen könnte, *elektronischen Lebens und seines Gegenstücks, des roboterhaft angepassten Lebens.*[26] Wir erleben in der Tat den Beginn einer beispiellosen Epoche der menschlichen Geschichte, in der es immer schwieriger oder sogar unmöglich sein wird, zwischen menschlichen Organismen und elektronischen Datenströmen, zwischen dem menschlichen Leben und dem von Prozessoren zu unterscheiden. Möglich geworden ist das durch die gewachsenen Fähigkeiten zur Speicherung riesiger Datenmengen, durch die Erhöhung ihrer Verarbeitungsgeschwindigkeit und durch Fortschritte im Bereich der bei der Verarbeitung eingesetzten Algorithmen. Am Ende dieser digital-kognitiven Wende soll die Einbettung von

---

26 Zu diesen Entwicklungen siehe Éric Sadin, *L'Humanité augmentée. L'administration numérique du monde*, Paris 2013.

Computerchips in biologisches Gewebe stehen. Die bereits im Gang befindliche Kopplung zwischen Mensch und Maschine hat nicht nur zur Entstehung neuer Mythologien des technischen Objekts geführt. Zu ihren unmittelbaren Folgen gehört auch, dass die Stellung des modernen, aus der humanistischen Tradition hervorgegangenen Subjekts in Frage gestellt wird.

Der zweite entscheidende Faktor bei der Freisetzung psychogener Energie ist die Aufhebung der Triebhemmungen (die Rückkehr des ausgeschlossenen Teils, die Strukturen der Aufnahme des Verdrängten) und die Vervielfachung des Lustgewinns, die aus dieser Aufhebung wie auch aus der Tatsache resultiert, dass das Gewissen suspendiert oder einfach vollständig außer Dienst gestellt wird. Welche Lustgewinne vermag heute zu erzielen, wer seine Triebhemmungen suspendiert oder unterdrückt und sein Gewissen außer Dienst stellt? Wie erklärt sich die Anziehungskraft, die heute die Idee einer absoluten und verantwortungslosen Macht auf so viele ausübt? Und wie die Bereitwilligkeit zu extremsten Handlungen, die Empfänglichkeit für die simpelsten und unvollkommensten Argumente? Und die eilfertige Ausrichtung an anderen oder, was die Mächte der Welt angeht, die Bereitschaft, sich allein im Bewusstsein der eigenen Stärke zu allen Schandtaten hinreißen zu lassen?

Um diese Frage zu beantworten, bedarf es eines Wortes zu den Grundmechanismen des Gefühlslebens unter den heutigen Bedingungen.[27] Die nahezu vollständige Vernetzung durch die neuen Technologien hat nicht nur zur Entstehung neuer

---

27 Die folgenden Überlegungen sind zu einem großen Teil angeregt worden von Frédéric Lordon, *Capitalisme, désir et servitude. Marx et Spinoza*, Paris 2010.

Verfahren zur Bildung von Massen geführt. Die Masse ist vielmehr durch die Horde ersetzt worden. Die Zeit gehört nicht mehr der Masse. Sie gehört der virtuellen Horde. Und wo die Masse noch auftritt, wird sie »nur durch übermäßige Reize erregt«.[28] »Sie respektiert die Kraft«, schreibt Freud, »und läßt sich von der Güte, die für sie nur eine Art von Schwäche bedeutet, nur mäßig beeinflussen.«[29]

Fast überall hat sich das traditionelle Feld der Antagonismen aufgelöst. Innerhalb der nationalen Grenzen erleben wir die Entwicklung neuer Formen der Gruppenbildung und des Kampfes. Sie basieren nicht mehr auf der Klassenzugehörigkeit, sondern auf Verwandtschaft und damit auf Blutsbanden. An die Stelle der alten Unterscheidung zwischen Freund und Feind ist die zwischen Verwandten und Nichtverwandten getreten, das heißt zwischen solchen, die durch das Blut oder die Abstammung miteinander verbunden sind, und solchen, von denen man glaubt, dass sie anderer Abstammung seien und einer anderen Kultur, einer anderen Religion angehörten. Diese Zugewanderten könnten letztlich nicht als Mitbürger gelten und hätten fast nichts mit uns gemein.

Sie leben unter uns, aber da sie nicht wirklich zu uns gehörten, müssten sie zurückgestoßen oder auf ihren Platz verwiesen oder einfach aus dem Lande geschafft werden im Rahmen des neuen Sicherheitsstaats, der unser Leben heute prägt. Die innere Befriedung, der molekulare oder »stumme Bürgerkrieg«, die gewaltige Zahl der Inhaftierten, die Entkoppelung von Staatsbürgerschaft und Zugehörigkeit, die außergesetzlichen Hinrichtungen im Rahmen der Strafverfolgungspolitik – all das trägt zu Verwischung der alten Unterscheidung zwischen

---

28 Freud, »Massenpsychologie und Ich-Analyse«, a. a. O., S. 83.
29 Ebd.

innerer und äußerer Sicherheit bei, vor dem Hintergrund überbordender rassistischer Affekte.

Nanorassismus und Narkotherapie

Auf den ersten Blick könnte man also meinen, die Ursache sei verstanden. Unsere Zeit habe endlich ihre Wahrheit gefunden. Ihr fehlte nur der Mut, sie auch zu sagen.[30] Nachdem sie sich mit ihrem wahren Gesicht versöhnt hat, kann sie es sich nun endlich erlauben, sich nackt zu zeigen, frei von allen Hemmungen und ohne all die alten Masken und obligatorischen Verkleidungen, die ihr als Feigenblatt dienten. Auf die große Verdrängung (sofern es sie denn wirklich jemals gegeben hat) folgt nun also das große Abreagieren – aber um welchen Preis für wen und bis wann?

In den Salzgärten zu Beginn dieses Jahrhunderts gibt es strenggenommen nichts mehr zu verbergen. Nachdem die Decke erreicht ist und alle Tabus gebrochen sind dank des Bemühens, das Geheime und Verbotene schlechthin auszurotten, ist alles nun vollkommen transparent und daher auch zu seiner höchsten Vollendung aufgerufen. Die Zisterne ist nahezu voll und die Dämmerung nah. Ob dies alles in einem Feuerhagel endet, werden wir bald wissen.

In der Zwischenzeit steigt die Flut unaufhörlich. Der Rassismus wird uns – in Europa, in Südafrika und Brasilien, in den Vereinigten Staaten, in der Karibik und in der restlichen

---

30 Die nachfolgenden Ausführungen greifen in Teilen einen meiner früheren Texte auf: Achille Mbembe, »Nanoracisme et puissance du vide«, in: Nicolas Bancel, Pascal Blanchard, Ahmed Boubeker (Hg.), *Le Grand Repli*, Paris 2015, S. 5-11.

Welt – auch in der absehbaren Zukunft erhalten bleiben.[31] Das gilt nicht nur für die Massenkultur, sondern auch für die gute Gesellschaft – und wir täten gut daran, das nicht zu vergessen. Es wird nicht nur für die alten Siedlungskolonien gelten, sondern auch für jene anderen Gebiete der Erde, in denen es längst keine Juden mehr gibt und weder Neger noch Araber sich jemals niedergelassen haben.

Im Übrigen wird man sich damit abfinden müssen: Gestern noch zerstreute man sich mit Spielen, Intrigen, Kabalen und Geschwätz. Auf dieser öden Eisscholle, die Europa zu werden droht, aber auch anderswo, wird man sich in Zukunft mit den Mitteln des Nanorassismus zerstreuen, jener wiederaufgefrischten Form von Narkotherapie in der Art eines Steinkauzes, mit mächtigem Schnabel, gebogen und spitz – des besten Betäubungsmittels in Zeiten der Gefühllosigkeit und lähmender Erschlaffung, wenn jegliche Flexibilität verloren geht und alles sich plötzlich zusammenzuziehen scheint. Kontraktion und Tetanie – so muss man es in der Tat beschreiben angesichts der Krämpfe, der Spasmen, der Verengung des Geistes –, der Nanorassismus ist diesen Weg gegangen.

Der Nanorassismus ist letztlich nichts anderes als dieses narkotische Vorurteil, das sich an die Hautfarbe knüpft und seinen Ausdruck in scheinbar harmlosen alltäglichen Gesten findet, auf dem Umweg über ein Nichts, eine scheinbar unbewusste Bemerkung, einen Scherz, eine Anspielung oder Andeutung, einen Lapsus, einen Witz, eine Konnotation und, das sei nicht verschwiegen, eine gewollte Boshaftigkeit, eine üble Absicht, einen absichtlichen Tritt oder Schlag, einen obs-

---

31 Siehe David Theo Goldberg und Susan Giroux, *Sites of Race*, London 2014; und David Theo Goldberg, *Are We All Postracial Yet?*, London 2015.

kuren Wunsch, zu stigmatisieren und vor allem Gewalt anzuwenden, zu verletzen und zu erniedrigen und jene zu beschmutzen, die in unseren Augen nicht zu uns gehören.

Im Zeitalter eines schamlosen Nanorassismus, in dem nur noch von den Unsrigen die Rede ist, will niemand mehr von den Anderen hören. Sollen sie doch zu Hause bleiben, heißt es. Und wenn sie unbedingt bei uns, unter uns leben wollen, dann nur mit nacktem Hintern und heruntergelassenen Hosen. Das Zeitalter des Nanorassismus ist in Wirklichkeit das eines schmutzigen Rassismus, dreckig und dem Spektakel von Schweinen ähnlich, die sich im Schlamm suhlen.

Seine Funktion ist es, uns alle zu brutalen Söldnern mit feinem Schuhwerk zu machen. Er besteht darin, möglichst viele, die wir für unerwünscht halten, unerträglichen Lebensbedingungen auszusetzen, sie tagtäglich einzukreisen, ihnen immer wieder zahllose rassistische Schläge und Verletzungen zuzufügen, ihnen alle erworbenen Rechte zu nehmen, den Bienenstock einzunebeln und sie so lange zu entehren, bis sie keine andere Wahl mehr haben als sich selbst zu deportieren. Und bei rassistischen Verletzungen – das ist hier zu bedenken – handelt es sich generell um Wunden eines Menschen, dem ein oder mehrere Schläge ganz besonderer Art zugefügt worden sind – schmerzhafte Schläge, die nur schwer zu vergessen sind, weil sie nicht nur dem Körper und seiner Stofflichkeit gelten, sondern auch und vor allem etwas Ungreifbarem (Würde, Selbstachtung). Ihre Spuren sind meist unsichtbar, und die Wunden schließen sich nur schwer.

Und noch etwas ist zu bedenken: dass nämlich auf der Eisscholle, die Europa zu werden droht, in Amerika, in Südafrika und Brasilien, in der Karibik und anderswo die Zahl der Menschen, denen tagtäglich rassistische Verletzungen zugefügt werden, in die Zehntausende geht. Sie leben ständig in der Gefahr, von irgendjemandem aufs heftigste angegangen zu werden, von einer Institution, einer Stimme, einer öffentlichen oder privaten Autorität, die von ihnen verlangt, sie sollten rechtfertigen, dass sie sind, warum sie da sind, woher sie kommen, wohin sie gehen, warum sie nicht in ihre Heimat zurückgehen, eine Stimme oder eine Autorität, die ganz bewusst versucht, ihnen einen kleinen oder großen Schlag zu versetzen, sie zu irritieren, sie vor den Kopf zu stoßen, sie zu verletzen, sie dazu zu bringen, aus der Haut zu fahren, um eben dadurch den nötigen Vorwand zu haben, sie zu vergewaltigen und rücksichtslos ihren privatesten, intimsten und verletzlichsten Bereich anzugreifen.

Da es sich um wiederholte Vergewaltigung handelt, sei hier hinzugefügt, dass der Nanorassismus keineswegs dem »kleinen Weißen« vorbehalten ist, dieser subalternen, von Ressentiment und Groll zerfressenen Gestalt, die ihre Lebensbedingungen zutiefst hasst, aber nicht ums Verrecken Selbstmord beginge und deren schlimmster Alptraum es ist, eines Morgens in der schwarzen Haut des Negers oder der braungebrannten Haut des Arabers aufzuwachen, nicht fernab in den Kolonien wie ehedem, sondern – und das ist der Gipfel – hier, bei ihm zu Hause, in seinem eigenen Land.

Der Nanorassismus ist zum unausweichlichen Komplement des hydraulischen Rassismus geworden – des Rassismus der juristisch-bürokratischen und institutionellen Mikro- und Makrodispositive, des Staatsapparats, der mit allen Mitteln Klandestine und Illegale produziert; der den Abschaum an den Rändern der Städte ablädt wie einen Haufen unbrauchbarer Objekte; der die Zahl der *Sans-Papiers* unablässig vervielfacht; der Abschiebungen vornimmt und an den Grenzen tödliche Stromstöße austeilt, sofern er sich nicht einfach mit dem Schiffbruch auf hoher See begnügt; der bei Wind und

Wetter allenthalben verdachtsunabhängige Kontrollen durchführt, im Bus, auf Flughäfen, in der U-Bahn, auf der Straße; der Musliminnen zwingt, den Schleier abzulegen, und die eigenen Bürger massenhaft registriert; der immer mehr Haftzentren und Transitlager einrichtet und massiv in Abschiebetechniken investiert; der unverhüllt diskriminiert und Segregation praktiziert, aber zugleich mit Nachdruck die Neutralität und Unparteilichkeit des laizistischen, gegenüber Unterschieden indifferenten republikanischen Staates behauptet; der ständig von jenem verwesenden, längst vollkommen impotenten Gebilde schwätzt, das man weiterhin gegen jede Vernunft die »Menschen- und Bürgerrechte« nennt.

Der Nanorassismus ist der ganz banale Rassismus, dem es gelungen ist, sich allenthalben auszubreiten und in alle Poren und Adern der Gesellschaft einzudringen in Zeiten einer allgemeinen Verdummung, der Verdrängung des Verstandes durch Maschinen und einer massenhaften Verhexung. Die große, aus dem Bauch kommende Angst ist die vor den Saturnalien, wenn die *Dschinn* von heute, die denen von gestern zum Verwechseln ähnlich sehen, dieser bocksfüßige Kothaufen, also Neger, Araber, Muslime – und natürlich die Juden, die niemals fern sind –, die Herrschaft an sich gerissen haben und die Nation in eine riesige Müllhalde verwandeln, die Müllhalde Mohammeds.

Nun liegt Angst vor der Müllhalde von jeher sehr nahe bei der Angst vor dem Lager. Lager für Flüchtlinge, Vertriebene, Migranten, Ausländer, Wartezonen für Antragsteller, Transitzonen, Abschiebehaft, Identifizierungs- und Abschiebezentren, Aufnahmelager für Asylbewerber, Auffanglager, Flüchtlingsdörfer, Dörfer für die Integration von Migranten, Gettos, Dschungel, Asylantenheime, die Liste wird immer länger, wie Michel Agier in einer kürzlich erschienenen Studie anmerkt.³² Diese endlose Liste verweist auf eine Realität, die zwar oft weitgehend unsichtbar, aber doch ständig präsent oder gar vertraut und letztlich banal ist. Das Lager, so muss man sagen, ist zu einem strukturierenden Bestandteil des globalen Lebens geworden. Es wird nicht mehr als Skandal empfunden. Und das Lager ist nicht nur unsere Gegenwart. Es ist auch unsere Zukunft, die Lösung, die es uns ermöglicht, »Störendes auf Distanz zu halten, und alles Überschüssige – Menschen, organisches Material oder Industrieabfälle – aufzunehmen oder wegzuschaffen«.³³ Kurz gesagt, das Lager ist eines der Mittel, mit denen heute die Welt regiert wird.

Im Übrigen – und da wir dem nicht ins Auge blicken wollen, was längst nicht mehr die Ausnahme, sondern die Regel ist (der Tatsache nämlich, dass auch die liberalen Demokratien zu Verbrechen fähig sind) – finden wir uns in einen endlosen Strom aus Worten und Gesten, Symbolen und Sprachen getaucht, die zum Mittel immer brutalerer Ausfälle und Volten greifen und auch zum Mittel des Mimikry, des Laizismus und seines Spiegelbilds, des Fundamentalismus, das Ganze in reinsten Zynismus gehüllt, denn da alle Namen ihre Vornamen verloren haben, gibt es auch keinen Namen mehr für das Skandalöse, keine Sprache mehr für das Schändliche, denn fast nichts hat mehr Bestand außer dem Rotz, der zäh und eitrig aus den Nasenlöchern fließt, auch wenn man kaum nießen muss, und nichts hilft mehr, auch nicht der Appell an die Vernunft, an die gute alte Republik und ihren guten gebeugten Rücken, der Appell an den guten alten aufgeblasenen Humanismus oder der Appell an einen bestimmten herunter-

---

32 Michel Agier (Hg.), *Un monde de camps*, Paris 2014.
33 Ebd., S. 11.

gekommenen Feminismus, der Gleichheit heute mit der Pflicht gleichsetzt, verschleierte Musliminnen zu zwingen, einen String-Tanga zu tragen, und bärtige Männer, sich zu rasieren.[34]

Wie schon zu Kolonialzeiten hat die abwertende Interpretation der Art, wie Schwarze oder muslimische Araber »ihre Frauen« behandeln, etwas von einer Mischung aus Voyeurismus und Lust – der Lust am Harem. Die Manipulation der Geschlechterfragen zu rassistischen Zwecken auf dem Umweg über den Hinweis auf die männliche Vorherrschaft beim Anderen dient meist dem Ziel, die Realität der Phallokratie in der eigenen Gesellschaft zu verschleiern. Die übertriebene Betonung der Männlichkeit als symbolische und politische Ressource beschränkt sich keineswegs auf die »neuen Barbaren«. Sie ist die Achse jeglicher Art von Macht, sie ist das, was ihr Geschwindigkeit verleiht, auch in unseren Demokratien. Macht ist immer und überall zum Teil eine Art des Umgangs mit der Manneskraft, wobei die Besetzung der Weiblichkeit und der Mutterschaft zugleich die sexuelle Lust ins Kielwasser einer Politik der Ekstase versetzt, die durchaus auch säkularen oder laizistischen Charakters sein kann. Wer auch nur ein wenig ernst genommen werden will, muss irgendwann einmal zeigen, dass er »Eier hat«. Denn diese hedonistische Kultur weist immer noch dem Vater die Rolle des eigentlichen Erzeugers zu. In dieser von der Figur des inzestuösen Vaters verfolgten Kultur – der von dem Wunsch besessen ist, seine Töchter und Söhne zu missbrauchen – ist es nachgerade banal, wenn die Frau als Anhang des eigenen Körpers zum Ausgleich schwindender Manneskraft verstanden wird. Wir sollten all diese ab-

---

34 Nacira Guenif-Souilamas und Éric Mace, *Les Féministes et le garçon arabe*, Paris 2004; Joan Wallach Scott, *The Politics of the Veil,* Princeton 2009.

gestandenen Mythen vergessen und uns entschlossen etwas anderem zuwenden. Aber was könnte das sein?

Trotz der Schrecken des Sklavenhandels, des Kolonialismus, des Faschismus, der Nazis, des Holocaust und anderer Massaker und Völkermorde stellen vor allem die westlichen Länder, die Eingeweide von allerlei Gasen gebläht, den Rassismus in den Dienst aller möglichen mehr oder weniger verrückten und mehr oder weniger mörderischen Geschichten – Geschichten von Ausländern und Migrantenhorden, vor denen man die Türe verschließen müsse; von Stacheldrahtzäunen, die hastig errichtet werden müssten, damit uns die Flut der Wilden nicht fortschwemmt; Geschichten von Grenzen, die es wiederherzustellen gälte, als wären sie jemals verschwunden; Geschichten von Staatsangehörigen einschließlich solcher aus sehr alten Kolonien, denen man stets das Etikett des Immigranten und Eindringlings anzuheften habe und den man vertreiben müsse; von Feinden, die auszurotten seien; von Terroristen, die unsere Lebensweise hassen und die man mit Hilfe in großer Höhe operierender Waffensysteme in die Luft jagen solle; von menschlichen Schutzschilden, die durch unsere Luftangriffe zu Kollateralschäden werden; Geschichten von Blut und durchgeschnittenen Kehlen, von Boden, Vaterland, Traditionen, Identität, angeblichen Zivilisationen unter dem Ansturm barbarischer Horden; Geschichten von nationaler Sicherheit und abgedroschene Geschichten mit allen erdenklichen Beinamen; endlose Geschichten, die immer wieder aufgewärmt werden in der Hoffnung, damit Leichtgläubige einwickeln zu können.

Es ist wahr, dass die westlichen Länder, nachdem sie in der Ferne – fern von den Blicken der eigenen Bürger – Tod und Verderben gesät haben, nun Vergeltung fürchten, fromme Racheakte im Sinne des Talionsprinzips. Um sich gegen solche

Rachegelüste zu wappnen, benutzen sie den Rassismus als Krummschwert, als vergiftete Ergänzung eines zerlumpten Nationalismus, der in seine letzten Fetzen zerfällt durch die Entnationalisierung der wirklichen Entscheidungszentren, durch die Verlagerung des Reichtums ins Ausland, durch die Errichtung von Schutzzäunen um die wahren Mächte, durch die Verschiebung der Schulden auf die Massen und durch die Ausgrenzung ganzer Territorien und Bevölkerungen, die plötzlich überflüssig geworden sind.

Der Rassismus hat deshalb derart heimtückische Formen angenommen, weil er Teil der Triebausstattung und des ökonomischen Subjekts unserer Zeit geworden ist. Er ist nicht mehr Gegenstand des Konsums wie andere Güter, Objekte und Waren. In unseren ausschweifenden Zeiten ist er inzwischen auch eine Ressource, ohne die die von Guy Debord beschimpfte »Gesellschaft des Spektakels« gar nicht existierte. Vielfach hat er einen gewissen Luxuscharakter angenommen. Er ist etwas, das man sich nicht erlaubt, weil es etwas Ungewohntes wäre, sondern als Reaktion auf den verbreiteten Aufruf zur Lüsternheit, der vom Neoliberalismus ausgeht. Vergesst den Generalstreik! Platz für Brutalität und Sinnlichkeit! In dieser von Profitgier beherrschten Zeit begünstigt die Mischung aus Lüsternheit, Brutalität und Sinnlichkeit die Aufnahme des Rassismus durch die »Gesellschaft des Spektakels« und seine Molekularisierung durch die Dispositive des heutigen Konsums.

Man praktiziert ihn, ohne sich dessen bewusst zu sein. Umso erstaunter ist man, wenn andere uns darauf hinweisen oder uns zur Ordnung rufen. Er befriedigt unser Bedürfnis nach Unterhaltung und erlaubt es uns, der grassierenden Langeweile und der Monotonie zu entkommen. Man tut so, als handelte es sich um harmlose Akte, die keineswegs die ihnen beigelegte

Bedeutung besäßen. Man nimmt Anstoß daran, dass eine Polizei anderer Art uns des Rechts auf Lachen beraube, des Rechts auf einen Humor, der sich niemals gegen sich selbst richtet (Selbstironie) oder gegen Mächtige (vor allem die Satire), sondern stets nur gegen Schwächere – das Recht, auf Kosten von Menschen zu lachen, die man zu stigmatisieren versucht. Ein ausgelassener, fideler, ganz und gar idiotischer Nanorassismus, der sich vergnügt in seiner Ignoranz ergeht und das Recht auf Dummheit und die ihr zugrunde liegende Gewalt beansprucht – das also ist der Zeitgeist.

Und man muss befürchten, dass der Umsturz bereits stattgefunden hat. Dass es zu spät ist. Und dass der Traum von einer anständigen Gesellschaft nur ein Trugbild ist. Man muss befürchten, dass gerade mit Gewalt eine Zeit zurückkehrt, in der der Rassismus nicht zu den »beschämenden Aspekten« unserer Gesellschaften gehörte, zu jenen Aspekten, die man zu verstecken versuchte, da man sie nicht auszurotten vermochte. Der offene, auftrumpfende Rassismus wird nun zu unserer Grundausstattung gehören, und deshalb wird die taube Rebellion gegen die Gesellschaft immer offener und heftiger hervortreten, zumindest seitens derer, die sich zurückgezogen hatten.

Die Frage nach der Zugehörigkeit stellt sich unvermindert. Wer ist von hier und wer nicht? Was tun die Leute bei uns, die eigentlich nicht hier sein sollten? Wie kann man sie wieder loswerden? Aber was heißt »hier« und »dort« im Zeitalter der Verflechtung der Welten, aber auch ihrer erneuten Balkanisierung? Wenn der Wunsch nach Apartheid zu den Kennzeichen unserer Zeit gehört, wird das wirkliche Europa niemals mehr so sein wie zuvor, nämlich einfarbig. Es wird niemals mehr ein einziges Zentrum der Welt geben – falls es dies denn jemals gegeben hat. In Zukunft wird man »Welt« im Plural deklinieren. Sie wird nun immer im Plural existieren, und wir können absolut nichts tun, um diese unwiderrufliche neue Situation rückgängig zu machen. Zu den Folgen dieser neuen Situation gehört bei vielen die Reaktivierung des Vernichtungswahns.

Dieser Wahn findet sich überall dort, wo gesellschaftliche Kräfte das Politische vornehmlich als tödlichen Kampf gegen unbeugsame Feinde verstehen. Solch ein Kampf wird dann auch als existenziell bezeichnet. In diesem Kampf gibt es keine Möglichkeit zu wechselseitiger Verständigung oder gar Versöhnung. Auf beiden Seiten steht jeweils ein Wesen, das mit einer gleichsam undurchdringlichen Substanz ausgestattet ist und das nur jene besitzen, die aufgrund von Blutsbanden wie auch aufgrund des Bodens zur selben Art gehören. Sowohl die Geschichte der Politik als auch die des Denkens und der Metaphysik im Westen sind gesättigt von diesem Problem. Die Juden bezahlten bekanntlich den Preis dafür mitten in Europa. Zuvor bereits hatten Neger und Indianer den Kreuzweg eröffnet, vor allem in der Neuen Welt.

Dieses Verständnis des Politischen ist die nahezu logische Folge der lange Zeit obsessiven Beschäftigung der westlichen Metaphysik mit der Frage des Seins und seiner angeblichen Wahrheit auf der einen, der Ontologie des Lebens auf der anderen Seite. Nach diesem Mythos entfaltet sich in der Geschichte das Wesen des Seins. In Heideggers Terminologie besteht zwischen dem Sein und dem Seienden eine ontologische Differenz. Der Westen wäre danach der eigentliche Ort des Seins, da nur er die Fähigkeit entwickelt habe, die Erfahrung des Neubeginns zu machen. Alles Übrige sei nur Seiendes. Und der Westen habe die Fähigkeit zur Erfahrung des Neubeginns gemacht, weil er der eigentliche Ort des Seins sei. Das mache ihn universell, und seine Bedeutungen seien bedingungslos gültig, jenseits aller Topographie, das heißt jenseits von Ort und Zeit, unabhängig von jeder Sprache, jeder Geschichte und allen sonstigen Bedingungen. Im Blick auf die Geschichte des Seins und der Politik des Seins, so kann man sagen, hat der Westen niemals wirklich seine eigene Endlichkeit gedacht. Vielmehr hat er seinen Handlungshorizont stets als unausweichlich und absolut dargestellt, und dieser Handlungshorizont hat sich stets *per definitionem* als global und universell gewollt. Das Universelle, um das es hier geht, ist nicht unbedingt gleichbedeutend mit dem, was für jeden Menschen als solchen Geltung besäße. Es ist auch kein Synonym für die Erweiterung meines eigenen Horizonts oder die Übernahme der Verantwortung für die Bedingungen meiner eigenen Endlichkeit. Das Universelle ist hier der Name, den man der Gewalt der Sieger in Kriegen gibt, die natürlich Raubkriege sind. Aber diese Raubkriege sind auch und vor allem ontohistorische Konflikte, denn darin findet eine Geschichte von schicksalhafter Wahrheit ihren Ausdruck.

In seine letzten Verschanzungen zurückgedrängt, fasst der Vernichtungs- oder Zerstörungswahn nicht nur die vollkommene Zerstörung der Erde ins Auge, sondern auch das Verschwinden des Menschen, seine Ausrottung. Hier geht es nicht um die Apokalypse im eigentlichen Sinne, und sei es nur, weil die Apokalypse letztlich die Existenz eines Überlebenden voraussetzt, eines Zeugen, der erzählt, was er gesehen hat. Es handelt sich nicht um eine Vernichtung im Sinne einer Katastrophe, die man fürchtet, sondern im Sinne einer Reinigung durch das Feuer. Aber diese Reinigung ist gleichbedeutend mit der Vernichtung der heutigen Menschheit. Diese Vernichtung soll den Weg zu einem weiteren Neubeginn öffnen, dem Beginn einer anderen Geschichte ohne die heutige Menschheit – eine Amputationsphantasie also.

In unseren beängstigenden Zeiten finden sich Hinweise auf eine Rückkehr des Themas der ontologischen Differenz. Angesichts des »Kriegs gegen den Terror« und der Luftangriffe, der außergesetzlichen Hinrichtungen (bevorzugt mit Hilfe von Drohnen), der Massaker, Anschläge und Gemetzel anderer Art, die den Takt dazu schlagen, kehrt die Vorstellung an die Oberfläche zurück, wonach allein der Westen in der Lage sei, das Universelle zu begreifen und umzusetzen. Die Spaltung der Menschheit in Einheimische und Fremde ist weit fortgeschritten. Während früher mit Schmitt oder Heidegger das Grunderfordernis darin bestand, den Feind zu finden und ans Licht zu holen, genügt es heute, ihn zu erschaffen und sich dann vor ihm aufzustellen, ihm die Perspektive einer totalen Vernichtung und Zerstörung entgegenzusetzen. Denn schließlich handelt es sich um Feinde, mit denen keinerlei Kommunikation möglich oder wünschenswert wäre. Da sie außerhalb der Menschheit stehen, ist eine Verständigung mit ihnen ausgeschlossen.

Können wir auf dieser Grundlage – der einer unmöglichen Teilhabe, einer unüberbrückbaren Distanz – wirklich in der Welt sein, auf der Erde leben und uns auf ihr bewegen? Genügt es wirklich, den Feind zu schlagen oder sich des Fremden zu entledigen, um ihn los zu sein oder dem ewigen Vergessen anheimzugeben? Solch eine Einstellung setzt voraus, dass ausgelöscht wird, zu seinen Lebzeiten, in seinem Tod oder in seiner Verbannung, was das Gesicht der Menschheit ausmachte. Diese Entstellung und Auslöschung ist in jeglicher heutigen Logik des Hasses fast schon eine Voraussetzung für jegliche Hinrichtung. In Gesellschaften, die immer mehr Trennungs- und Diskriminierungsinstrumente entwickeln, ist das Verhältnis der Fürsorge ersetzt worden durch das Verhältnis ohne Begehren. Erklären und Verstehen, Wissen und Erkennen sind nicht länger unverzichtbar. Gastlichkeit und Feindseligkeit waren noch nie derart scharfe Gegensätze. Daher das aktuelle Interesse, zu jenen Figuren zurückzukehren, für die das Leid der Menschen und das Leid der Feinde niemals nur »ein stummer Rest der Politik« werden darf.[35] Sie waren stets mit der Forderung nach Anerkennung verknüpft, vor allem dort, wo die Erfahrung der Missachtung, der Erniedrigung, der Entfremdung und Misshandlung die Regel war.

---

35 Michel Foucault, »Face aux gouvernements, les droits de l'homme«, in: ders., *Dits et écrits*, Bd. 4, Paris 1994; dt.: »Den Regierungen gegenüber: die Rechte des Menschen (eine Wortmeldung)«, in: ders., *Schriften in vier Bänden. Dits et écrits*, Bd. 4, Frankfurt am Main 2005, S. 874.

Drittes Kapitel
Fanons Apotheke

Die ersten beiden Kapitel haben aufgezeigt, dass die Feindschaft heute den Nerv der liberalen Demokratien bildet und der Hass ihnen den Eindruck vermittelt, eine reine Gegenwart, eine reine Politik zu erleben, und dies mit Hilfe gleichfalls reiner Mittel. Wir haben außerdem gesehen, dass aus geschichtlicher Sicht weder die Sklavenrepublik noch das Kolonialregime oder das Kolonialreich unvereinbar mit der Demokratie waren. Im Gegenteil, sie waren deren leuchtende Materie, die es der Demokratie ermöglichte, aus sich selbst herauszutreten, sich bewusst in den Dienst von etwas anderem zu stellen, als sie selbst in der Theorie proklamierte, und bei Bedarf dikatorisch gegen sich selbst, gegen ihre Feinde und gegen Nichtgleiche vorzugehen. Die Expeditionskorps während der kolonialen Eroberungen und die Feldzüge zur Aufstandsbekämpfung während der Dekolonisierung waren die aufschlussreichsten Embleme dieses ausgeprägten repressiven Moments.

Letztlich gibt es liberale Demokratie also gar nicht ohne diesen Zusatz an Servilem und Rassischem, an Kolonialem und Imperialem. Charakteristisch für die liberale Demokratie ist gerade diese schon am Anfang erfolgende Spaltung. Die Gefahr, die wegen dieser Spaltung auf der Demokratie lastet, besteht nicht so sehr darin, dass sie ihre Botschaft entwertet oder gar ihren Namen tilgt, sondern darin, dass sie sich gegen sich selbst wendet, indem sie ins Innere zurückholt, was man mit solcher Mühe nach außen zu verlagern versucht. Da es heute nahezu unmöglich geworden ist, innen und außen voneinander zu trennen, liegt die Gefahr, die Terror und Terrorabwehr für die modernen Demokratien darstellen, im Bürgerkrieg.

Das nun folgende lange Kapitel befasst sich ganz direkt mit der Spannung zwischen dem *Zerstörungsprinzip* – das den Eckstein der heutigen Politik der Feindschaft in ihren diversen Spielarten bildet – und dem *Lebensprinzip*. Im Kern dieser Reflexion werden wir vor allem an Frantz Fanon anknüpfen, dessen Überlegungen zu Zerstörung und Gewalt einerseits, zum Heilungsprozess und dem Wunsch nach einem uneingeschränkten Leben andererseits das Fundament seiner Theorie der radikalen Dekolonisierung darstellen. Fanon betrachtet die Dekolonisierung in der Tat aus der Perspektive einer gewaltsamen Bewegung und Arbeit. Diese Arbeit soll dem Lebensprinzip den Weg bahnen und die Schöpfung von Neuem ermöglichen. Aber ist jede Gewalt Schöpferin von etwas Neuem? Was ist mit einer Gewalt, die keinerlei neue Fundamente schafft, auf der sich gar nichts gründen lässt und deren einzige Aufgabe darin besteht, für Unordnung, Chaos und Verlust zu sorgen?

Das Zerstörungsprinzip

Um die Bedeutung zu verstehen, die Frantz Fanon der schöpferischen Gewalt und ihrer Heilkraft beimisst, müssen wir uns zwei Dinge vor Augen führen. Fanons Werk bewegt sich im Rahmen der drei wichtigsten Debatten und Kontroversen des 20. Jahrhunderts: der Debatte über die menschlichen Arten (Rassismus); über die Aufteilung der Welt und die Bedingungen der Weltherrschaft (Imperialismus und Selbstbestimmungsrecht der Völker); und über den Status des Krieges und seiner Schicksalhaftigkeit (unser Verhältnis zu Zerstörung und Tod). Diese drei Fragen quälten das europäische Bewusstsein seit dem 16. Jahrhundert und öffneten Anfang des 20. Jahrhundert den Weg zu einem tiefen Kulturpessimismus.

In mehrfacher Hinsicht begann das 20. Jahrhundert tatsächlich erst mit dem Ersten Weltkrieg. Über diesen Krieg sagte Freud: »Es will uns scheinen, als hätte noch niemals ein Ereignis so viel kostbares Gemeingut der Menschheit zerstört.«[1] Dieser Krieg sei »nicht nur blutiger und verlustreicher als einer der Kriege vorher, infolge der mächtig vervollkommneten Waffen des Angriffs und der Verteidigung, sondern mindestens ebenso grausam, erbittert, schonungslos wie irgend ein früherer. Er setzt sich über alle Einschränkungen hinaus, zu denen man sich in friedlichen Zeiten verpflichtet, die man das Völkerrecht genannt hatte, anerkennt nicht die Vorrechte des Verwundeten und des Arztes, die Unterscheidung des friedlichen und des kämpfenden Teils der Bevölkerung, die Ansprüche des Privateigentums. Er wirft nieder, was ihm im Wege steht, in blinder Wut, als sollte es keine Zukunft und keinen Frieden unter den Menschen nach ihm geben.«[2]

»Der erste Eindruck, den der mit Kriegsneurotikern gefüllte Krankensaal auf mich machte, war ein verwirrender«, berichtete Sandór Ferenczi. Dort befanden sich etwa fünfzig Patienten. »die fast alle den Eindruck von Schwerkranken, wenn nicht von Krüppeln« machten. Viele sind »ausserstande, den Ort zu wechseln«; bei anderen wiederum ruft jeder »Versuch

---

1 Sigmund Freud, »Zeitgemäßes über Krieg und Tod«, in: ders., *Gesammelte Werke*, Bd. 10, Frankfurt am Main 1969, S. 324.
2 Ebd., S. 328-329.

des Ortswechsels ein so heftiges Zittern der Knie und der Füsse hervor«, dass Ferenczis »Stimme das Geräusch, das die beschuhten zitternden Füsse verursachen, kaum übertönen kann«. Am auffälligsten sei »der Gang der Zitterer«. Er mache »den Eindruck der spastischen Parese«, aber »die wechselnde Mischung von Zittern, Starre und Schwäche« bringe »ganz eigenartige, vielleicht nur kinematographisch reproduzierbare Gangarten zustande«.[3]

Der Erste Weltkrieg – eine Erfahrung, an der jegliche Sprache außer der Spiegelsprache scheitern musste – untergrub oder zertrümmerte jahrhundertelange Bemühungen um die Definition eines »Kriegsrechts«, also jenes grundlegenden Rechts, das vorschrieb, was in einem Krieg zwischen Europäern erlaubt und was nicht erlaubt sein sollte. Dieses Recht war das Ergebnis eines langen Reifungsprozesses und zahlreicher tastender und intensiver Debatten über das Wesen des Krieges und seines Verhältnisses zum Naturrecht und zu den menschlichen Gesetzen.

Im Blick auf das Problem, das uns hier beschäftigt, nämlich den Terror der Demokratien vor allem im kolonialen und postkolonialen Kontext, lohnt es, im Gedächtnis zu behalten, dass im europäischen Denken ursprünglich mehrere Formen von Recht unterschieden wurden. Als Attribut des Handelns verstanden, wurde Recht unterteilt in ein Recht der Überlegenen und ein Recht zwischen Gleichgestellten; in ein naturgegebenes und ein von Menschen geschaffenes Recht (zu dem wiederum das *ius civile* und das *ius gentium* gehörten), in ein universelles und ein partikulares Recht. Das Recht versuchte hochkomplexe Probleme zu klären, etwa die Frage,

---

3 Sándor Ferenczi, »Über zwei Typen der Kriegshysterie« (1916), in: ders., *Bausteine zur Psychoanalyse*, III. Band, Bern 1939, S. 58-59.

wie sich der feierliche oder auch öffentliche Krieg von allen übrigen Formen des Krieges, insbesondere der Privatfehde, unterscheiden ließ.

Da jeder Krieg die Gefahr heraufbeschwor, dass der Staat zugrunde ging, durfte der öffentliche Krieg nur vom Inhaber der »höchsten Gewalt« im Staate ausgerufen werden.[4] Einen öffentlichen Krieg erkannte man an der Tatsache, dass diejenigen, die ihn führten, eine souveräne Macht innehatten und eine Reihe formaler Bedingungen erfüllen mussten. Da Blut mit Blut zu bezahlen war, wusste man im Übrigen, dass der Einsatz von Waffengewalt immer ein Risiko darstellte und Verteidigung nicht dasselbe wie Rache war. Auf philosophischer Ebene erreichten die Bemühungen um die Schaffung eines Kriegsrechts ihren Höhepunkt im 17. Jahrhundert mit Hugo Grotius und seinen *Drei Büchern über das Recht des Krieges und Friedens*.

Der Kulturpessimismus, der Europa nach dem Ersten Weltkrieg überschwemmte, führte zu einer beispiellosen Verschmelzung von Nationalismus und Militarismus.[5] Vor allem in Deutschland galt die Niederlage als Folge eines Verrats. Der Krieg war verloren, aber nicht vorbei. Schuld an der Niederlage waren die »jüdischen Verräter«, und die Vergeltung dafür sollte erst dann vollendet sein, wenn sie vollkommen ausgerottet waren.[6] Der neue militaristische Nationalismus stützte sich auf eine Bildwelt beispielloser Verwüstung und Katastrophe. Ihr Sinnbild war der Soldat, der aus der Hölle

---

4 Hugo Grotius, *Drei Bücher über das Recht des Krieges und Friedens*, Bd. I, Berlin 1869, S. 139.
5 Ernst Jünger, *In Stahlgewittern*, Leipzig 1920.
6 Gerd Krumeich, »La place de la guerre de 1914-1918 dans l'histoire culturelle de l'Allemagne«, *Vingtième siècle*, Nr. 41, Januar-März 1994, S. 9-17.

der Schützengräben zurückkehrte. Er hatte die unerträgliche Erfahrung eines Lebens in Schmutz und Schlamm gemacht. Er war Zeuge einer in Scherben liegenden Welt geworden. Er hatte aus nächster Nähe den Tod in all seinen Formen erlebt.

Der Gaskrieg hatte selbst noch die Atmosphäre in eine tödliche Waffe verwandelt. Schon das Atmen war gefährlich, weil die Luft vergiftet sein konnte. Mit unzähligen Gasgranaten hatte man Tausende Tonnen von Chlorgas über den Schützengräbern freigesetzt. Zahlreiche Soldaten waren erstickt und an ihren eigenen Körperflüssigkeiten ertrunken, unter einer dicken gelblich grünen Wolke, die sich über Kilometer erstreckte und vom Wind verbreitet wurde.[7] Und nahezu ständig schwebte über dem Soldaten die Gefahr eines Nervenzusammenbruchs. Voller Schrecken hatte er die Todesschreie seiner Kameraden gehört und ihre unbeschreiblichen Qualen gesehen. Selbst vom Wahnsinn bedroht, hatte er das Gefühl gehabt, vollkommen dem Zufall und dem Schicksal ausgeliefert zu sein.[8]

Die große »Enttäuschung« (Freud), die der Krieg auslöste, beruhte nicht auf der Tatsache, dass der Krieg als solcher unausrottbar erschien. Nur wenige glaubten damals an die Möglichkeit einer endgültigen Abschaffung des Krieges oder an die Utopie eines ewigen Friedens. Man sage sich, schrieb Freud, »die Kriege könnten nicht aufhören, solange die Völker unter so verschiedenartigen Existenzbedingungen leben,

---

7 Siehe Sarah Everts, »When chemicals became weapons of war«, ⟨http://chemicalweapons.cenmag.org/when-chemicals-became-weapons-of-war/⟩, 23. Februar 2015 (Stand Juli 2016).
8 Modris Eksteins, *Rites of Spring: the Great War and the Birth of the Modern Age*, New York 1990; dt.: *Tanz über Gräben. Die Geburt der Moderne und der erste Weltkrieg*, Reinbek bei Hamburg 1990.

solange die Wertungen des Einzellebens bei ihnen weit auseinandergehen, und solange die Gehässigkeiten, die sie trennen, so starke seelische Triebkräfte repräsentieren«.[9]
Die Enttäuschung beruhte auch nicht darauf, dass es immer noch Kriege gab »zwischen den primitiven und den zivilisierten Völkern, zwischen den Menschenrassen, die durch die Hautfarbe voneinander geschieden werden«, oder »mit und unter den wenig entwickelten oder verwilderten Völkerindividuen Europas«.[10] Die »großen weltbeherrschenden Nationen weißer Rasse, denen die Führung des Menschengeschlechts zugefallen« sei[11] und die außerdem noch eine »Kulturgemeinschaft«[12] bildeten, hätten in ihrem Verhalten eine Brutalität bewiesen, die man ihnen »als Teilnehmer an der höchsten menschlichen Kultur nicht zugetraut« hätte[13] – das sei das eigentliche Skandalon dieses Krieges. Mit anderen Worten, der Urmensch, der Mensch der Frühzeit, der sich problemlos mit dem Tod der anderen abfand, der keinerlei Skrupel hatte zu töten, der bereitwillig mordete und in dessen Augen der Tod des Feindes nur die Vernichtung von etwas Verhasstem bedeutete, dieser Urmensch sei das Wesen, das »in jedem von uns noch enthalten ist, aber sich unsichtbar für unser Bewußtsein in tieferen Schichten unseres Seelenlebens verbirgt«.[14] Die weitreichende Umgestaltung des Trieblebens, die der Zivilisationsprozess angeblich mit sich brachte, hatte die Möglichkeit eines Rückfalls – einer Regression, wie Freud dies nannte – kaum beseitigt.

---

9 Freud, »Zeitgemäßes über Krieg und Tod«, a. a. O., S. 324-325.
10 Ebd., S. 325.
11 Ebd.
12 Ebd., S. 328.
13 Ebd., S. 331.
14 Ebd., 345.

Der Weltkrieg hatte letztlich eines enthüllt: Die »primitiven Zustände können immer wieder hergestellt werden; das primitive Seelische ist im vollsten Sinne unvergänglich.«[15] Und auch wenn es möglich ist, den Todestrieb oder den Zerstörungstrieb zu einem Großteil nach außen zu wenden oder auf Objekte der Außenwelt zu richten, so gelingt es doch vielen anderen Bereichen dieses Triebs, sich einer Zähmung zu entziehen (dem eigentlichen Ziel des Zivilisationsprozesses). Mehr noch, der nach außen gewendete oder projizierte Zerstörungstrieb (mit all seinen sadistischen und masochistischen Komponenten) kann wieder nach innen gewendet oder introjiziert werden.

Er beginnt, das Andere des Innen zur Zielscheibe zu nehmen. Daher die Forderung des Naziregimes nach der Ausrottung des jüdischen Volkes, das angeblich einen von Fäulnis befallenen Bereich innerhalb des deutschen Volkes darstellte. Aber schon bald macht er das Subjekt selbst zu seinem Ziel. Es kommt zu einer destruktiven »Rückwendung« der Außenwelt »gegen die eigene Person«, das eigene Subjekt, und das muss nun »das Unzweckmäßige tun, gegen seinen eigenen Vorteil arbeiten, die Aussichten zerstören, die sich ihm in der realen Welt eröffnen, und eventuell seine eigene reale Existenz vernichten«.[16] Kolonialismus, Faschismus und Nationalsozialismus sind drei extreme und pathologische Formen dieser *Rückkehr der angeblich äußeren Welt ins Subjekt.*

Nach dem Krieg erschienen vor allem in Europa faschistische Bewegungen und Parteien. Der Aufstieg des Faschismus

---

15 Ebd., S. 337.
16 Sigmund Freud, »Das ökonomische Problem des Masochismus« (1924), in: ders., *Gesammelte Werke*, Bd. 13, Frankfurt am Main 1972, S. 382-383.

und dann des Nationalsozialismus erfolgte parallel zu dem des Kolonialismus; heute gilt es als gesichert, dass zwischen Kolonialismus, Faschismus und Nationalsozialismus mehr als nur zufällige Zusammenhänge bestehen.[17] Trotz beträchtlicher Unterschiede teilten diese drei Formationen einen gemeinsamen Mythos, nämlich den der absoluten Überlegenheit der sogenannten westlichen Kultur, die ihrerseits als die Kultur einer Rasse – der weißen Rasse – verstanden wurde. Ihr Wesen sei der faustische Geist, der sich im Übrigen an ihrer technischen Macht erkennen lasse. Diese Macht habe es in Vergangenheit und Gegenwart ermöglicht, die westliche Kultur zu einer Kultur zu erheben, die nirgendwo ihresgleichen finde. Im Verständnis der Zeit besaß der Ausdruck »eine Kultur, die nirgendwo ihresgleichen findet« eine Doppelbedeutung.

Zunächst einmal verwies er auf ein Wesen. Die westliche Kultur erhob den Anspruch, kein gewöhnlicher Bestandteil der menschlichen Kulturen zu sein. Im Konzert der menschlichen Schöpfungen komme ihr eine herausragende Stellung zu, die sie von jeder anderen Kultur unabhängig mache und ihr eine Immunität verleihe, aufgrund deren sie »unantastbar« sei. Und sie sei »unantastbar«, weil sie sich von allen übrigen unterscheide – und auch weil sie die Fähigkeit besitze, alle anderen auf sich zu beziehen. Sie könne niemals im Netz der übrigen Kulturen der Welt aufgehen, weil die übrigen Kulturen nur durch sie und im Verhältnis zu ihr existierten.

Solcherart hypostasiert und auf ein Podest gehoben, wurde die westliche Kultur oder Zivilisation zum Nullpunkt im Koordinatensystem der gesamten Menschheit. Das war im Übri-

---

17 Hannah Arendt, *The Origins of Totalitarianism*, New York 1951; dt.: *Elemente und Ursprünge totaler Herrschaft*, München 1986.

gen auch der Platz und der Leib, den sie sich selbst zuerkannte, ihr »Hier«, ihr metaphysischer Punkt, der Ort, der sie in die Lage versetzte, von der Existenz, dem Willen, den Wünschen anderer Körper und anderer Leiber zu abstrahieren, fernen Orten, die sich von ihm unterschieden und doch in ihr impliziert waren, in deren Richtung sie sich aber nicht ihrerseits bewegen konnte. Im Denken der Zeit bedeutete »eine Kultur, die nirgendwo ihresgleichen findet« zugleich auch, dass sie die einzige war, die den Tod symbolisch überwunden hatte. Diese Zähmung des Todes erfolgte über die Beherrschung der Natur, den Kult des grenzenlosen Raumes und die Erfindung des Kraftbegriffs. Nicht dass diese Kultur unfähig zur Kontemplation gewesen wäre. Aber ihr eigentliches Ziel war es, die Welt nach ihrem Willen zu lenken. Angesichts dieses gewaltigen prometheischen Projekts bestand die Originalität des Westens darin, dass er den Göttern ihr Geheimnis entrissen und den Menschen selbst zu einem Gott gemacht hatte.

Kolonialismus, Faschismus und Nationalsozialismus teilten noch einen zweiten Mythos. Für jeden dieser historischen Formationen war der Westen ein natürlicher lebendiger Körper. Er besaß Mark und Seele. »Die anderen Weltteile hatten wohl bewundernswerte Kulturen«, erklärte Paul Valéry. »Aber kein anderer Teil der Erde besaß diese seltsame *physische* Eigenschaft: intensive *Ausstrahlungskraft* verbunden mit intensivstem Absorptionsvermögen. Alles kam nach Europa, und alles kam von Europa.«[18]

Diese besondere physische Eigenschaft, diese »intensive Ausstrahlungskraft verbunden mit intensivstem Absorptionsver-

---

18 Paul Valéry, *La Crise de l'esprit*, in: ders., *Œuvres*, Bd. 1, Paris 1962, dt.: »Die Krise des Geistes«, in: ders., *Werke*, Frankfurter Ausgabe, Bd. 7, S. 33.

mögen«, hatte in der Unterdrückung der Widerstandskämpfe gegen den Kolonialismus eine spezielle Form angenommen: die »Form des Lagers«.[19]

Seit mehr als einem halben Jahrhundert wird die Interpretation des Lagers beherrscht von der, wie man es nennen muss, »Politik des Äußersten«, das heißt – um Aimé Césaires Ausdruck aufzugreifen – von der *Politik der Entzivilisierung*, die aufgrund der bald spektakulären, bald unsichtbaren und mehr oder weniger im Untergrund wirkenden Mechanismen konsubstanziell mit der kolonialen Situation waren. Angesichts der Vernichtung der europäischen Juden gilt seit dem Holocaust das Lager als Ort einer radikalen Entmenschlichung; als Ort, an dem der Mensch die Erfahrung macht, zum Tier zu werden, indem er andere menschliche Existenzen vernichtet. Das Lager gilt auch als symptomatisch für die Ausgrenzung seiner Opfer aus der menschlichen Gemeinschaft; als Schauplatz eines ebenso geheimen wie unvorstellbaren und unsagbaren Verbrechens, zumindest bei den Tätern unabwendbar dem Vergessen anheimgegeben, zumal man von Anfang an alles tat, um Spuren zu verwischen.

Die intensive Ausstrahlungskraft und das Absorptionsvermögen, von denen Valéry sprach, bildeten möglicherweise nicht nur den Ausgangspunkt eines zwar nicht einzigartigen Verbrechens, das alle anderen in sich zusammenfasste, aber dennoch eine Sonderstellung einnahm und Träger »außermenschlicher« Bedeutungen war, sondern den Anfang einer *Kette von Verbrechen* und Schrecken, deren komplexe Genealogien wir ergründen müssen. Tatsächlich finden sich auf der

---

19 Siehe Federico Rahola, »La forme-camp. Pour une généalogie des lieux de transit et d'internement du présent«, *Cultures & Conflits*, Nr. 68, 2007, S. 31-50.

Tagseite der von Césaire gebrandmarkten Politik der Entzivilisierung (oder des Äußersten oder des Terrors) die kolonialen Prozesse mit ihrem Gefolge aus Besetzungs- und Ausrottungskriegen, Völkermorden und anderen Massakern wie auch deren unausweichliche Gegenstücke, die Befreiungs- und die Aufstandsbekämpfungskriege, deren Ausmaße wir endlich gerade erst zu ermessen beginnen.[20] Auf der Nachtseite finden sich die Konzentrations- und Ausrottungsprozesse, von denen zahlreiche Überlebende Zeugnis ablegen, darunter Jean Améry, Leser von Fanon, in dem er weit mehr als einen Gesprächspartner und fast schon einen Verwandten fand.[21] Und die Verbindung zwischen den beiden Seiten bildete, wie Hannah Arendt und später Michel Foucault erkannt hatten, die Rasse oder genauer: der Rassismus.[22]

Streng historisch betrachtet, erscheint das Lager um die Wende zum 20. Jahrhundert (zwischen 1896 und 1907), und zwar im Kontext des Kolonialkriegs auf Kuba, auf den Philippinen, in Südafrika und im damals von Deutschland kontrollierten Südwestafrika. Das Lager in seiner modernen Bedeutung ist nicht dasselbe wie die Umsiedlungspolitik, die im 18. Jahrhundert von den Engländern in Indien, 1811 in Mexiko und während des 19. Jahrhunderts in den Vereinigten Staaten betrieben wurde. In diesem Kontext ist das Lager ein Kriegs-

---

20 Caroline Elkins, *Imperial Reckoning. The Untold Story of Britain's Gulag in Kenya*, New York 2005.
21 Paul Gilroy, »Fanon and Améry. Theory, torture and the prospect of humanism«, *Theory, Culture & Society,* Jg. 27, Nr. 7-8, 2007, S. 16-32.
22 Arendt, *Elemente und Ursprünge totaler Herrschaft*, a. a. O.; Michel Foucault, *»Il faut défendre la société«. Cours au Collège de France, 1975-1976*, Paris 1997; dt.: *In Verteidigung der Gesellschaft. Vorlesungen am Collège de France (1975-76)*, Frankfurt am Main 1999.

instrument, das die Kolonialregierung einsetzt, um eine als feindlich eingestufte Zivilbevölkerung zu unterdrücken. Es handelte sich größtenteils um Frauen, Kinder und Alte, die man systematisch dem Hunger, der Folter, der Zwangsarbeit und Epidemien aussetzte.[23]

In Südamerika machte man die ersten Erfahrungen mit Lagern in Kuba während des Zehnjährigen Kriegs (1868-1878). 1896 konzentrierte der spanische General Valeriano Weyler solche Bevölkerungsgruppen in den Provinzen Santiago und Puerto Principe. Die Sterblichkeitsrate erreichte in manchen Regionen wie Santa Clara 38 Prozent.[24] Die Amerikaner richteten zwischen 1899 und 1902 auf den Philippinen mehrere Konzentrationslager ein, als die nationalistischen philippinischen Aufständischen zu Guerillataktiken griffen, um ihren Rechten Geltung zu verschaffen.

Die Konzentrationslager auf den Philippinen standen in einer direkten Verbindung zum »*hard war*« (dem schmutzigen Krieg) – ein Ausdruck, der auf den amerikanischen Bürgerkrieg zurückgeht. Damals setzte man eine Vielzahl von Strafmaßnahmen ein, die sich im Rahmen des 1863 erlassenen Lieber Code bewegten. Darin fanden sich zahlreiche Unterscheidungen zwischen verschiedenen Bevölkerungsgruppen, gegen die man im Zuge der Aufstandsbekämpfung vorging, deren wichtigste die Unterscheidung zwischen loyalen und illoyalen Bürgern oder Verrätern war.

Bei den illoyalen Bürgern wiederum unterschied man zwi-

---

23 Jonathan Hyslop, »The Invention of the concentration camp. Cuba, Southern Africa and the Philippines, 1896-1907«, *South African Historical Journal*, Jg. 63, Nr. 2, 2011, S. 251-276.
24 John Lawrence Tone, *War and Genocide in Cuba, 1895-1898*, Chapel Hill, NC, 2006.

schen solchen, von denen man mit Sicherheit wusste, dass sie mit den Rebellen sympathisierten, ohne ihnen jedoch materielle Hilfe zukommen zu lassen, und solchen, die zwar nicht unbedingt selbst zu den Waffen griffen, den Rebellen aber materielle Hilfe gewährten, obwohl sie nicht dazu gezwungen wurden. Nach dem Lieber Code konnten die Kommandeure der Streitkräfte in Rebellengebieten mit allen militärischen Mitteln gegen illoyale Bürger vorgehen. Es war normal, dass Verräter mit außergewöhnlichen Strafen belegt wurden, denen feindliche Nichtkombattanten vor allem in regulären Kriegen nicht ausgesetzt waren. Der Militärgouverneur könnte Bürger ins Ausland abschieben oder in andere Landesteile verbannen oder inhaftieren oder mit hohen Geldstrafen belegen.[25]

Solche Mittel wurden denn auch tatsächlich ab Dezember 1900 von Brigadegeneral Arthur MacArthur und ab November 1911 von Brigadegeneral J. Franklin Bell eingesetzt. Sie betrafen weite Teile der Provinz Batangas, wo der philippinische Widerstand besonders stark war. In ländlichen Gebieten führte man gewaltige Umsiedlungsaktionen durch. Man richtete Konzentrationslager ein und erweiterte die Folterpraxis. In der Provinz Samar setzte Brigadegeneral Jacob H. Smith dieselben Methoden ein. Dabei erweiterte er das Repertoire der Grausamkeiten noch um eine veritable, von Massenexekutionen begleitete Politik der verbrannten Erde.[26]

Die Logik des Konzentrationslagers gab es schon lange vor deren Systematisierung und Radikalisierung durch das Dritte

---

25 Siehe dazu die Studie von Richard Shelley Hartigan, *Lieber's Code and the Law of War*, New York 1983.
26 Brian McAllister Linn, *The Philippine War, 1899-1902*, Lawrence, KS, 2000.

Reich. Im Fall Südafrikas (1889-1902) sah sich die britische Krone mit einer Guerillalogik konfrontiert. Von 1899 bis 1900 standen sich dort zwei feindliche Seiten in einem weitgehend konventionellen Krieg gegenüber. Unter dem unerträglichen Druck der britischen Truppen wechselten die Buren schließlich ihre Taktik und griffen zunehmend zu Guerillatechniken. Statt sich dem Feind in Gestalt einer regulären Armee offen zu stellen, legten die Burenkämpfer wieder Zivilkleidung an und tauchten in der örtlichen Bevölkerung unter. Aus dieser Position konnten sie einen unberechenbaren Kleinkrieg gegen die britischen Truppen führen, der ihnen zwar keine entscheidenden militärischen Siege einbrachte, aber immerhin doch die Moral der Briten beträchtlich schwächte.

Unter Leitung von Horatio H. Kitchener reagierte die Krone darauf mit der verstärkten Einrichtung von Konzentrationslagern. Diese im Dezember 1900 von der Regierung legalisierte Praxis wurde als Notmaßnahme dargestellt, die darauf abzielte, die Zivilbevölkerung von den Kombattanten zu trennen, damit die Kolonialstreitkräfte die Kämpfer isolieren und ausschalten konnte. Man pferchte die Zivilbevölkerung, hauptsächlich Frauen und Kinder, an öden, trostlosen Orten in stacheldrahtumzäunte Lager, in denen die Sterblichkeit außergewöhnliche Ausmaße erreichte.

Diesem aus der Kolonialherrschaft stammenden Vorbild fügte das Dritte Reich eine wesentliche Funktion hinzu: den geplanten Massenmord. Einen geplanten Massenmord dieser Art hatten die Deutschen übrigens schon 1904 in Südwestafrika erprobt, wo man die Hereros erstmals der Zwangsarbeit innerhalb des KZ-Systems unterwarf – der erste Völkermord des 20. Jahrhunderts. Außerhalb der Kolonien, innerhalb Europas, nahm die Logik des Konzentrationslagers nicht nur die von den Nazis realisierte Form an. Es gab sie schon vor dem Zweiten Weltkrieg, während des Kriegs und auch danach. So bestanden 1942 in Frankreich mehr als hundert Lager. Die meisten waren in der Endzeit der Dritten Republik unter Édouard Daladier entstanden, also schon vor dem Vichy-Regime. Dort internierte man Personen jeglicher Art, die als »Gefahr für die nationale Verteidigung und die öffentliche Sicherheit«[27] galten – in der Mehrzahl Menschen, die aus ihrer Heimat nach Frankreich geflüchtet waren (Deutsche und Österreicher, ab 1933 Juden und ab 1939 Spanier, die für die Republik gekämpft hatten). Diese und andere während des Vichy-Regimes entstandene Lager (Compiègne, Rivesaltes, Les Milles, Gurs, Pithiviers, Beaune, Drancy usw.) dienten als Versuchslabore, in denen man eine Radikalisierung der Präventions-, Repressions- und Strafdispositive erprobte.

Die Zeit verlegte sich auf die Produktion zahlreicher Sündenböcke. Viele Ausländer wurden vielleicht nicht als Feinde, wohl aber als »unnütze Esser« empfunden, die man loswerden musste.[28] Sie wurden beschuldigt, »den Franzosen die Arbeitsplätze und die Frauen zu stehlen«. Unter dem Vichy-Regime erreichte die langsame Verfinsterung der Gestalt des Ausländers ihren Höhepunkt. Der Ausländer war nur noch ein schädliches biologisches Element, dessen Mängel und Pathologien eine unmittelbare Bedrohung für die Integrität des nationalen Körpers darstellten. Ab Herbst 1940 eröffnete ein neues Gesetz die Möglichkeit, alle seit 1927 vorgenommenen Einbürgerungen zu überprüfen. Von 1940 bis 1944 entzog

---

27 Jean-François Bossy, *La Philosophie à l'épreuve d'Auschwitz. Les camps nazis, entre mémoire et histoire*, Paris 2004, S. 32.
28 Siehe Ralph Schor, *L'Opinion française et les étrangers, 1919-1939*, Paris 1985.

man mehr als 15 000 Menschen die französische Staatsbürgerschaft und machte sie so zu »Staatenlosen«.²⁹

Die Konzentrationslager der Kolonialzeit waren keine Vernichtungslager im eigentlichen Sinne. Vor allem im Blick auf Europa halten viele Historiker es für erforderlich, zwischen Sammellagern, Konzentrationslagern für Nichtjuden und Vernichtungslagern zu unterscheiden, in denen der Mord an den Juden organisiert wurde; zwischen Lagern für politische Gegner und den eigentlichen Todeslagern. Tatsächlich waren nicht alle Lager Orte planmäßiger Tötung. Die Unterscheidung zwischen Konzentrationseinrichtungen im strengen Sinne und Vernichtungsapparaten im eigentlichen Sinne ist also durchaus wichtig, auch wenn alle Lager (einschließlich der kolonialen) Orte waren, an denen Leid und letztlich der Tod in unterschiedlichen Gestalten drohte – der langsame Tod durch Erschöpfung, Arbeit oder Resignation und Gleichgültigkeit; oder wie mitten in Europa das schlichte Verschwinden im Gas und dann in Rauch, Asche und Staub. In beiden Fällen fanden sich im Lager Menschen, die als nutzlos oder schädlich, als Feinde und in jedem Fall als Parasiten und als überflüssig galten. So kam es, dass die Welt des Lagers in der modernen Philosophie heute untrennbar mit einem ganz besonderen, scheinbar im Geheimen begangenen Verbrechen verbunden ist: dem *Verbrechen gegen die Menschlichkeit.*

Für das Problem der Menschlichkeit, gegen die ein nicht notwendig auch als solches erkanntes Verbrechen begangen wird, waren die Kolonien eine der offenkundigsten moder-

---

29 Siehe Bernard Laguerre, »Les dénaturalisés de Vichy, 1940-1944«, *Vingtième Siècle,* Jg. 20, Nr. 1, 1988, S. 3-15. Siehe auch Robert Paxton, *Vichy France. Old Guard and New Order*, 1940-1944, New York 1972.

nen Ausdrucksformen. Noch heute ist nicht allen klar, ob die Versklavung der Neger und die kolonialen Grausamkeiten Teil des Weltgedächtnisses sind, zumal dieses – gemeinsame – Gedächtnis nicht das alleinige Eigentum der Völker ist, die Opfer dieser Ereignisse wurden, sondern der gesamten Menschheit und zumal wir uns, solange wir nicht das Gedächtnis der »ganzen Welt« erfassen können, unmöglich vorzustellen vermögen, was eine wirklich gemeinsame Welt, eine wirklich universelle Menschheit und Menschlichkeit sein könnten.

Natürlich waren in der Kolonialzeit nicht alle Gefängnisräume unbedingt auch Bestandteil des Systems der Konzentrationslager und Vernichtungsapparate. Aber das Lager war eine zentrale Einrichtung der kolonialen und imperialistischen Kriege. Deshalb müssen wir den Ursprung des Lagers im Gedächtnis behalten – den Ursprung im Hexenkessel der imperialistischen und kolonialen (und damit *per definitionem* asymmetrischen) Kriege, später dann in den Bürgerkriegen und ihren Folgen und schließlich im Horizont des Weltkriegs. Diese Genealogie lässt erkennen, dass sich am Ursprung des Lagers das Projekt einer Teilung der Menschen findet. Teilung und Besetzung gehen einher mit Vertreibung und Deportation und oft auch mit einem eingestandenen oder uneingestandenen Vernichtungswillen. Außerdem ist es kein Zufall, wenn das Lager fast überall die Logik der auf Ausrottung zielenden Besiedlung begleitete.

Frantz Fanon, der einen großen Teil seines kurzen Lebens der Pflege von Kranken widmete, wurde Zeuge dieser Teilung der Menschen und dieser auf Ausrottung zielenden Besiedlung. Er erlebte aus nächster Nähe unsägliches Leid, Wahnsinn, menschliche Verzweiflung und vor allem den scheinbar sinnlosen Tod zahlloser Unschuldiger, das heißt zahlloser Menschen, von denen man eigentlich erwartete, dass sie auch in *Extremsituationen* verschont blieben.

Tatsächlich stellt jede strukturelle Knechtung – zumindest für die solch einer Knechtung Unterworfenen – eine Extremsituation dar. Das galt auch für die koloniale Erfahrung. Wo ein Ausrottungswille dahintersteckte, ließ das koloniale Unternehmen nur Reste der autochthonen Bevölkerung bestehen, die man im Übrigen auf Enklaven zu beschränken versuchte. Indem man die Begegnungs- und Kontaktmöglichkeiten zwischen Kolonisten und Unterjochten auf ein Mindestmaß beschränkte, maximierte man die Distanz zwischen beiden Gruppen – eine Voraussetzung für die Banalisierung der Gleichgültigkeit. Von jenen Leuten, denen die Realisierung der kolonialen Eroberung und Besetzung oblag, verlangte dies nicht nur eine außerordentliche Bereitschaft zur Gleichgültigkeit, sondern auch eine außergewöhnliche Fähigkeit, äußerst abscheuliche Dinge zu tun. Blutbäder, Gemetzel und Unterdrückung von Widerstand erforderten zuweilen direkten körperlichen Kontakt, fürchterliche Grausamkeit und Angriffe auf Leib und Besitz, in denen immer wieder die Schande ihren Ausdruck finden musste, in der man die angeblich minderwertigen Rassen hielt. Bei Bedarf ergänzte man die Zerstörung am Boden durch Vernichtung aus der Luft.[30] Enthauptung, Zerstückelung, Folter und andere sexuelle Misshandlungen vervollständigten das Arsenal.[31]

Gewöhnung an den Sadismus und ein unbeirrbarer Wille, von nichts zu wissen, keinerlei Mitleid mit den Opfern zu

---

30 Paul Armengaud, *Quelques enseignements des campagnes du Rif en matière d'aviation*, Paris 1928.
31 Claude Juin, *Des Soldats tortionnaires. Guerre d'Algérie: des jeunes gens ordinaires confrontés à l'intolérable*, Paris 2012.

empfinden, von der Niedertracht der Einheimischen überzeugt zu sein und ihnen selbst die Schuld an den ihnen zugefügten Grausamkeiten und materiellen Schäden zu geben – so lautete das Gesetz. Wenn es darum ging, den Kolonialismus von Vorwürfen zu entlasten, griff man, wie Fanon aufzeigt, immer wieder auf dieselben Ausflüchte zurück: Die Verbrechen seien das Werk isolierter Einzelner, die ihrerseits unter dem Eindruck des Schreckens gehandelt hätten, den das tierische Verhalten und die extrem barbarischen Taten ihrer Opfer wie auch die von den Wilden ausgehende Bedrohung für ihr Leben dargestellt hätten; die Schrecken, denen die Kolonisierten ausgesetzt waren, seien kaum mit dem Elend zu vergleichen, das zu ertragen sie imstande gewesen wären, wenn man sie sich selbst überlassen hätte; und was im Namen der Zivilisation erreicht worden sei (wirtschaftliche Entwicklung, technischer Fortschritt, Schulbildung, Gesundheit, Christianisierung und Assimilation), wiege die – angeblich unvermeidlichen – negativen Effekte des kolonialen Projekts auf.[32]

Das galt in besonderem Maße für Algerien. Der Kolonialkrieg, so Fanon, bringt generell alle erdenklichen Krankheiten hervor und begünstigt die Entwicklung psychischer Störungen. Die kriegsbedingten Krankheiten kommen noch zu jenen Wunden hinzu, die den Kolonisierten zuvor schon bei der Eroberung und Besetzung zugefügt wurden. Der Kolonisierte, der den Kolonialkrieg zu ertragen hatte oder möglicherweise auch selbst darin kämpfte, trägt Narben und sonstige Spuren von Verwundungen auf und in sich.

Gerade der Algerienkrieg, so schreibt Fanon, habe sehr oft

---

32 Joseph-Simon Gallieni, *Rapport d'ensemble sur la pacification, l'organisation et la colonisation de Madagascar*, Paris 1900; Hubert Lyautey, *Du Rôle colonial de l'armée*, Paris 1900.

den Charakter eines »wahren Völkermords« angenommen.³³ Tatsächlich ist der koloniale Prozess in seiner Struktur wie in seiner Verzierung stets um einen völkermörderischen Drang herum konstruiert – vor allem wenn er sich auf rassistische und suprematistische Vorurteile stützt. In vielen Fällen wird er nicht realisiert, aber latent ist er stets vorhanden. Seine höchste Intensität erreicht er in Zeiten des Krieges, ob nun bei der Eroberung oder der Besetzung oder der Aufstandsbekämpfung. Der Drang zum Völkermord entfaltet sich auf molekulare Weise. Er köchelt auf kleiner Flamme, bis er sich von Zeit zu Zeit an blutigen Ereignissen (Gemetzeln, Blutbädern, Unterdrückungsmaßnahmen) kristallisiert, die sich dann immer häufiger wiederholen. Der Krieg ist schließlich deren Höhepunkt. Er realisiert und enthüllt die Drohung, auf die jedes Kolonialsystem zurückzugreifen bereit ist, wenn es sich in seiner Existenz bedroht fühlt – so viel Blutvergießen wie nur möglich; Zerschlagung der Welten der Kolonisierten und deren Verwandlung in einen unbewohnbaren Ort, einen undifferenzierten Trümmerhaufen zerstückelter Leiber und für immer zerstörten Lebens.

Dieser Krieg, schreibt Fanon, taucht die Menschen – Opfer und Täter, Kombattanten und Zivilisten – in eine Atmosphäre aus Blut. In unterschiedlichen Graden droht er alle in Hassstatuen zu verwandeln und jeden menschlichen Gefühls zu entleeren, angefangen beim Mitleid, der Fähigkeit, sich berühren zu lassen, sich angesichts fremder Not und Verzweiflung an die eigene Verletzlichkeit zu erinnern. Die Ausmerzung jeglichen Mitgefühls – dieser Nullpunkt des Austauschs unter Mitmenschen – bereitet den Weg für die Generalisie-

---

33 Frantz Fanon, *Les Damnés de la terre*, in: ders., *Œuvres*, Paris, 1961; dt.: *Die Verdammten dieser Erde*, Frankfurt am Main 1981, S. 212.

rung unmenschlicher Praktiken und erweckt den hartnäckigen Eindruck, eine »wirkliche Apokalypse« zu erleben.[34]

Im Blick auf diese Unterminierungsarbeit und die daraus folgende Zerstörung hielt Fanon Gewalt für unverzichtbar. Diese Gewalt müsse sich gegen zwei Ziele richten – gegen das Kolonialsystem als solches und gegen die vielfältigen Hemmungssysteme, die die Kolonisierten unter dem Joch der Angst, des Aberglaubens und zahlreicher Verfolgungs- und Minderwertigkeitskomplexe halten sollten. Indem sie *tabula rasa* mit der repressiven Ordnung mache, öffne sie den nötigen Raum für die Schöpfung von Neuem. Indem die Gewalt die koloniale Ordnung hinfällig und wirkungslos mache, fungiere sie als ein Werkzeug der Wiederauferstehung.

Nach Ansicht Fanons bestand das eigentliche Ziel nicht darin, den Staat zu erobern, sondern ein anderes Souveränitätsgebilde hervorzubringen. Als herausragender Augenblick der Erstehung des Neuen zielte die regenerierende Gewalt der Dekolonisierung auf die Schaffung neuer Lebensweisen. Sie hatte etwas Unberechenbares. Wegen dieser Unberechenbarkeit war sie ihrem Wesen nach unvorhersehbar. War sie erst einmal freigesetzt, konnte sie unbeherrschbar werden. Aus dieser Perspektive konnte sie zugleich Rettung und Verderben bringen.

---

34 Ebd.

*Gesellschaft von Objekten und
Metaphysik der Zerstörung*

Die Kolonialgesellschaften waren Gebilde, aus denen das Mitleid verschwunden war. Da sie sich kaum noch als *Gesellschaft von Mitmenschen* verstanden, waren sie *de jure* wie *de facto* durch Trennung und Hass gekennzeichnete Gemeinschaften. Und paradoxerweise hielt gerade der Hass sie zusammen. Die Grausamkeit war umso weiter verbreitet und der Zynismus umso aggressiver und verächtlicher, als das Feindschaftsverhältnis zum Gegenstand einer nahezu unwiderruflichen Internalisierung geworden war. Tatsächlich ging die wechselseitige Instrumentalisierung der Herrschenden und der Beherrschten so weit, dass sich der innere vom äußeren Feind kaum noch klar unterscheiden ließ. Vor allem aber war der Rassismus zugleich treibende Kraft und Zerstörungsprinzip solch einer Gesellschaft. Und weil es kaum noch ein Selbst ohne den Anderen gab – da der Andere nur ein anderes »ich« war, einschließlich seiner Verleugnung –, bestand kein Unterschied mehr zwischen der Tötung eines anderen und der Selbsttötung.

Der Rassismus war nach Fanon kein unwesentliches Merkmal. Jedem Rassismus – und ganz besonders dem Rassismus gegen Schwarze – liege vielmehr eine Struktur zugrunde. Diese Struktur stehe im Dienste einer, wie er es nannte, gigantischen Bemühung um eine ökonomische und biologische Knechtung. Anders gesagt, der Rassismus muss zugleich *im Rahmen einer Bioökonomie und einer Ökobiologie* analysiert werden. Einerseits besteht der rassistische Akt in der willkürlichen und grundlegenden Behauptung einer Überlegenheit, die den Vorrang einer Gruppe oder Klasse oder Menschenart über andere begründen soll. Andererseits gehört es zum Wesen des

Rassismus, dass er sich ständig bemüht, nicht zu verkalken. Um sich seine Virulenz und Effektivität zu bewahren, muss er sich immer wieder erneuern, sein Gesicht verändern, sich verwandeln.

Fanon unterschied insbesondere zwei Arten von Rassismus. Da gab es auf der einen Seite den ungeschminkten, vulgären, primitiven und simplen Rassismus, der seines Erachtens der »Periode der brutalen Ausbeutung der Muskelkraft des Menschen« entsprach.[35] Das war der Rassismus der Periode der Schädel, die man vergleicht; der Anzahl und Form der Schädelfurchen, die man zu identifizieren versucht; der emotionalen Labilität des Negers, deren Logik man erfassen möchte; der subkortikalen Integration des Arabers, die man definieren will; der Erbschuld der Juden, die es zu beweisen gilt; der Größe der Wirbel, die bestimmt werden muss; und der mikroskopischen Beschaffenheit der Epidermis, die festgestellt werden soll. Obwohl es sich um Vulgärrassismus handelt, verstand diese Form des Rassismus sich als rational und sogar wissenschaftlich. Sie versuchte ihre Autorität aus der Wissenschaft zu beziehen, insbesondere aus Biologie und Psychologie.

Auf der anderen Seite stand ein Rassismus, den Fanon als kulturellen Rassismus bezeichnete. Der kulturelle Rassismus war in Wirklichkeit nur eine Mutation des Vulgärrassismus. Er stützte sich nicht auf morphologische Vergleiche. Er richtete sich gegen spezielle Lebensweisen, die vor allem der Kolonialismus zu vernichten versuchte. Wenn man sie nicht zerstören konnte, versuchte man, sie herabzusetzen oder zu exotischen

---

35 Frantz Fanon, »Racisme et culture«, in: ders., *Œuvres*, a. a. O.; dt.: »Rassismus und Kultur«, in: ders., *Für eine afrikanische Revolution*, Frankfurt am Main 1972, S. 43.

Objekten zu machen. Die solchen hinterhältigen Bemühungen am stärksten ausgesetzten Bereiche waren Kleidung, Sprache und Techniken, die Art, wie man aß, saß, ruhte, sich vergnügte, lachte, und in ganz besonderem Maße das Verhältnis zur Sexualität.

Jenseits dieser beiden Formen von Rassismus verwies Fanon immer wieder auf den Charakter der damit zugefügten Verletzungen. »Das Gesicht der Kultur, die Rassismus praktiziert, wird dadurch aufgeschwemmt und verunstaltet«, erklärte er.[36] Aber vor allem wies er darauf hin, dass der Rassismus letztlich einiges mit einer Grundform der Neurose gemein hat. Er enthalte stets ein Element leidenschaftlichen Engagements, wie man es bei gewissen Psychosen finde. Und es bestehe ein Zusammenhang mit den Wahnerkrankungen, vor allem solchen im Bereich des Gefühls. Diesen neurotischen, psychotischen und wahnhaften Momenten fügte er eine von der Kritik relativ wenig erforschte Dimension hinzu: Der Rassismus biete dem Subjekt die Möglichkeit, die Scham, die es über sich selbst empfindet, auf andere zu richten, also auf einen Sündenbock zu übertragen.

Diesen Projektionsmechanismus bezeichnete Fanon als *Transitivismus.* Darunter verstand er nicht die Art und Weise, wie eine Kultur ihre niederen Strebungen und Triebe verleugnet, sondern den Mechanismus, durch den sie diese Strebungen auf einen bösen Geist verschiebt (den Neger, den Juden, den Araber), den sie erfindet und in Augenblicken der Panik oder der Grausamkeit herbeizitiert.

Mit diesem bösen Geist erschafft sich die Kultur einen inneren Feind und untergräbt und zerstört im Rahmen einer sozialen Neurose nun selbst die Werte, die sie ansonsten bean-

---

36 Ebd., S. 45.

sprucht. Neben einen an die Oberfläche tretenden, grobschlächtigen und primitiven Rassismus tritt eine andere, hinterhältigere Form von Rassismus, die darin besteht, dass man sich ständig von jeglicher Schuld entlastet. Das ist so, weil nach Fanon jeder Ausdruck von Rassismus in gewisser Weise stets von einem schlechten Gewissen begleitet ist, das es zu ersticken gilt. Hier liegt seines Erachtens einer der Gründe, weshalb der Rassist seinen Rassismus generell verbirgt oder zu verbergen versucht.

Es ist nicht ausgeschlossen, dass dieser Hang zum Verbergen in einem Zusammenhang mit einem grundlegenden Aspekt des Verhältnisses zwischen dem rassistischen Affekt und der Sexualität steht. Denn, so schreibt Fanon, die rassistische Gesellschaft leide unter der Angst vor einem Verlust an sexuellen Möglichkeiten. Sie »bewahrt die irrationale Sehnsucht nach Zeiten außergewöhnlicher sexueller Freiheit, orgiastischer Szenen, ungestrafter Vergewaltigungen, nicht unterdrückten Inzests«.[37] Orgien, Vergewaltigungen und Inzest haben nicht dieselben Funktionen in der Herausbildung rassistischer Phantasien, aber sie alle haben, wie Fanon meint, eine Verbindung zum Lebenstrieb. Dieser Lebenstrieb hat einen Doppelgänger – die Angst vor dem Neger, dessen angebliche Potenz, frei von Moral und Verboten, eine reale biologische Gefahr darstellt.

Kommen wir zu dem Leid, das der Rassismus seinen Opfern zufügt. Welcher Art sind die Qualen bei jenen, die zur Zielscheibe des Rassismus in seinen verschiedenen, oben aufgezählten Formen werden? Wie lassen sich die Verletzungen charakterisieren, die Wunden, die Traumata, die psychischen

---

37 Frantz Fanon, *Peau noire, masques blancs*, Paris 1952; dt.: *Schwarze Haut, weiße Masken*, Wien, Berlin 2013, S. 150.

Leiden, die ihnen zugefügt werden? Wenn wir diese Fragen beantworten wollen, müssen wir uns ansehen, wie der Rassismus das seinem Wüten ausgesetzte Subjekt von innen her bearbeitet und herausbildet.

Zunächst einmal ist das rassifizierte Subjekt das Produkt des Begehrens einer ihm äußeren Kraft, die es nicht selbst gewählt hat, die paradoxerweise aber dennoch das Sein dieses Subjekts initiiert und stützt. Ein sehr großer Teil des von Fanon beschriebenen Leids ist der Aufnahme dieser äußeren Kraft geschuldet, die sich dadurch in ein wesentliches Moment seiner Konstituierung verwandelt. Die Konstituierung des Subjekts im Wunsch nach Unterordnung gehört zu den spezifischen verinnerlichten Modalitäten rassistischer Herrschaft. Bedeutsam ist auch der Prozess, in dem das koloniale Subjekt sich gegen sich selbst wendet und sich von den Bedingungen seiner Entstehung in und durch Unterwerfung befreit. Das psychische Leben hat beträchtlichen Anteil an diesem Befreiungsprozess, der bei Fanon natürlich seinen Ausgang nimmt in einer Praxis absoluter Gewalt und einer entschiedenen Loslösung von sich selbst, falls nötig durch einen Aufstand.

Auf ein Rassensubjekt reduziert zu werden heißt sodann, noch stärker in die Position des Anderen zu gelangen. Der Andere ist derjenige, der dem Anderen immer wieder beweisen muss, dass er ein Mitmensch ist und es verdient, als solcher behandelt zu werden; dass er, wie Fanon unablässig wiederholt, »ein Mensch wie die anderen«, »ein Mensch unter anderen Menschen« ist, dass er wie wir und einer von uns sei. Der Andere zu sein heißt, sich stets in einer instabilen Position zu fühlen. Die Tragödie des Anderen liegt darin, dass er wegen dieser Instabilität ständig auf der Hut sein muss. Er lebt in Erwartung einer Verstoßung. Er tut alles, damit es nicht dazu kommt, aber er weiß, dass sie unvermeidlich kommen wird, und dies zu einem Zeitpunkt, den er nicht selbst bestimmen kann.

So hat er denn Angst, sich so zu zeigen, wie er wirklich ist, verlegt sich lieber auf Verkleidung und Verstellung als auf Echtheit und ist überzeugt, dass er seines bloßen Seins wegen eine Schande darstellt. Sein Ich ist ein Knoten aus Konflikten. Wie könnte er die Welt gestalten, da er doch gespalten ist und ihr nicht die Stirn zu bieten vermag? Wie sollte er in ihr leben können? »Dabei wollte ich ganz einfach ein Mensch unter anderen sein. […] Ich wollte Mensch sein, nur Mensch.«[38] »Und dann entdeckte ich mich als Objekt inmitten anderer Objekte.«[39] Der Wunsch, ein Mensch unter anderen Menschen zu sein, wird durch den dekretierten Unterschied vereitelt. Vom Rassensubjekt, das ja durch den Unterschied definiert ist, verlangt der Rassismus, dass er sich »wie ein Neger verhält«, das heißt wie eine gesonderte Art Mensch, denn der Neger steht für jene Menschen, die abseits gehalten werden. Sie bilden gleichsam einen *Rest*, den man der Ehrlosigkeit preisgibt und der Ungnade überantwortet.

Körperobjekt, Subjekt im Objekt – über welche Art von Objekt sprechen wir hier? Handelt es sich um ein reales, materielles Objekt nach Art eines Möbelstücks? Handelt es sich um Bilder von Objekten – der Neger als Maske? Oder handelt es sich um ein geisterhaftes, phantasiertes Objekt an der Grenze zwischen Begehren und Entsetzen – die Phantasie vom Neger, der mich vergewaltigt und mich auspeitscht und mich schreien macht, ohne dass ich genau wüsste, ob ich vor Lust oder Schmerz schreie? Ohne Zweifel handelt es sich um all

---

38 Ebd., S. 104.
39 Ebd., S. 101.

das zugleich und zudem noch um Partialobjekte, abgetrennte Glieder, die keinen Körper bilden, sondern von irgendwoher auftauchen. »Mein Körper kam ausgewalzt, zerteilt, geflickt zu mir zurück ganz in Trauer an einem weißen Wintertag.«[40]

Wintertrauer an diesem weißen Tag, Winterweiße an diesem Trauertag, an einem leeren Ort, in einer Zeit der Entleerung, und der Vorhang schließt sich. Der Kern der menschlichen Person, der miterlebt, wie er sich in die Sache auflöst, wird plötzlich jeder menschlichen Substanz beraubt und in eine erdrückende Objekthaftigkeit eingeschlossen. Der Andere »fixiert« mich, wie man ein Präparat mit einem Farbstoff fixiert.[41] Nach diesem »Blutsturz, der auf meinem ganzen Körper schwarzes Blut gerinnen ließ«, bin ich in einem Teufelskreis gefangen.[42] Eine den »Weißen« vertretende Instanz hat meinen Platz eingenommen und macht mein Bewusstsein zu seinem Objekt. Von nun an atmet die Instanz an meiner Stelle, denkt an meiner Stelle, spricht an meiner Stelle, überwacht mich, handelt an meiner Stelle. Zugleich hat diese Herreninstanz Angst vor mir. In ihr lasse ich all die dunklen, im Dunkel der Kultur begrabenen Gefühle an die Oberfläche treten – Angst und Schrecken, Hass, Verachtung und Beleidigung. Die Herreninstanz stellt sich vor, ich könnte ihr allerlei entwürdigende Misshandlungen angedeihen lassen, zum Beispiel dieselben, die sie mir zufügt. Ich löse bei ihr eine Angst aus, die nicht auf meinen Wunsch nach Rache zurückgeht und erst recht nicht auf meinen Zorn und meine ohnmächtige Wut, sondern auf die mir zugewiesene Stellung als ein Objekt, das Phobien auslöst. Seine Angst vor mir basiert nicht

---

40 Ebd., S. 105.
41 Ebd., S. 101.
42 Ebd., S. 104.

auf etwas, das ich ihm angetan oder vor Augen geführt hätte, sondern auf dem, was er mir angetan hat und was ich umgekehrt auch ihm antun könnte.

Die rassistischen Formationen erzeugen und verteilen also definitionsgemäß alle erdenklichen Arten miniaturisierter Wahnvorstellungen. Sie tragen glühende Kerne eines Wahns in sich, den sie in kleinen Dosen in Gestalt von Neurosen, Psychosen, Wahnvorstellungen und vor allem Erotik freisetzen. Zugleich führen sie zu objektiven Wahnsituationen. Diese Wahnsituationen umhüllen und strukturieren die gesamte soziale Existenz. Da alle in der Falle dieser Gewalt stecken, in ihren diversen Spiegeln oder Brechungen, sind auch alle deren Überlebende. Dass man auf der einen oder der anderen Seite steht, bedeutet keineswegs, dass man draußen oder aus dem Spiel wäre.

Rassistische Ängste

Der Rassist hat also nicht nur einen Hang zur Verheimlichung. Er hat auch Angst – in dem hier interessierenden Fall Angst vor dem Neger, diesem Anderen, der gezwungen ist, sein Leben unter dem Zeichen der Falschheit, des Bedürfnisses und des Gegensatzes zu führen. Dieses Bedürfnis wird generell in der Sprache der Natur oder organischer und biologischer Prozesse gedacht. In der Tat, der Neger atmet, trinkt, isst, schläft und verrichtet seine Notdurft. Sein Körper ist ein natürlicher Körper, ein Körper mit Bedürfnissen, ein physiologischer Körper. Er leidet nicht in derselben Weise wie ein ausdrücklich menschlicher Körper. Im Grunde kann er gar nicht krank sein, weil der prekäre Charakter zu seinen Merkmalen gehört. Es handelt sich niemals um einen gesunden

Körper. Das Leben des Negers ist schwächlich und darum arm.

In der kolonialen Situation verfügt der Rassist über die Macht. Aber der Gebrauch dieser Macht reicht nicht aus, um die Angst zu beseitigen. Der Rassist hat Angst vor dem Neger, obwohl er doch gerade erst dessen Minderwertigkeit verfügt hat. Wie kann man Angst vor jemandem haben, den man gerade noch herabgewürdigt hat und dem man jede Kraft und jede Macht abspricht? Außerdem handelt es sich nicht allein um Angst, sondern um eine Mischung aus Angst, Hass und ungehöriger Liebe. Das ist in der Tat das Charakteristikum des gegen den Neger gerichteten Rassismus – dass man sich gegenüber dem Neger nicht »normal« zu verhalten vermag. Und das gilt ebenso für den Neger selbst wie für sein Gegenüber.

»Die Phobie ist eine Neurose«, heißt es bei Fanon, »die gekennzeichnet wird durch die angstbesetzte Furcht vor einem Objekt (im weitesten Sinne verstanden als jedes dem Individuum äußerliche Ding) oder einer Situation im weitesten Sinn.«[43] Der Neger ist ein Objekt, das Angst und Abscheu erregt. Die Angst, die Furcht vor dem Neger als Objekt rührt aus einer infantilen Struktur. Anders gesagt, es gibt eine infantile Struktur des Rassismus, die mit einem das Sicherheitsgefühl gefährdenden Ereignis und beim Mann insbesondere mit der Abwesenheit der Mutter zusammenhängt. Die Wahl des angstauslösenden Objekts ist nach Fanon determiniert. »Diese Phobie entspringt nicht der Nacht des Nichts.«[44] Ir-

---

43 Ebd., S. 143; Fanon zitiert hier Angelo Hesnard, *L'Univers morbide de la faute*, Paris 1949, S. 37.
44 Fanon, *Schwarze Haut, weiße Masken*, a. a. O., S. 144 (die nachfolgenden Zitate ebd.).

gendetwas ist geschehen, und dieses Geschehen hat beim Objekt einen Affekt ausgelöst. »Die Phobie ist die latente Anwesenheit dieses Affekts auf dem Welthintergrund des Subjekts; es liegt Organisation, Formung vor. Denn natürlich braucht das Objekt nicht da zu sein, es genügt, dass es *ist*: Es ist ein Mögliches.« Dieses Objekt »hat böse Absichten und alle Eigenschaften einer unheilbringenden Kraft.« Bei dem Menschen, der da Angst hat, findet sich also etwas vom magischen Denken.[45]

Wer den Schwarzen hasst, wer Angst vor ihm empfindet oder wen die reale oder vorgestellte Begegnung mit dem Schwarzen in Angst versetzt, der reproduziert ein das Sicherheitsgefühl bedrohendes Trauma. Er handelt weder rational noch logisch. Und er denkt nur wenig. Er lässt sich von einem Affekt bewegen und gehorcht dessen Gesetzen. Der Neger ist in den meisten Fällen ein mehr oder weniger imaginärerer Aggressor. Als beängstigendes Objekt löst er Schrecken aus. Fanon untersucht im Weiteren die Bedeutung der Sexualität in dieser Dynamik der rassistischen Angst. Im Anschluss an Angelo Hesnard stellt er die Hypothese auf, das »Motiv für das Entsetzen« liege in der Angst, dass die Neger »mir alles Mögliche antun könnten, aber keine gewöhnlichen Mißhandlungen, sondern sexuelle, also unmoralische, entehrende Mißhandlungen«.[46]

In der rassistischen Vorstellungswelt ist der Neger als sexuelles Objekt gleichbedeutend mit einem beängstigenden und aggressiven Objekt, das seinem Opfer Verletzungen und Traumata zufügen kann. Da bei ihm angeblich alles auf der genitalen Ebene geschieht, können seine Misshandlungen sich

---

45 Siehe Charles Odier, *L'Angoisse et la pensée magique,* Neuchâtel 1948.
46 Fanon, *Schwarze Haut, weiße Masken*, a. a. O., S. 144.

als besonders entwürdigend erweisen. Sollte er uns wirklich vergewaltigen oder auch nur auspeitschen, resultierte diese Entwürdigung nicht allein aus unserer erzwungenen Verwicklung in eine beschämende Existenz. Sie wäre auch die Folge eines Einbruchs eines Köperobjekts in einen angeblich menschlichen Körper. Und dennoch, was wäre aus dionysischer und sadomasochistischer Perspektive reizvoller und lustvoller als eine über das Objekt statt über ein Glied, das Glied eines anderen Subjekts, herbeigeführte Lust?

So wird denn verständlich, warum die dionysische und die sadomasochistische Sexualität in der rassistischen Phantasiewelt eine besondere Stellung einnehmen. In der dionysischen Sexualität nach Art eines Bacchanals ist der Neger in allererster Linie ein Glied – irgendeines: ein unerhörtes Glied. In der sadomasochistischen Sexualität ist er ein Vergewaltiger. In dieser Perspektive schreit das rassistische Subjekt unablässig: »Der Neger vergewaltigt mich. Der Neger peitscht mich aus. Der Neger hat mich vergewaltigt.« Aber dabei handelt es sich nach Fanon um eine infantile Phantasie. Wer da sagt: »Der Neger vergewaltigt mich« oder »er peitscht mich aus«, der sagt nicht: »Tu mir weh!« Oder: »Der Neger tut mir weh.« Er sagt: »Ich tue mir weh, wie der Neger dies täte, wenn er an meiner Stelle wäre; wenn er die Gelegenheit dazu hätte.«

Im Mittelpunkt dieser beiden Formen von Sexualität befindet sich der Phallus. Der Phallus ist nicht nur ein abstrakter Ort, ein bloßer Signifikant oder ein differenzierendes Zeichen – das abtrennbare, absonderbare und der symbolischen Retranskription angebotene Objekt, von dem Jacques Lacan spricht. Gewiss, der Phallus lässt sich nicht auf den Penis reduzieren. Aber er ist auch nicht das Organ ohne Körper, für das eine bestimmte psychoanalytische Tradition im Westen solch eine Vorliebe hegt. Im Gegenteil, in kolonialen – und damit rassistischen – Situationen ist er das Moment des Lebens, das am reinsten das Schwellende, Vorstoßende und Eindringende repräsentiert. Man kann ganz offenkundig nicht von Stoßen, Schwellen und Eindringen sprechen, ohne dem Phallus seinen physischen Charakter oder zumindest seine lebendige Fleischlichkeit zurückzugeben, seine Fähigkeit, von der Sinnlichkeit zu zeugen und alle erdenklichen Empfindungen zu haben, Beben und Zuckungen (eine Farbe, einen Duft, eine Haptik, ein Gewicht, einen Geruch). Im Kontext einer Rassenherrschaft und damit einer Versetzung in die Position einer Minderheit wird der Negerphallus als gewaltige affirmative Kraft angesehen. Er bezeichnet eine geleichermaßen affirmative und transgressive Kraft, die durch keinerlei Verbote eingeschränkt wird.

Als solche steht sie in radikalem Widerspruch zur Rassenmacht, die sich nicht nur in erster Linie als Macht des Verbotenen definiert, sondern sich auch als gleichfalls mit einem Phallus ausgestattet darstellt, der ihr als Emblem und Schmuck dient und zugleich das zentrale Dispositiv ihrer Disziplin bildet. Diese Macht *ist* Phallus, und der Phallus ist der Familienname des Verbotenen. Als Familienname des Verbotenen, das heißt jenseits allen Verbotenen, vermag er die ihm Unterworfenen leicht zu besteigen. In diesem Sinne gibt er vor, als Bewegungs- und Kraftquelle zu agieren. Er kann so tun, als gäbe es erst im Phallus und durch ihn ein Ereignis, ja als wäre der Phallus das Ereignis.

Der Glaube, Macht sei letztlich die Anstrengung, die der *phallos* auf sich selbst richtet, um Gestalt anzunehmen – dieser Glaube bildet die Grundlage jeglicher kolonialen Herrschaft. Tatsächlich bildet er auch weiterhin das Ungesagte, das Untergeschoss oder den Horizont unserer Moderne, auch wenn wir absolut nicht wollen, dass darüber geredet wird.

Dasselbe gilt für den Glauben, dass der Phallus nur in jener Bewegung Phallus sei, in der er dem Körper zu entkommen und Eigenständigkeit zu erlangen versucht. Und dieser Fluchtversuch, dieser Vorstoß, führt zu Krämpfen, wobei die Macht in der kolonialen und rassistischen Situation ansonsten ihre Identität gerade durch solche krampfhaften Vorstöße zurückweist.

Die Krämpfe, an denen man die Macht und ihre Zuckungen zu erkennen glaubt, umreißen indessen nur das hohle, platte Volumen dieser Macht. Denn der Phallus mag sich zwar ausdehnen, aber dieser Ausdehnung folgt stets eine Kontraktion, ein Erschlaffen, ein Abschwellen. In kolonialen und rassistischen Verhältnissen kann außerdem die Macht, die den Neger brüllen lässt und seiner Brust unablässig Schreie entlockt, nur eine Macht sein, die sich mit seinem Tier verbündet – mit dem Hund, dem Schwein, dem Schurken in ihm. Es kann sich nur um eine Macht handeln, die über ein körperliches Material verfügt, ein körperliches Gerüst, dessen hellste und zugleich dunkelste Manifestation der Phallus ist. Eine Macht, die in dem von Fanon beschriebenen Sinne ein *phallos* ist, kann sich den ihr Unterworfenen nur in einen Totenkopf gekleidet präsentieren. Dieser Totenkopf ist es, der solche Schreie auslöst und der das Leben des Negers zu einem Negerleben macht – ein bloß zoologisches Leben.

Historisch haben die Lynchmorde im Süden der Vereinigten Staaten in den Zeiten der Sklaverei und vor der Befreiung der Sklaven ihren Ursprung in dem Wunsch, sie zu kastrieren. Die Angst um seine eigene sexuelle Potenz lässt den rassistischen »kleinen Weißen« und den Plantagenbesitzer in Schrecken geraten bei dem Gedanken an das »schwarze Schwert«, dessen angebliche Größe sie ebenso fürchten wie sein penetrierendes und bedrängendes Wesen. Der Schriftsteller Michel

Cournot bringt dasselbe mit lustvolleren Worten zum Ausdruck: »Der Degen des Schwarzen ist ein Degen. Wenn er sich deine Frau vornimmt, erlebt sie etwas«, das einer Erleuchtung gleichkommt. Aber er hinterlässt auch einen Abgrund, und in diesem Abgrund »ist dein Ding verloren«. Und er vergleicht das Glied des Schwarzen mit einer Palme oder einem Brotbaum, die niemals nachgeben.

Mit der obszönen Tat, die der Lynchmord darstellt, versucht man also die angebliche Reinheit der weißen Frau zu schützen, indem man den Schwarzen mit dem Tod konfrontiert. Er soll sich die Auslöschung und Verdunklung dessen vor Augen führen, was man in der rassistischen Phantasie für seine »erhabene Sonne«, seinen *phallos*, hält. Die Zerstörung seiner Männlichkeit muss über die Verwandlung seiner Genitalorgane in ein Trümmerfeld erfolgen – ihre Loslösung von den Lebenskräften. Und zwar deshalb, weil der Neger, wie Fanon sagt, in dieser Konstellation gar nicht existiert. Oder vielmehr, weil der Neger vor allem ein *Glied* ist.

Angst vor jemandem zu haben, dem man gerade erst jede Kraft abgesprochen hat, bedeutet indessen nicht, dass man unfähig wäre, ihm Gewalt anzutun. Die gegen ihn ausgeübte Gewalt stützt sich auf eine Mythologie – jene Mythologie, von der die Gewalt der Herrschenden stets begleitet ist. Deren Verhältnis zur eigenen, also von ihnen selbst ausgeübten Gewalt basiert generell auf einer Mythologisierung, das heißt auf der Konstruktion eines von Wirklichkeit und Geschichte losgelösten Diskurses. Der Mythos hat hier die Funktion, die Opfer für die Gewalt verantwortlich zu machen, obwohl sie in Wirklichkeit doch deren Opfer sind. Am Grunde dieses Mythos liegt nicht nur eine vorgängige Trennung zwischen »denen« und »uns«. Das eigentliche Problem ist folgendes: Dass sie nicht so sind wie wir, ist nicht akzeptabel. Dass sie so werden wie wir, ist aber auch nicht akzeptabel. Für die Herrschenden sind beide Optionen gleichermaßen absurd und unannehmbar.

Dadurch entsteht eine irrsinnige Situation, für deren Aufrechterhaltung es ständiger Gewalt bedarf, aber einer Gewalt, die insofern eine mythische Funktion hat, als sie sich stets von der Realität löst. Sie wird von den Herrschenden nicht akzeptiert, sondern bestritten oder beschönigt. Es gibt sie, aber die sie ausüben, bleiben unsichtbar und anonym. Und selbst wenn ihre Existenz bewiesen ist, hat sie kein Subjekt. Die Herrschenden sind keineswegs dafür verantwortlich, sie kann nur von den Opfern selbst herrühren. Wenn man sie zum Beispiel tötet, so, weil sie sind, was sie sind. Wollen sie vermeiden, getötet zu werden, brauchen sie nur aufzuhören, das zu sein, was sie sind. Oder wenn sie getötet werden, so vielleicht nur nebenher – im Sinne eines Kollateralschadens. Wollen sie vermeiden, getötet zu werden, brauchen sie nur zu diesem Zeitpunkt nicht dort zu sein, wo sie sind. Oder wenn man sie tötet, so, weil sie vorgeben, wie wir und damit unsere Doppelgänger zu sein. Und mit der Tötung unseres Doppelgängers sichern wir unser Überleben. Sie brauchen also nur anders zu sein als wir. Dieser ständige Rückgriff auf die Trennung zwischen »denen« und »uns« gehört zu den Voraussetzungen für die auf molekularer Ebene erfolgende Reproduktion der kolonialen und rassischen Gewalt. Aber wie wir heute feststellen können, gehört es zum Wesen der Rassengewalt, dass sie die historischen Bedingungen ihrer Entstehung überdauert.

Bei seiner Untersuchung der Rassengewalt geht Fanon von einer scheinbar harmlosen Frage aus: Was geschieht bei der Begegnung zwischen Schwarz und Weiß? Nach Fanon steht diese Begegnung im Zeichen eines gemeinsamen Mythos – des Mythos des Negers. Tatsächlich besitzt die europäische

Kultur nach Fanon eine Imago des Negers, die von den Negern verinnerlicht und getreulich reproduziert wird, und das noch unter den harmlosesten Lebensumständen. Worin besteht dieses Bild? In dieser Vorstellungsökonomie ist der Neger kein Mensch, sondern ein Objekt. Genauer gesagt, er ist ein Angstobjekt, das als solches Angst und Schrecken auslöst. Dieses Angstobjekt entdeckt man zunächst durch den Blick.

Radikale Dekolonisierung und Fest der Phantasie

Betrachten wir diesen Gründungsaugenblick etwas genauer, der bei Fanon einen Namen hat: radikale Dekolonisierung. In seinem Werk gleicht sie einer ablehnenden Kraft und richtet sich unmittelbar gegen die Macht der Gewohnheit. Diese ablehnende Kraft bildet den Uraugenblick des Politischen und des Subjekts. Tatsächlich entsteht das Subjekt der Politik – oder schlichtweg das Fanon'sche Subjekt – für die Welt und für sich selbst durch den Gründungsakt, der in der Fähigkeit liegt, nein zu sagen. Die Weigerung, sich zu unterwerfen – und zuallererst, sich einer Darstellung zu unterwerfen. Denn in rassistischen Kontexten ist Darstellung gleichbedeutend mit Entstellung. Der Wille zur Darstellung ist im Grunde ein Wille zur Zerstörung. Es geht darum, etwas mit Gewalt in ein Nichts zu verwandeln. Darstellung hat demnach teil an einem Schattenspiel und an einer Verwüstung, auch wenn nach dieser Verwüstung noch etwas da ist, das der alten Ordnung angehörte.

Als symbolische Operation eröffnet Darstellung nicht notwendig die Möglichkeit einer wechselseitigen Anerkennung. Das dargestellte Subjekt läuft Gefahr, im Bewusstsein des darstellenden Subjekts in ein Objekt oder einen Spielball verwandelt zu werden. Indem es sich darstellen lässt, verliert es die Fähigkeit, selbst für sich und die Welt ein Bild von sich zu entwerfen. Es ist gezwungen, ein Bild zu übernehmen, gegen das es ständig wird ankämpfen müssen. Es muss sich mit einem Bild herumschlagen, das ihm angehängt worden ist, das es mühsam loszuwerden versucht, das nicht von ihm stammt und in dem es sich nicht wiedererkennt. Und statt sagen zu können, »ich bin voll und ganz das, was ich bin«[47], soweit ihm das überhaupt möglich sein sollte, ist es dazu verdammt, sein Bewusstsein als einen Mangel zu erleben. In der Geschichte der Begegnung zwischen dem Westen und den fernen Welten findet sich tatsächlich eine Darstellung des Anderen, die ihn jeglicher Substanz beraubt und »ohne Leben« zurücklässt, »ganz nahe dem Tode«, einem »Tod diesseits des Lebens«, einem Tod im Leben.[48]

Diese negative Theorie der Darstellung liegt Fanons Vorstellung von der rassischen Gewalt zugrunde. Sie arbeitet nicht allein mit dem Blick. Sie stützt sich auch auf diverse Dispositive, zu denen etwa die räumliche Separierung und die Trennung vom gemeinsamen Namen gehören, eine rassistische Trennung der »schmutzigen Arbeit« (in deren Rahmen beispielsweise »senegalesische Infanteristen« den madegassischen Aufstand in Blut ertränken) von Technologien wie der Sprache, dem Radio und sogar der Medizin, die bei dieser Gelegenheit eine todbringende Macht erlangen. Sie bringt eine ganze Reihe von Überlebenden hervor. Dabei handelt es sich im Wesentlichen um Männer und Frauen, die fest in die ihnen aufgezwungene Dunkelheit eingeschlossen sind und sie

---

47 Ebd., S. 126.
48 Fanon, *Für eine afrikanische Revolution*, a. a. O., S. 23.

mühsam zu zerreißen versuchen, um ans Licht ihrer selbst zu gelangen.

Fanon befasst sich deshalb so ausführlich mit der dunklen Seite eines Lebens im Wahnsinn (wobei der Rassismus als Sonderfall einer psychischen Störung angesehen wird), weil er immer wieder ein positives und fast schon sonniges Moment skizzieren möchte: das der wechselseitigen Anerkennung, die die Ankunft des »Menschen wie alle anderen« ankündigt. Der Mensch »wie die anderen Menschen« hat einen Körper. Er hat Füße, Hände, eine Brust, ein Herz. Er ist nicht bloß eine Ansammlung von Organen. Er atmet. Er läuft.

Wie es nur lebendige und in Bewegung befindliche – atmende und laufende – Körper gibt, so gibt es auch nur Körper, die einen *Namen* tragen. Der Name ist etwas anderes als ein Spitzname, wobei es gleichgültig ist, wie der lautet; man nennt sie durchgängig Mohammed oder Mamadou. Der Spitzname ist nach Fanon die Verfälschung eines ursprünglichen Namens im Sinne eines Gedankens, von dem man weiß, dass er »zum Kotzen« ist.[49] Der Name verbindet sich mit dem *Gesicht*. Eine wechselseitige Anerkennung ist unmöglich ohne das Eingeständnis, dass der Andere zwar vielleicht nicht das gleiche, wohl aber ein ähnliches Gesicht hat wie ich. Dieses Eingeständnis, dass ich grundsätzlich der Hüter dieses Gesichts des Anderen bin, steht in direktem Widerspruch zu der Auslöschung, auf die zum Beispiel die Verunglimpfung seines Aussehens zielt.

Und schließlich ist der Andere nur deshalb der Andere, weil er einen Platz unter uns hat; weil er einen Platz unter uns findet; weil wir ihm einen Platz unter uns einräumen.[50]

---

49 Ebd., S. 24.
50 Ebd.

Den Menschen, der ich bin, im Gesicht meines Gegenübers anzuerkennen ist die Voraussetzung dafür, dass »der Mensch, der auf Erden ist« – der Erde als der Heimat aller Menschen –, mehr als eine Ansammlung von Organen und mehr als ein Mohammed ist. Und wenn die Erde tatsächlich die Heimat aller Menschen ist, kann man von niemandem mehr verlangen, er solle doch nach Hause gehen und in seine Heimat zurückkehren.

Fanons Patienten erkennt man nicht allein an seiner Fähigkeit zur Weigerung. Er zeichnet sich auch durch seine Fähigkeit zum Kampf aus. Für »Kampf« verwendet Fanon eine ganze Reihe von Ausdrücken: Befreiung, Dekolonisierung, absolute Unordnung, Veränderung der Weltordnung, das Auftauchen, Ausgang aus der tiefen Nacht, zur Welt kommen. Der Kampf ist nicht spontan, sondern organisiert und bewusst. Er basiert auf einem »radikalen Beschluß«.[51] Er hat seinen eigenen Rhythmus.

Als Werk neuer Menschen ist sein Hauptakteur das Volk, das Kollektivsubjekt *par excellence*. Aus dem Kampf gehen neue Sprachen hervor. Er zielt auf die Entstehung einer neuen Menschheit. Alles ist daran beteiligt: die Muskeln, die blanken Fäuste, der Verstand, das Leid, an dem man keineswegs spart, das Blut. Als neuartige Tat führt er zu einer anderen Atmung. Der Fanon'sche Kämpfer ist ein Mensch, der ganz neu atmet, dessen Muskeln sich entspannen und dessen Phantasie ein Fest feiert.

Das vom Kampf hervorgebrachte Fest der Phantasie – so nennt Fanon die Kultur. Ihr Takt wird vorgegeben von der Verwandlung pikaresker Figuren, der Wiederbelebung epischer Erzählungen, einer gewaltigen Arbeit an Objekten und

---

51 Fanon, *Die Verdammten dieser Erde*, a. a. O., S. 38.

Formen. Das gilt etwa für die Holzplastiken und vor allem die Masken, die aus müder Erstarrung zu neuem Leben erwachen, vor allem in den Gesichtern. Es gilt auch für die Keramik (für Krüge und Gefäße, für Farbgebung und Palette). Durch Tanz und Gesang verändert der Kolonisierte seine Wahrnehmung. Die Welt verliert ihren unheilvollen Charakter, und man schafft die Voraussetzungen für die unvermeidliche Konfrontation. Zu jedem Kampf gehört also unausweichlich die Zerstörung der alten kulturellen Ablagerungen. Dieser Kampf ist eine organisierte kollektive Arbeit. Er zielt eindeutig auf einen Umsturz der Geschichte. Fanons Patient versucht, wieder zum Ursprung der Zukunft zu werden.

Die Pflegebeziehung

Unter den Kranken, die Opfer der Gesellschaft der Feindschaft geworden waren und mit denen Fanon sich befasste, befanden sich Männer, die unter Impotenz litten, vergewaltigte Frauen, Folteropfer; Menschen, die mit Angst, Stupor oder Depression zu kämpfen hatten; viele (darunter auch Kinder), die selbst getötet oder gefoltert hatten; Menschen mit Phobien aller Art; Kombattanten und Zivilisten; Franzosen und Algerier; Flüchtlingsfrauen mit Wochenbettpsychosen und solche, die am Rande der Verzweiflung waren und einen Selbstmordversuch unternommen hatten, weil sie nicht mehr weiterwussten; stark gestörte Menschen, die eigentlich die Stimme verloren hatten, aber plötzlich zu schreien begannen und deren Erregung zuweilen die Form von Wutausbrüchen und Wahn (vor allem Verfolgungswahn) annehmen konnte.

Unter seinen Patienten befanden sich Männer und Frauen

jeden Alters und Berufs; Kranke mit schweren psychischen Störungen, mit Verhaltensstörungen, mit wahnhaften Verfolgungsängsten; solche, die jederzeit und allerorten heisere Schreie ausstoßen und brüllen konnten; solche, die bei Tag oder in der Nacht immer wieder unter psychomotorischen Erregungszuständen litten; zuweilen aggressive Kranke, denen ihre Krankheit absolut nicht bewusst war; sthenische und abweisende Kranke; psychisch Kranke, die zudem auch Rassisten sein mochten; Leute, die aus Afrika zurückgekehrt waren (darunter Missionare), wo sie ein gewalttätiges und verächtliches Verhalten gegenüber den Einheimischen und vor allem Kindern an den Tag gelegt hatten; Hypochonder; Menschen, deren Ich und deren Verhältnis zur übrigen Welt sich in einer Weise verändert hatte, dass sie »keinen Platz unter den Menschen« mehr fanden.[52]

Vor allem aber handelte es sich um Menschen, die sich in Zuständen nahezu permanenter Depression, der Erregung, der Reizbarkeit, des Zorns und gelegentlich auch der Wut befanden, die ständig weinten, schrien oder jammerten, in Todesangst und Auge in Auge mit (sichtbaren oder unsichtbaren) Henkern, die sie unablässig anflehten. Diese Welt des Hasses, des Elends und des Krieges, durchzogen von nichterhörten Bitten um Erbarmen, von flehentlichen Bitten, die Unschuldigen zu verschonen – das ist die Welt, auf die Fanon seine Aufmerksamkeit richtete und der er vor allem Gehör schenkte. Das ist die Welt, deren Beschreibung er geduldig zu rekonstruieren versuchte, auf die er seinen Blick richten und der er seine Stimme leihen wollte, fern von jeder Schwarzmalerei.

Der Kranke, schreibt Fanon, ist »zunächst einmal derjeni-

---

52 Frantz Fanon, *Écrits sur l'aliénation et la liberté*, Paris 2015, S. 187.

ge, der leidet und Erleichterung sucht«.[53] Da »Leid Mitgefühl und Mitleid auslöst«, lässt sich das Krankenhaus, das in erster Linie eine »auf Heilung ausgerichtete, eine therapeutische Einrichtung« ist, nicht in eine Kaserne verwandeln.[54] Im Verlust der Freiheit, im Verlust des Zeitgefühls, im Verlust der Fähigkeit, auf sich selbst zu achten und für sich selbst zu sorgen, im Verlust des Bezugs und der Welt sah er das eigentliche Drama des Kranken und des Geistesgestörten. Denn, »der gesunde Mensch ist ein sozialer Mensch«.[55] Durch die Krankheit wird er von den übrigen sozialen Wesen »abgeschnitten und isoliert«. Sie trennt ihn von der Welt, und er »bleibt ohnmächtig und allein zurück mit einer Krankheit, die in strengem Sinne die seine ist«.[56] Der vollständige oder teilweise Zusammenbruch der biophysischen, psychischen oder mentalen Integrität des Kranken bedroht das Beziehungssystem, ohne das der Patient aus der Welt geworfen und kaserniert wird. Denn wenn der Andere oder, genauer: mein »Nächster« oder mein »Mitmensch« mir nicht mehr zeigt, wer ich bin, und ich mich als unfähig erweise, dem Anderen, meinem Mitmenschen, »ins Gesicht zu sehen« und »mit anderen Menschen zusammen zu sein«, dann bin ich krank.[57]

Da die Krankheit mich in einen Zustand versetzt, in dem ich kaum noch zu einer Begegnung mit meinem Nächsten, meinen Mitmenschen, anderen Menschen fähig bin, setzt jede echte Heilung die Wiederherstellung dieses Bandes und gewisser Gemeinsamkeiten voraus. Die Wiederherstellung verbindender Gemeinsamkeiten durch sprachlichen Austausch

53 Ebd., S. 290.
54 Ebd., S. 291.
55 Ebd., S. 181.
56 Ebd., S. 322.
57 Ebd., S. 181.

und eine Beendigung des Schweigens: »Die Sprache bricht das Schweigen. Man kann kommunizieren und Gemeinschaft herstellen. Der Nächste im christlichen Sinne ist stets ein Komplize [...]. Gemeinschaft herstellen heißt Gemeinschaft gegenüber etwas herstellen. [...] Auf der Grundlage des Gemeinsamen können dann schöpferische Absichten entstehen.«[58]

Wenn Kommunikation, die Herstellung von Gemeinschaft und das Knüpfen von Verbindungen zu seinen Mitmenschen Mittel sind, den Kontakt zur Welt zu behalten und an der Welt teilzuhaben, so sind Erinnern und in die Zukunft Vorausdenken gleichfalls unerlässlich für eine Rückkehr ins Leben und daher von entscheidender Bedeutung für jedes therapeutische Unternehmen. Das Verhältnis zur Zeit ist ganz wesentlich für jegliche Pflege – das Datum, das es zu behalten gilt; ein Kalender, der die Erstellung eines Zeitplans ermöglicht; gestern, morgen, die Tage, die vergehen und einander nicht ähneln; das Opferfest, das man feiert; der Angelus, der geläutet wird; die Glocken, die an Ostern zu hören sind. Denn im Krankenhaus errichten manche Kranke »zwischen sich und der Welt einen sehr undurchsichtigen Schirm, hinter dem sie in Bewegungslosigkeit verfallen«.[59]

Von Trägheit übermannt, geben sie sich auf. Das Leben in der »drückenden und stickigen« Atmosphäre der Heilanstalt besteht aus endlosen Streitereien zwischen Kranken, die die Pfleger immer wieder auseinanderbringen müssen, wobei sie selbst »Gefahr laufen, geschlagen zu werden«.[60] Die räumliche Enge und der Hang der Kranken, »Essen auf den Tisch oder den Boden zu werfen, ihre Metallteller zu zerbeulen oder ihre

---

58 Ebd., S. 234-235.
59 Ebd., S. 267.
60 Ebd., S. 305.

Löffel zu zerbrechen«, führen dazu, dass »Reinigungsarbeiten einen Großteil der Zeit des Personals aufzehren«.[61] Angst breitet sich aus. Die Pfleger haben Angst vor den Kranken. Der Friseur verlangt, dass die Patienten vor dem Rasieren fixiert werden. »Aus Angst vor dem Kranken oder zur Strafe« sperrt man ihn »in eine Zelle, manchmal ohne Hemd, ohne Matratze und ohne Bettzeug«, wenn man ihn nicht gleich in eine »Zwangsjacke« steckt.[62]

Zusammengekrümmt oder ausgestreckt, liegend oder sitzend, lässt der Kranke sich nicht nur gehen. Auch sein Zeitbewusstsein ist stark beeinträchtigt. Was einmal seine Welt war, bricht plötzlich über ihm zusammen. Zur Nivellierung der Zeit kommt noch der Sprachverfall hinzu. Die Trennung zwischen Ausdrucks- und Bedeutungsfunktionen verstärkt sich. Der Bezug wird neutralisiert, der Signifikant zerstört. Die Fähigkeit, sich über die Sprache der Realität der Welt zu stellen und dem Anderen zu begegnen, nimmt ab. Das Sprechen ist nicht notwendig mehr offenkundiges Anzeichen einer bewussten Tätigkeit. Da die Sprache sich vom Bewusstsein gelöst hat, ist sie nur die verdinglichte Gestalt der Krankheit. Halb ausgestreckt, die Augen geschlossen, gerät der Patient in die Zone der Unerreichbarkeit und des Vergessens – er vergisst die Umwelt.

Unter diesen Umständen besteht die Pflegebeziehung zweifellos in dem Bemühen, dem unausweichlichen Verfall Einhalt zu gebieten. Aber vor allem versucht sie, den Kranken in seinem Sein und seinen Beziehungen zur Welt wiederherzustellen. Wenn die Krankheit und schließlich der Tod sich nicht der Zukunft und des ganzen Lebens bemächtigen sol-

---

61 Ebd., S. 301.
62 Ebd., S. 304.

len, muss die Pflegebeziehung den Kranken anerkennen und den Patienten in seinen Bemühungen begleiten, wieder Kontakt zur Welt aufzunehmen. Sie muss verhindern, dass er vorzeitig stirbt; dass er denkt und handelt, als wäre er bereits tot; als hätte die Zeit des alltäglichen Lebens keine Bedeutung mehr. Sie muss ihn dazu anhalten, sein Interesse am Leben zu pflegen. Daher, so glaubt Fanon, das »ständige Bemühen, jedes Wort und jede Geste, jeden Gesichtsausdruck« des Kranken in einen Zusammenhang mit seiner Krankheit zu bringen.[63]

Als Polizist geht einer von Fanons Patienten seinem Beruf nach – der Folter. Das ist sein Job. Er foltert ohne Gewissensbisse. Foltern ist zwar ermüdend, aber schließlich ist es normal, logisch und rational, bis zu dem Tag, da er zu Hause dasselbe tut wie bei der Arbeit. Er war zwar nicht immer so gewesen, aber jetzt ist er es. In der Heilanstalt begegnet er einem seiner Folteropfer. Diese Begegnung ist für beide unerträglich. Wie soll er verständlich machen, allen voran sich selbst, dass er nicht verrückt geworden ist? Die Gewalt, die auszuüben man ihn veranlasst hat, schließt ihn nun in die Persönlichkeit eines Irren ein. Muss er möglicherweise seinen eigenen Körper in Brand stecken, um daraus zu entkommen?

Der andere Patient ist zornig und wütend. Aber er leidet nicht unter dem Brandopferkomplex. Seine Hoden sind bei einer fürchterlichen Foltersitzung gleichsam zertrümmert worden. Er leidet an Impotenz, und seine Männlichkeit ist angegriffen. Er weiß nicht, wie er mit der Gewalt umgehen soll, die er aufgrund der erlittenen Gewalt in sich hat. Seine Frau ist offensichtlich vergewaltigt worden. Zwei Arten von Gewalt also. Die eine kommt von außen, bringt aber die andere her-

---

63 Ebd., S. 236.

vor, die im Inneren sitzt und Wut, Zorn und gelegentlich Verzweiflung auslöst.

Diese Wut und dieser Zorn sind Urformen des Leidens. Aber das reicht noch sehr viel weiter. Es beeinträchtigt sogar das Gedächtnis. Das Gedächtnis erodiert. Es funktioniert nur noch in Bruchstücken, in Resten und in pathogener Weise. Zahllose verdrängte Wünsche, die nur noch in verkleideter Form ans Licht kommen – fast alles ist unerkennbar geworden. Eine Kette traumatischer Ereignisse engt das Subjekt ein und erzeugt Verachtung, Ressentiment, Zorn, Hass und ohnmächtige Wut. Um da herauszukommen, schreibt Fanon, gilt es, die Spur dessen wiederzufinden, der besiegt worden ist, und wieder zu einer Entstehungsgeschichte zu finden. Es gilt, dem Mythos zu entkommen und die Geschichte zu schreiben – sie nicht im Modus der Hysterie zu leben, sondern auf der Basis des Prinzips, wonach »ich meine eigene Grundlage bin«.

Der unverschämte Doppelgänger

Der Polizist will die Schreie nicht mehr hören. Sie rauben ihm den Schlaf. Um sich vor diesem nächtlichen Lärm zu schützen, muss er vor dem Schlafengehen selbst bei größter sommerlicher Hitze die Fensterläden schließen und die Ritzen verstopfen und sich zudem Watte in die Ohren stecken.

Er raucht eine Zigarette nach der anderen. Er hat keinen Appetit mehr, sein Schlaf wird unablässig von Alpträumen gestört. »Wenn ich auf Widerspruch stoße, möchte ich zuschlagen. Sogar außerhalb der Arbeit möchte ich auf die Leute eindreschen, die mir den Weg versperren. Ein Nichts. Ich gehe zum Beispiel am Kiosk Zeitungen kaufen. Es sind viele Leute da. Natürlich muß man anstehen. Ich strecke den Arm aus (der

Typ im Kiosk ist ein Kumpel), um meine Zeitungen zu nehmen. Irgendjemand in der Schlange sagt mit leicht pikierter Miene: ›Sie sind noch nicht an der Reihe.‹ Sofort möchte ich zuschlagen und sage bei mir: ›Mein Lieber, wenn ich dich ein paar Stunden vornähme, würdest du ganz schön die Schnauze halten.‹«[64] Tatsächlich quält ihn die Lust zu schlagen. Alles. Alle. Überall, auch zu Hause. »Und tatsächlich prügelt er seine Kinder, selbst den Kleinen von 20 Monaten, mit ungewöhnlicher Rohheit.« Auch seine Frau, die es eines Abends wagt, ihn zu kritisieren und ihm zu sagen, was mit ihm los ist: »Glaub mir, du wirst verrückt.« Woraufhin er »sich auf sie stürzte, sie prügelte, an einen Stuhl fesselte und dabei drohte: ›Ich werde dir ein für allemal beibringen, daß ich hier der Herr in der Bude bin.‹«[65]

Eine junge Französin von 21 Jahren ist angewidert von dem Bild, das Vertreter des Staates beim Begräbnis ihres Vaters von ihm zeichnen, da es in deutlichem Widerspruch zu ihren eigenen Erfahrungen stand. Da schrieb man dem Verstorbenen plötzlich außergewöhnliche moralische Eigenschaften zu (Opferbereitschaft, Hingabe, Vaterlandsliebe), und sie empfand Ekel davor. Denn immer wenn sie zu Hause gewesen war, konnte sie nachts nicht schlafen, weil die von unten heraufdringenden Schreie ihr zusetzten. »Im Keller und in den nicht mehr benutzten Zimmern folterte man Algerier, um ihnen Informationen zu entreißen. […] Manchmal frage ich mich, wie ein menschliches Wesen das aushalten kann – Ich sage nicht einmal, zu foltern, sondern nur die Schmerzensschreie zu hören.«[66]

---

64 Fanon, *Die Verdammten dieser Erde*, a. a. O., S. 225.
65 Ebd.
66 Ebd., S. 232.

»Fast drei Jahre lang«, so schreibt Fanon 1956 in seinem Kündigungsschreiben an den Ministerpräsidenten, »habe ich mich bedingungslos in den Dienst dieses Landes und seiner Menschen, die es bewohnen, gestellt.« Aber, so fügt er sogleich hinzu: »Was bedeuten die Absichten, wenn ihre Verwirklichung durch die Arbeit des Herzens, die Sterilität des Geistes, den Haß auf die Eingeborenen dieses Landes unmöglich gemacht wird?«[67] Die drei Ausdrücke – Arbeit des Herzens, Sterilität des Geistes, Hass auf die Eingeborenen – beschreiben in knappster Form, was in seinen Augen von jeher zum kolonialen System gehörte. Immer wieder und stets von Tatsachen ausgehend, die er selbst beobachtet hatte, beschrieb er dieses System in detaillierter und vielfältiger Weise. Je mehr unmittelbare Erfahrungen er machte, desto mehr erschien es ihm als ein Aussatz, der niemanden verschonte und Kolonisten wie Kolonisierte befiel, »dein Körper übersät mit diesem Aussatz«.[68]

Man muss in der Tat seinen »Brief an einen Franzosen« und seinen »Brief an einen Ministerpräsidenten« zusammen lesen.[69] Ob sie nun zur selben Zeit geschrieben wurden oder nicht, sie erklären sich jedenfalls wechselseitig und dienen einander zur Rechtfertigung. Als Form eines leprösen Aussatzes befällt die Kolonisierung den von ihr entstellten Körper. Sie zielt aber vor allem auf das Gehirn und in zweiter Linie auf das Nervensystem. »Das Gehirn ausschalten«, das ist ihr eigentliches Ziel.

Das Gehirn ausschalten heißt, es zu amputieren oder zu-

---

67 Fanon, *Für eine afrikanische Revolution*, a.a.O., S. 58.
68 Ebd., S. 55.
69 Ebd. S. 53-57 und S. 57-60. Die folgenden Zitate stammen aus diesen beiden Briefen.

mindest zu sterilisieren. Diese Operation zielt darauf ab, das Subjekt zu einem »Fremden in seiner Umgebung« zu machen. Sie sorgt für einen organisierten »Bruch mit der Realität« und führt in vielen Fällen zum Wahnsinn. Der Wahnsinn findet seinen Ausdruck vielfach in der Lüge. Zu den Aufgaben der kolonialen Lüge gehört es, für Schweigen zu sorgen und ein von Komplizenschaft geprägtes Verhalten herbeizuführen, dies alles unter dem »trügerischen Vorwand, daß einem nichts anderes übrig bleibt«, außer vielleicht, wegzugehen.

Warum sollte man weggehen? Wann beginnt der Kolonist sich die Frage zu stellen, ob es vielleicht nicht besser wäre, wegzugehen? In dem Augenblick, da ihm klar wird, dass die Dinge nicht gut stehen: »Die Atmosphäre verschlimmert sich.« Und er sieht: »Dieses Land, das unerklärlicherweise störrisch wird. Die Straßen, die nicht mehr sicher sind. Die Kornfelder, die sich in Gluten verwandeln. Die Araber, die bösartig werden. Frauen werden vergewaltigt. Die Testikel werden abgeschnitten und einem zwischen die Zähne gesteckt.« Aber in Wirklichkeit verschlimmert sich die Lage deshalb, weil der koloniale »Aussatz« sich überall ausbreitet und mit ihm »diese riesige Wunde«, verborgen unter dem »Leichentuch des Schweigens«, unter dem verschworenen Schweigen, dem angeblich unwissenden Schweigen, das sich auf der Grundlage einer Lüge für unschuldig erklärt.

Denn wie kommt es, dass niemand dieses Land und seine Bewohner sieht? Dass niemand verstehen will, was da Tag für Tag um ihn her geschieht? Dass man inbrünstig seine Sorge um den Menschen bekundet, »außer um das Schicksal des Arabers«, der täglich verleugnet und in ein »Sahara-Dekor« verwandelt wird? Wie kommt es, dass man »niemals einem Araber die Hand gedrückt«, mit ihm »einen Kaffee getrunken«, »mit einem Araber vom Wetter gesprochen« hat? Denn schließlich gibt es keinen Europäer, »der sich nicht auflehnt, sich nicht empört, der sich nicht um alles Sorgen macht, außer um das Schicksal des Arabers«.

Ein Recht auf Gleichgültigkeit oder Unwissenheit gibt es also für Fanon nicht. Sich auflehnen, sich empören, sich sorgen um das Schicksal von Menschen, deren Rücken gebeugt, aber in denen kein Leben mehr ist; deren Gesicht Verzweiflung zeigt; in deren Bauch man die Resignation ablesen kann; in deren Adern sich »das demütige Niederwerfen eines ganzen Lebens« diagnostizieren lässt – darin erblickte er seine Aufgabe – und jenseits aller rein technischen Aspekte – die Aufgabe des Arztes im kolonialen Kontext. Das Tun des Arztes diente in seinen Augen dem Ziel, »eine annehmbare Welt« entstehen zu lassen. Der Arzt musste die Frage beantworten können: »Was geschieht da?« – »Was ist geschehen?«

Die Forderung zu antworten umfasste auch eine gleichartige Pflicht, die Realität zu sehen (sich gegen Blindheit zu wappnen), sie nicht zu ignorieren, sie nicht mit Schweigen zu übergehen oder zu verbergen. Sie verlangte, dass man sich auf die Geschundenen, die Welt der Hoffnungslosen einließ und dass man klar und deutlich berichtete, was man gesehen und zugleich auch selbst getan hatte. »Ich will«, erklärte Fanon, »daß meine Stimme brutal sei, nicht angenehm, ich will nicht, daß sie rein sei, will sie auch nicht nuanciert.« Im Gegenteil: »Ich will, daß sie schmerzt«, dass sie vollkommen zerrissen ist; »sie darf keine Freude empfinden, denn schließlich spreche ich von dem Menschen und seiner Weigerung, von der täglichen Fäulnis des Menschen, seiner feigen Abdankung.«

Denn nur eine vollkommen zerrissene Stimme vermag dem tragischen, zerreißenden und paradoxen Charakter der medizinischen Institution in der kolonialen Situation gerecht zu werden. Wenn das ärztliche Tun letztlich darauf abzielt, durch die Bekämpfung der Krankheit den Schmerz zum Schweigen zu bringen, wie ist es dann möglich, dass in der Wahrnehmung der Kolonisierten zwischen dem Arzt, dem Ingenieur, dem Lehrer und dem Polizisten fast kein Unterschied besteht, sondern eine »nahezu organische Vermengung« zu beobachten ist?[70] »Aber der Krieg geht weiter. Und wir werden noch jahrelang die vielfachen und manchmal unheilbaren Wunden zu verbinden haben, die unseren Völkern durch die kolonialistische Landplage zugefügt worden sind.«[71]

Diese beiden Sätze stellen einen Kausalzusammenhang zwischen der Kolonisierung und den Verletzungen her. Außerdem zeigen sie, wie schwierig es ist, die Opfer der Kolonisierung ein für alle Mal zu heilen. Das hat nicht nur mit der nahezu endlosen Dauer solcher Heilungsprozesse zu tun. Manche Verletzungen und Wunden heilen wegen ihrer Tiefe niemals; ihre Narben verschwinden nicht; ihre Opfer werden deren Spuren niemals los. Der Kolonialkrieg wird hier aus der Perspektive der psychischen Störungen betrachtet, die er bei den Akteuren der Besatzungsmacht wie auch in der einheimischen Bevölkerung auslöst.

So etwa bei dem jungen Algerier von 26 Jahren. Auf den ersten Blick leidet er unter heftigen Migräneanfällen und Schlaflosigkeit, aber im Grunde geht es um sexuelle Impotenz. Nachdem er einer Einkreisung entkommen ist, lässt er sein Taxi zurück, das er anfangs für den Transport von Flugblättern und politischen Funktionären, dann immer häufiger aber auch von algerischen Kommandos im Rahmen des Befreiungskampfes benutzt hatte. In dem Taxi werden zwei Munitionsgurte ge-

---

70 Frantz Fanon, *L'An V de la révolution algérienne*, in: ders., *Œuvres*, a. a. O., S. 355.
71 Fanon, *Die Verdammten dieser Erde*, a. a. O., S. 210.

funden. Er schließt sich überstürzt dem Untergrund an und bleibt lange ohne Nachricht von seiner Frau und seiner zwanzig Monate alten Tochter, bis seine Frau ihm schließlich eine Nachricht zukommen lässt, in der sie ihn bittet, sie zu vergessen.

Der Grund für die Bitte liegt in der Tatsache, dass sie zweimal vergewaltigt worden ist, zunächst allein von einem französischen Offizier, dann von einem zweiten, diesmal jedoch vor den Augen anderer, die man als Zeugen bezeichnen könnte. Eine zweifache Entehrung, die sogleich das Problem der Scham und der Schuld aufwirft. Während die erste Vergewaltigungsszene nahezu im Privaten stattfindet, in einem Gegenüber zwischen der Frau und ihrem Folterer, zeigt die zweite die Merkmale einer öffentlichen Vorstellung. Auf dieser Bühne der Schande agiert ein einzelner Soldat, aber unter dem gleichsam pornographischen Blick mehrerer anderer, die das Geschehen mit einer delegierten Lust beobachten. Über dem Geschehen schwebt eine Gestalt, die zwar physisch abwesend ist, deren geisterhafte Anwesenheit jedoch den Vergewaltiger zu besonderem Furor anstachelt: der Ehemann. Mit der Vergewaltigung seiner Frau zielen die französischen Soldaten eigentlich auf seinen Phallus und versuchen, ihn symbolisch zu kastrieren.

In diesem Konflikt zwischen Männern dient die Frau in erster Linie als Ersatz und zudem noch als Objekt, an dem der Offizier seine sadistischen Strebungen ausleben kann. Dem Offizier geht es dabei möglicherweise gar nicht um Lust. Es geht einerseits darum, die Frau (und über sie den Ehemann) zutiefst zu erniedrigen, um ihren Stolz und ihre Würde und das Bild, das sie von sich selbst und ihrer Beziehung haben, unheilbar zu zerrütten. Und andererseits geht es darum, durch die Vergewaltigung gleichsam eine Hassbeziehung herzustellen. Hass ist alles andere als ein Verhältnis der Anerkennung. Er ist vor allem ein Verhältnis des Abscheus. Ein Phallus verabscheut einen anderen Phallus. »Wenn du eines Tages deinen Scheiß-Gatten wiedersiehst, dann vergiß ja nicht, ihm zu sagen, was man dir angetan hat.«[72] Den Rest besorgt nach dieser Aufforderung die unglückselige Ehefrau.

Indem die Frau ihren Mann bittet, sie zu vergessen, weist sie auf den Ekel hin, den sie empfunden, und auf die Erniedrigung, die sie erlebt hat. Ihr intimes und geheimes Sein ist dem Blick der Anderen, dieser Unbekannten, der Besatzer enthüllt worden. Ihr Begehren, ihre Scham, ihre heimliche Lust wie auch die Formen ihres Körpers sind vielleicht nicht entweiht, aber zumindest doch ausgestellt, gegen ihren Willen besessen, verletzt und in den Schmutz gezogen worden. Sie wird sie niemals mehr unbeschädigt enthüllen können.

Und da alles vor Zeugen oder zumindest vor Schaulustigen geschehen ist, vermag sie selbst nun nichts mehr zu verbergen. Das Einzige, was ihr bleibt, ist zu gestehen. Und da sie diese Beleidigung kaum ungeschehen machen kann, bleibt ihr nur eine Möglichkeit, nämlich ihren Mann zu bitten, sie zu vergessen – ein klarer Bruch. Da die Frau für den Mann geschaffen ist und nicht zur Befriedigung ihrer eigenen Lust, ist der Angriff auf die Ehre des Mannes eine Beschmutzung, die ganz selbstverständlich ein Opfer verlangt: den Verlust ebendieses Mannes.

Der Mann wiederum leidet in der Folge unter Impotenz. Seine Ehre als Ehemann ist verhöhnt worden, basiert sie doch auf dem Prinzip des exklusiven Genusses seiner Frau, aus dem er wiederum seine phallische Kraft bezieht. Seine Frau

---

72 Ebd., S. 214.

hat gegen ihren Willen »vom Franzosen gekostet«, das exklusive Band ist zerrissen. Ihr Fleisch wird nun als besudelt erlebt, besudelt mit einem Schmutz, den man nicht abwaschen, nicht auslöschen, nicht austreiben kann. Das hat ihn zutiefst erschüttert. Mit diesem Trauma lebt er nun. Er muss feststellen, »daß er vor jedem sexuellen Versuch an seine Frau denkt«. Seine Frau, das ist dieses Mädchen, das er heiraten musste, obwohl er eigentlich eine andere Frau, seine Kusine, liebte, die aber von ihrer Familie mit einem anderen Mann verheiratet wurde. Seine Frau, das ist dieses Mädchen, das er schließlich heiratete, weil seine Eltern sie ihm vorgeschlagen hatten. Seine Frau war nett, aber er liebte sie nicht wirklich.

Dass sie vergewaltigt worden war, erzürnt ihn. Sein Zorn richtet sich gegen »diese Dreckskerle«.[73] Aber vielleicht richtet er sich auch gegen seine Frau. Nach und nach folgt dem Zorn Erleichterung: »Ach was, das ist nicht so schwerwiegend. Sie ist nicht getötet worden. Sie kann ihr Leben von neuem beginnen.«[74] In Ehrlosigkeit leben ist besser, als gar nicht zu leben. Die Dinge komplizieren sich. Ist er im Grunde nicht selbst verantwortlich für die Vergewaltigung seiner Frau? Hat er nicht selbst in den Dörfern mitangesehen, wie Frauen auf sadistische Weise und oft aus purer Langeweile vergewaltigt wurden? Und wenn seine Frau nun vergewaltigt worden war, weil sie sich weigerte, »ihren Mann zu verkaufen«? Hatte sie damit nicht »die Organisation beschützt«? Sie wurde vergewaltigt, »weil man mich suchte. Im Grunde hat man sie vergewaltigt, um sie für ihr Schweigen zu bestrafen.«[75]

Also ist er selbst schuld an der Vergewaltigung seiner Frau.

---

73 Ebd., S. 216.
74 Ebd.
75 Ebd., S. 216-217.

Seinetwegen hat man sie entehrt. »Entehrt« heißt »beschmutzt«. Und alles, was aus solchem Schmutz kommt, ist seinerseits beschmutzt, einschließlich seiner kleinen Tochter, deren Foto er vor dem Geschlechtsakt zerreißen möchte. Seine Frau nach der Erlangung der Unabhängigkeit wieder anzunehmen bedeutet, für den Rest seines Lebens mit dem Schmutz zu leben. »Aber so etwas, kann man das vergessen?« Tatsächlich wird er niemals vergessen, dass seine Frau vergewaltigt worden ist. Und es wird keinen Augenblick geben, in dem er sich nicht die Frage stellt: »War sie gezwungen, mich über all das in Kenntnis zu setzen?« Hätte sie nicht schweigen und die Last der Entehrung allein tragen können, obwohl die Vergewaltigung nur die Folge ihres Bestrebens war, den ihr angetrauten Mann zu beschützen?

Der zweite Fall betrifft undifferenzierte Tötungswünsche bei einem Überlebenden einer Massenerschießen in einem Dorf unweit von Constantine. Er hat mit eigenen Augen Tote und Verwundete gesehen. Er gehört nicht zu denen, die der Gedanke an den Tod eines Menschen nicht mehr erschüttert. Der Tod eines Menschen vermag ihn noch zu berühren. Wie im ersten Fall liegt am Ursprung die Weigerung, andere zu verraten. Nach einem Überfall werden sämtliche Bewohner eines Dorfs zusammengetrieben und verhört. Niemand sagt etwas. Daraufhin gibt ein Offizier den Befehl, das Dorf zu zerstören, die Häuser in Brand zu stecken, die verbliebenen Männer in ein Wadi zu treiben und zu erschießen. Neunundzwanzig Männer werden aus nächster Nähe getötet. Der Patient entkommt dem Massaker mit zwei Schussverletzungen und einem gebrochenen Oberarm.

Er ist also ein Überlebender. Aber ein körperbehinderter Überlebender, der nach einem Gewehr verlangt. Er weigert sich, »vor irgend jemandem herzugehen. Er will keinen hinter sich haben. Eines Nachts bemächtigt er sich der Waffe eines Kämpfers und schießt ungeschickt auf die schlafenden Soldaten.«[76] Er wird brutal entwaffnet, und die Hände werden ihm gebunden. Er ist erregt und schreit. Er will alle und jeden töten. In einer Art Nachahmungs- und Wiederholungstat will er sein eigenes kleines Blutbad anrichten.

»Im Leben muß man töten, um nicht selbst getötet zu werden«, erklärt er. Und um töten zu können, darf man nicht selbst vorher getötet werden. Mein Leben oder Überleben hängt also vom Töten anderer und vor allem solcher ab, die ich im Verdacht habe, eigentlich Fremde zu sein und sich nur zu verkleiden, um wie meinesgleichen und wie meine eigenen Leute zu erscheinen. »Es gibt Franzosen unter uns. Sie verkleiden sich als Araber. Man muß sie alle töten. Gib mir ein Maschinengewehr. Alle diese sogenannten Algerier sind Franzosen ... und sie lassen mich nicht in Ruhe. Sobald ich einschlafen will, kommen sie in mein Zimmer. Aber jetzt kenne ich sie ... Ich werde sie alle ausnahmslos töten. Ich werde sie, einen nach dem andern, niedermachen und dich auch.«[77]

Der Überlebende ist also von einem heftigen Tötungswunsch erfüllt, der sich um keinerlei Unterscheidungen schert und Frauen und Kinder ebenso trifft wie Geflügel und Haustiere. »Ihr wollt mich umbringen? Aber dazu müßt ihr euch anders anstellen. Mir macht es nichts aus, euch zu erschlagen. Die Kleinen, die Großen, die Frauen, die Kinder, die Hunde, die Vögel, die Esel ... alle kommen dran ... Dann werde ich endlich ruhig schlafen können.«[78] Wenn der Wunsch nach

---

76 Ebd., S. 218-219.
77 Ebd., S. 219.
78 Ebd.

wahllosem Töten gestillt ist, wird der Überlebende wieder den ersehnten Schlaf finden.

Das Leben, das wegfließt

Dann gibt es da diesen neunzehnjährigen Soldaten der Nationalen Befreiungsarmee, der wirklich eine Frau getötet hat, deren Geist ihm nun unablässig nachgeht. Fanon notiert die Einzelheiten dieser Begegnung. Der Kranke »ist stark deprimiert, hat trockene Lippen und ständig feuchte Hände«.[79] Er beobachtet seine Atmung, ein »unablässiges Stöhnen«, sodass seine Brust sich ständig hebt und senkt. Der Patient, der bereits einen Mord begangen hat, äußert nicht den Wunsch, einen weiteren zu begehen. Im Gegenteil, er trachtet sich nun selbst nach dem Leben und will sich selbst töten, nachdem er zuvor einen anderen getötet hat. Wie der eben besprochene Überlebende leidet er unter Schlaflosigkeit.

Fanon beobachtet seine Augen: »Manchmal heftet sich der Blick einige Augenblicke lang auf einen Punkt im Raum, wobei sich das Gesicht belebt und dem Beobachter den Eindruck vermittelt, der Kranke wohne einem Schauspiel bei.«[80] Dann verweilt er bei dem, was er sagt: »Der Kranke spricht von seinem vergossenen Blut, von seinen Adern, die sich leeren, von seinem Herzen, das bisweilen aussetzt. Er fleht uns an, den Blutfluß zu stoppen, nicht mehr zuzulassen, daß er selbst im Krankenhaus von Vampiren ausgesaugt wird. Von Zeit zu Zeit kann er nicht mehr sprechen und verlangt einen

---

79 Ebd., S. 220.
80 Ebd.

Bleistift. Er schreibt: ›Ich habe keine Stimme mehr, mein ganzes Leben flieht.‹«[81]

Der Kranke hat noch einen Körper, aber dieser Körper und alles, was dazugehört, werden von Kräften belagert, die ihm die Lebenskraft aussaugen. Von unerträglichem Leid gequält, stellt dieser haltlos treibende Körper kein Zeichen mehr dar. Oder soweit er noch Merkmale eines Zeichens aufweist, handelt es sich um ein Zeichen, das für nichts mehr steht. Was eigentlich gehalten werden müsste, entzieht sich, fließt hinaus, verstreut sich. Der Körper des leidenden Subjekts ist keine Bleibe mehr. Und soweit er dies noch sein sollte, ist er keine unverletzliche Bleibe mehr. Er ist nicht mehr in der Lage, irgendetwas zu schützen. Seine Organe lösen sich auf, und seine Stoffe sind auf der Flucht. Zum Ausdruck bringen könnte er sich nur noch im Zeichen der Leere oder der Stummheit – Angst vor dem Zusammenbruch, Schwierigkeiten, zur Sprache, zur Stimme und damit zum Leben zurückzufinden. Das leidende Subjekt hat das sehr genau verstanden. Ohne Zweifel hat es deshalb zweimal versucht, Selbstmord zu begehen, die Verantwortung für den eigenen Tod zu übernehmen und ihn sich nach Art eines Selbstopfers anzueignen.

Hinter dem Gefühl der Enteignung des eigenen Körpers steckt eine Geschichte, in deren Mittelpunkt ein Mord steht. Den Kontext bildet ein Kolonialkrieg. Der Kolonialkrieg basiert wie die übrigen Formen des Krieges auf einer Todesökonomie – den Tod geben und den Tod empfangen. Männer, Frauen und Kinder, Vieh, Geflügel, Pflanzen, Tiere, Berge, Hügel und Täler, Flüsse und Bäche – eine ganze Welt ist hier in eine Atmosphäre versetzt, die davon geprägt ist, dass sie den Tod gesehen haben. Sie waren da, als andere dem Tod

---

81 Ebd.

überantwortet wurden. Sie waren Zeugen des Mordes an mutmaßlich Unschuldigen. Als Reaktion darauf haben sie sich dem Kampf angeschlossen.

Zu den Funktionen des Kampfes gehört die Umwandlung der Hassökonomie und des Wunschs nach Rache in eine politische Ökonomie. Der Befreiungskampf hat nicht das Ziel, die Mordlust, den Tötungswunsch oder den Rachedurst auszurotten, sondern diesen Drang, diesen Wunsch und diesen Durst dem Befehl eines Überichs politischen Charakters, nämlich der Schaffung einer Nation zu unterstellen.

Der Kampf soll diese Energie (den Willen zum Töten) kanalisieren, denn sonst wäre sie nur sterile Wiederholung. Das Töten, der Körper, den man tötet (der des Feindes), oder der Körper, der getötet wird (der des Kämpfers oder des Märtyrers), muss einen Platz in der Ordnung dieses Signifikanten finden. Der Tötungsdrang darf nicht länger in der primitiven Kraft der Triebe verankert sein. In eine Energetik des politischen Kampfes verwandelt, muss er symbolisch strukturiert werden.

In unserem Fall, dem des Mannes, der sich von Vampiren verfolgt fühlt und Angst hat, sein Blut, seine Stimme und sein Leben zu verlieren, ist dieses Gefüge instabil. Seine Mutter ist »von einem französischen Soldaten aus nächster Nähe getötet worden«, und zwei seiner Schwestern wurden von den Soldaten mitgenommen. Er weiß nicht, was aus ihnen geworden ist und wie sie behandelt worden sind in einem Umfeld, in dem Verhöre, Folter, Haft und Vergewaltigung zum Alltag gehören. Sein Vater war »schon vor einigen Jahren gestorben«, sodass er der »einzige Mann« in der Familie war, und so war es sein »einziger Ehrgeiz«, seiner Mutter und seinen Schwestern ein besseres Leben zu ermöglichen.

Das Drama des Kampfes erreicht seinen Höhepunkt, wenn

der individuelle Lebensweg sich mit einem politischen Geschehen kreuzt. Dann fällt es schwer, die Fäden noch zu entflechten. Alles gerät durcheinander, wie die folgende Darstellung belegt. Ein entschieden gegen die Befreiungsbewegung vorgehender Kolonialist hat zwei algerische Zivilisten erschlagen. Man unternimmt eine Operation gegen ihn.

Sie findet mitten in der Nacht statt. »Nur seine Frau war im Haus. Als sie uns sah, flehte sie uns an, sie nicht zu töten… Man beschloß, auf den Mann zu warten. Aber ich betrachtete die Frau und dachte an meine Mutter. Sie saß auf einem Sessel und schien abwesend [in seinen Augen war sie nicht mehr da]. Ich fragte mich, warum man sie nicht tötete.«[82] Aber warum sollte man sie töten? Hatte sie nicht, als sie Schonung erflehte, hinreichend deutlich gemacht, dass sie ihren Mann mehrfach gebeten hatte, sich nicht in die Politik einzumischen? Und hatte sie nicht anschließend gefleht, sie um ihrer Kinder willen zu verschonen? (»Ich flehe Sie an… töten Sie mich nicht… Ich habe Kinder.«) Doch weder das Argument der Verantwortung noch das der Menschlichkeit vermögen ihr Gegenüber zu erweichen, das im Übrigen gar nicht antwortet.

Fanon hebt in seinem Werk immer wieder eines der Hauptmerkmale des Verhältnisses zwischen Kolonialherren und Kolonisierten hervor, nämlich den Mangel an Welt. In dieser Hinsicht könnte man das Leben in der kolonialen Welt mit dem tierischen Leben vergleichen. Die Verbindung zwischen den Kolonialherren und den Kolonisierten führt niemals zu einer lebendigen affektiven Gemeinschaft. Sie schaffen niemals ein gemeinsames Heim. Der Kolonialherr lässt sich nahezu niemals von den Worten des Kolonisierten *anrühren*.

---

82 Ebd., S. 221 (die nachfolgenden Zitat ebd., S. 221-222).

Die Armut des Verhältnisses zwischen dem Herrn und dem Einheimischen (der in rechtlicher Hinsicht sein *Untergebener*, aus rassischer und ontologischer Perspektive seine *Sache* ist) reproduziert sich hier, allerdings in umgekehrter Richtung. Der Kreis schließt sich und trifft, da der Mann nicht da ist, seine Frau, die sich mit den Triebkräften dessen konfrontiert sieht, der ihr Mörder sein wird. »Einen Augenblick später war sie tot.« Unmittelbar nachdem sie ihn um Schonung angefleht hat. Trotz eines letzten Appells an Menschlichkeit und Mitleid, an Gefühle, von denen man eigentlich annähme, dass sie von allen geteilt werden könnten. Keine Detonation. Und auch keine Distanz. Stattdessen allergrößte Nähe, fast Körper an Körper, ein geschlossener Kreis, das Verhältnis eines Objekts zu einem anderen: »Ich hatte sie mit meinem Messer getötet.«

Aber wen hat er da getötet? Diese Frau, die ihn anfleht, ihr das Leben zu lassen, und die es letztlich doch verliert? Oder diese Frau, die eigentlich nur das Bild einer anderen, der Spiegel seiner Mutter ist, an die er denken muss, als er die Frau sieht, die er gleich töten wird. »Aber ich betrachtete die Frau und dachte an meine Mutter.«

Fassen wir das Geschehen – den Patienten paraphrasierend – zusammen: »Die Frau begann uns anzuflehen, sie nicht zu töten. Einen Augenblick später war sie tot. Ich hatte sie mit meinem Messer getötet. Ich wurde entwaffnet. Einige Tage später wurde ich verhört. Ich glaubte, man würde mich töten, aber das war mir egal.« Eigentlich sollte man erwarten, dass die Sache damit zu Ende wäre. Jemand hat das Blut seiner Mutter vergossen: ein französischer Soldat, Gattungsname eines Feindes ohne eigenes Gesicht, mit vielen Gesichtern. Auf dieses nach Rache schreiende Blutvergießen antwortet er, indem er das Blut einer anderen Frau vergießt, die selbst niemandes Blut vergossen hat, aber indirekt in den Teufelskreis des ohne ihre Zutun geführten Kriegs verstrickt ist, und zwar durch ihren Mann, der tatsächlich für den ungesühnten Mord an zwei Algeriern verantwortlich ist und nun seine Frau verliert. Verlust der Mutter auf beiden Seiten und für den zum Zeitpunkt des Mordes abwesenden Mann Verlust der Ehefrau. Auf beiden Seiten bleiben Waisen zurück, und der Mann, der nicht da war, aber eigentlich sterben sollte, ist nun Witwer. Die Frauen bezahlen nicht nur für die Taten ihrer Männer. Sie sind die Währung dieser Todesökonomie.

Wegen dieser Überpräsenz der Frau, sei es in Gestalt der Mutter, sei es in Gestalt der Ehefrau oder der Schwester, weiß man nicht mehr recht, wer da eigentlich den Tod finden soll? Wer soll hier zu Tode gebracht werden? Wie kann man sicher sein, dass man nicht seine eigene Mutter tötet, wenn man diese Frau ersticht? Ist der Vampir, der unseren Körper all seines Blutes zu entleeren droht, dieses Symbol des endlosen Ausblutens, im Grunde nicht der Name dieses zweifachen Aufschlitzens, des gespensterhaften (meiner Mutter) und des realen (der Frau meines Feindes)? Die Klage dieser Frauen, die »alle ein klaffendes Loch im Bauch haben«; das Flehen all dieser Frauen, »ausgeblutet, bleich und erschreckend mager«, die in ihrer Schutzlosigkeit bitten, vom Tod verschont zu werden – sind sie es nicht, die jetzt den Mörder in Schrecken versetzen, ihn am Schlaf hindern und zwingen, nach den Mahlzeiten zu erbrechen? Sind sie nicht der Grund, weshalb abends, wenn er sich schlafen legt, »immer dieselben Frauen« das Zimmer füllen und die Rückgabe ihres vergossenen Blutes fordern?

»Das Geräusch von fließendem Wasser erfüllt dabei das Zimmer und verstärkt sich bis zum Donner eines Wasserfalls«, notiert Fanon. »Der junge Kranke sieht, wie sich das Parkett des

Zimmers mit Blut durchtränkt, mit seinem Blut, während die Frauen immer rosiger werden und ihre Wunden sich schließen. Schweißgebadet und von Angst geschüttelt wacht er auf und bleibt bis zum Morgengrauen in einem Erregungszustand.«

Viertes Kapitel
Dieser nervtötende Süden

Als Fanon stirbt, ist sein Blick auf Afrika gerichtet oder genauer auf das, was er »dieses kommende Afrika« nennt. In Martinique geboren, verbindet er nach einer Zwischenstation in Frankreich sein Schicksal mit dem Algeriens. Auf dem Umweg über Algerien schließt er am Ende das Dreieck. »An der geordneten Bewegung eines Kontinents teilzunehmen, das war definitiv die Aufgabe, die ich gewählt hatte.«[1] Das Afrika, das er da kurz nach der Dekolonisierung entdeckt, ist ein Gewirr aus Widersprüchen. Der Kongo kommt nur langsam von der Stelle. Die großen »kolonialen Zitadellen« Südafrikas (Angola, Mosambik, Südafrika, Rhodesien) sind noch nicht geschleift. Überall spukt noch das Gespenst des Westens. Die neuen nationalen Bourgeoisien haben bereits den Weg der Ausraubung eingeschlagen. Und »wenn man das Ohr an die rote Erde legt, hört man ganz deutlich Geräusche von verrosteten Ketten, das ›Ach‹ höchster Angst, und es sinkt der Mut, so sehr ist das geschundene Fleisch in dieser erdrückenden Mittagssonne gegenwärtig.«[2] Die Leinen kappen, neue Fronten eröffnen, Afrika in Bewegung versetzen und eine neue Welt schaffen, so lautet nun das Projekt. Diese neue Welt ist unlös-

---

1 Frantz Fanon, »Cet Afrique à venir«, in: ders., *Œuvres, a. a. O.*; dt.: »Afrika im Werden«, in: ders., *Für eine afrikanische Revolution*, Frankfurt am Main 1972, S. 188 (Übers. korrigiert).
2 Ebd., S. 189.

bar mit der Heraufkunft eines neuen Menschen verbunden. Ein schwieriges Unterfangen? »Glücklicherweise überall Arme, die uns zuwinken, Stimmen, die uns antworten, überall Hände, die man uns entgegenstreckt.«[3] Die im Wesentlichen Mitte des 18. Jahrhunderts innerhalb Afrikas und in der afrikanischen Diaspora begonnene moderne Reflexion über die Möglichkeit einer »neuen Welt« bewegte sich weitgehend im Rahmen des in den drei letzten Jahrhunderten im Westen vorherrschenden humanistischen Denkens. Dass sich unter den allerersten afroamerikanischen Schriften zahlreiche Autobiographien befanden, ist in diesem Zusammenhang sehr aufschlussreich.[4] Ist doch in jeder Sprache »ich« das erste Wort, mit dem der Mensch sich als Mensch zur Existenz bringt.

Aufschlussreich ist auch die Stellung religiöser Texte in der Darstellung und Interpretation ihrer Geschichte. Angesichts des Schreckens, der Armut und des sozialen Todes, die mit der Sklaverei verbunden sind, muss der Rückgriff auf den theologischen Diskurs bei dem Bemühen, sich selbst und der eigenen Geschichte Ausdruck zu verleihen, als der Versuch einer erniedrigten und als Schmutzfleck gebrandmarkten Gemeinschaft verstanden werden, eine moralische Identität zu beanspruchen.[5] Seither fragt sich diese Reflexion in diversen Verzweigungen unablässig nach den Voraussetzungen für die Schaffung einer im eigentlichen Sinne menschlichen Welt auf der Grundlage eines Ideals, aus dem das Leben seine Kraft zu schöpfen vermag.[6]

---

3 Ebd.
4 William L. Andrews, *To Tell a Free Story. The First Century of African American Autobiography, 1760-1865*, Urbana 1986.
5 John Ernest, *Liberation Historiography. African American Writers and the Challenge of History, 1794-1861*, Chapel Hill 2004.
6 Siehe dazu Alexander Crummell, *Destiny and Race. Selected Writings*,

Die Sackgassen des Humanismus

Diese Bemühung um Selbsterklärung und Selbstverständnis macht zwei Dinge deutlich. Erstens – und dieser Hinweis ist durchaus nicht unnötig – ist die Geschichte der Schwarzen keine gesonderte Geschichte. Sie ist integraler Bestandteil der Weltgeschichte. Die Schwarzen sind mit demselben Recht Erben dieser Weltgeschichte wie die restliche Menschheit.[7] Zeichnet man die Kette ihrer fernen Ursprünge nach, führt sie unausweichlich nach Afrika, während ihr Aufenthalt in der Welt vor allem von Bewegung, Zirkulation und Zerstreuung geprägt war.[8] Da Bewegung und Mobilität strukturierende Elemente ihrer geschichtlichen Erfahrung darstellen, findet sie sich heute über die ganze Erde verstreut. Deshalb gibt es keine Vergangenheit der Welt (oder einer ihrer Regionen) mehr, die nicht auch mit der Vergangenheit der Schwarzen zusammenhinge, und es gibt keine Vergangenheit der Schwarzen mehr, die nicht die gesamte Weltgeschichte berücksichtigen müsste.

So sind die Schwarzen Teil der Vergangenheit des Westens, auch wenn ihr Bild in dessen Wahrnehmung oft hauptsächlich durch Angst, Ablehnung und Auslöschung bestimmt war.[9]

1840-1898, Amherst 1992; Edward W. Blyden, *Christianity, Islam and the Negro Race*, Baltimore 1978 [1887]. Siehe auch Léopold Sédar Senghor, *Liberté I. Négritude et humanisme*, Paris 1964; dt.: *Négritude und Humanismus*, Düsseldorf 1967; Paul Gilroy, *Against Race. Imagining Political Culture Beyond the Color Line*, Cambridge, MA, 1998; Fabien Eboussi-Boulaga, *La Crise du Muntu. Authenticité africaine et philosophie*, Paris 1981.

7 Siehe das Werk von Frantz Fanon.
8 Zum atlantischen Teil siehe John Thornton, *Africa and Africans in the Making of the Atlantic World, 1400-1680*, Cambridge 1992.
9 Ralph Ellison, *Invisible Man*, New York 1952; dt.: *Unsichtbar*, Frankfurt am Main 1954.

Im Blick auf Amerika erklärte James Baldwin, die Schwarzen seien der Geschichte der Neuen Welt keineswegs fremd, an deren Gestaltung sie mitgewirkt und die sie auf ihrem gesamten Weg begleitet hätten. Sie gehörten zu den konstitutiven Subjekten, auch wenn die Neue Welt »den Neger«, die Figur des absolut Außenstehenden, nicht als ihr »zugehörig« anerkennt.[10] Auf die Arbeiten zahlreicher Historiker gestützt, verweist Paul Gilroy auf ihre Beteiligung an der Entstehung der modernen Welt, die sich im atlantischen Raum Anfang des 18. Jahrhunderts herauszubilden begann.[11]

Zusammen mit anderem Abschaum der Menschheit (den Opfern der Einhegung der Allmende, deportierten Leibeigenen und Kriminellen, zwangsweise für den Dienst auf Kriegs- und Handelsschiffen rekrutierten Seeleuten, ausgestoßenen Anhängern radikaler Sekten, Freibeutern und Piraten, Rebellen und Deserteuren jeglicher Art) findet man sie entlang der neuen Handelswege, in Häfen, auf Schiffen, überall dort, wo es gilt, Wälder zu roden, Tabak oder Baumwolle anzubauen, Zuckerrohr zu schneiden, Rum herzustellen, Barren, Pelze, Fisch, Zucker und andere Erzeugnisse zu transportieren.[12]

Als wahrhafte »Kohlentrimmer« der Moderne bilden die afrikanischen Sklaven gemeinsam mit einer Vielzahl anderer Namenloser den Kern der gleichsam kosmischen Kräfte, die durch die koloniale Expansion zu Beginn des 18. Jahrhunderts

10 James Baldwin, *The Fire Next Time*, New York 1963; dt.: *Hundert Jahre Freiheit ohne Gleichberechtigung*, Reinbek bei Hamburg 1964.
11 Paul Gilroy, *The Back Atlantic: Modernity and Double Consciousness*, London 1993.
12 Siehe z. B. Sidney W. Mintz, *Sweetness and Power. The Place of Sugar in Modern History*, New York 1986; Seymour Shapiro, *Capital and the Cotton Industry in the Industrial Revolution*, Ithaca 1967; John Hebron Moore, *The Emergence of the Cotton Kingdom in the Old Southwest. Mississipi, 1770-1860*, Baton Rouge 1988.

und durch die Industrialisierung der atlantischen Metropolen Anfang des 19. Jahrhunderts freigesetzt wurden.[13] Auch wenn sie sich unter dem Schleier der Namenlosigkeit und Auslöschung in den Gang der modernen Menschheitsgeschichte einschrieben, sind ihre kulturellen Hervorbringungen doch zutiefst geprägt von drei Dimensionen: Globalität, Vielfalt und Vielsprachigkeit.[14]

Die globale Dimension des Faktums Neger ist mehr oder weniger anerkannt, die »Negerfrage« jedoch im Rahmen und mit den Begriffen des westlichen humanistischen Denkens zu stellen stößt indessen weiterhin auf viel – interne wie auch externe – Kritik. Ob bei Césaire oder Fanon, die interne Kritik legt das Schwergewicht meist auf den Todestrieb und die Zerstörungslust, die im Innersten des westlichen humanistischen Projekts am Werk sind, vor allem wenn es in den Mäandern der kolonialistischen und rassistischen Leidenschaften gefangen ist.[15]

Bei ihnen wie bei Senghor geht es jedoch niemals darum, die Idee des »Menschen« schlechthin ein für alle Mal zurückzuweisen. Es geht vielmehr darum, die Betonung auf die Sackgassen des westlichen Diskurses über den »Menschen« zu le-

---

13 Peter Linebaugh und Marcus Rediker, *The Many-Headed Hydra: Sailors, Slaves, Commoners, and the Hidden History of the Revolutionary Atlantic*, Boston 2000; dt.: *Die vielköpfige Hydra. Die verborgene Geschichte des revolutionären Atlantiks*, Berlin, Hamburg 2008.
14 Siehe Peter Mark, *»Portuguese« Style and Luso-African Identity. Precolonial Senegambia, Sixteenth-Nineteenth-Centuries*, Bloomington 2002; J. Lorand Matory, *Black Atlantic Religion. Tradition, Transnationalism, and Matriarchy in the Afro-Brazilian Candomble*, Princeton 2005; und David Northrup, *Africa's Discovery of Europe, 1450-1850*, Oxford 2009.
15 Aimé Césaire, *Discours sur le colonialisme*, Paris, 1955; dt.: *Rede über den Kolonialismus und andere Texte*, Berlin 2010.

gen, um ihn letztlich zu verbessern.¹⁶ Entweder verweist man darauf, dass »Mensch« weniger ein Name sei, sondern eher für eine Praxis und ein Werden stehe (Winter)¹⁷; oder man fordert eine neue, »globalere« Menschheit (Gilroy), eine Poetik der Erde und eine aus »allen« bestehende Welt (Glissant), in der jedes menschliche Subjekt wieder Träger seiner Sprache, seines Namens, seines Tuns und seines Begehrens sein könnte.

Bei der externen Kritik lassen sich zwei Varianten unterscheiden. Die erste – afrozentrische – will die universalistischen Ansprüche des westlichen Humanismus entmystifizieren und die Grundlagen für ein Wissen legen, das seine Kategorien und Konzepte aus der Geschichte Afrikas schöpft. Aus dieser Sicht ist der Begriff des Humanismus letztlich nur ein Gebilde, das die geschichtliche Tiefe und Eigenart der Schwarzen ausblenden soll. Damit versuche man, sich die Macht anzumaßen, anstelle von anderen zu erzählen und zu bestimmen, woher sie kommen, was sie sind und wohin sie gehen sollen. Der Humanismus sei ein Mythos, der sich nicht als solcher zu erkennen geben wolle.¹⁸ Als Mythologie sei er vollkommen gleichgültig gegenüber der Falschheit seiner Inhalte. Daher der – etwa bei Cheikh Anta Diop – zu beobachtende Wille, den europäischen Mythologien andere, als wahrer empfunde-

---

16 Siehe aus dieser Sicht Senghor, *Négritude und Humanismus*, a. a. O.; Édouard Glissant, *Traité du Tout-Monde*, Paris 1997; und Paul Gilroy, *Against Race*, a. a. O.
17 David Scott, »The re-enchantment of humanism. An interview with Sylvia Wynter«, *Small Axe*, Nr. 8, September 2000, S. 119-20; Sylvia Wynter, »Human Being as Noun? Or *Being Human* as Praxis? Towards the Autopoetic Turn/Overturn. A Manifesto«, 25. August 2007: ⟨http://fr.slideshare.net/enhmaa95/the-autopoetic-turn⟩ (Stand August 2016).
18 Cheikh Anta Diop, *Nations nègres et culture*, Paris 1954.

ne Mythologien entgegenzustellen, die eher in der Lage sein sollen, den Weg zu anderen Genealogien der Welt zu öffnen.[19] Der Afrozentrismus formuliert die Frage des Humanismus auf der Grundlage dessen, was die Welt in zivilisatorischer Hinsicht letztlich Afrika verdankt, aber er hebt auch nicht minder hervor, was Diop den »allgemeinen Fortschritt der Menschheit«, den »Triumph des Begriffs der Menschheit« und die »Heraufkunft eines Zeitalters universeller Verständigung« nennt.[20]

Das Andere des Menschlichen und Genealogien des Objekts

Der zweite Einwand – dem hier unsere besondere Aufmerksamkeit gelten soll – geht auf die »afrofuturistische« Strömung zurück. Der Afrofuturismus ist eine literarische, ästhetische und kulturelle Bewegung, die in der zweiten Hälfte des 20. Jahrhunderts in der Diaspora entstanden ist. Sie verbindet Science-Fiction, Überlegungen zur Technologie in ihrem Verhältnis zu den schwarzen Kulturen, magischen Realismus und außereuropäische Kosmologien in der Absicht, die Vergangenheit der »farbigen« Völker und ihre aktuelle Lage zu untersuchen.[21] Außerdem verwirft er das humanistische Pos-

---

19 Cheikh Anta Diop, *Antériorité des civilisations nègres. Mythe ou vérité historique?*, Paris 1967.
20 Ebd.; siehe auch ders., *Civilisation ou Barbarie*, Paris 1981.
21 Siehe z. B. die phantastische Produktion von Samuel R. Delany und Octavia Butler. Siehe auch die Gemälde von Jean-Michel Basquiat, die Fotografien von Renée Cox, und hören Sie sich die musikalischen Übersetzungen extraterrestrischer Mythen in den Produktionen von Parliament-Funkadelic, Jonzun Crew und Sun Ra an. Zu

tulat insofern, als der Humanismus darauf angewiesen ist, einem anderen Subjekt oder einer anderen (lebendigen oder toten) Entität den mechanischen Status eines Objekts oder eines Zufalls zuzuweisen.

Der Afrofuturismus brandmarkt indessen nicht nur die Illusionen des »eigentlich Menschlichen«. In seinen Augen scheitert vielmehr schon die Idee der Menschheit an der Erfahrung der Schwarzen. Als Produkt einer Ausraubungsgeschichte ist der Neger in der Tat jener Mensch, der gezwungen wird, sich als Sache zu verkleiden und das Schicksal des Objekts und des Werkzeugs zu teilen. Damit trägt er das Grab des Menschlichen in sich. Er ist das Gespenst, das im Wahn des westlichen Humanisten umgeht. Der westliche Humanismus ist danach die Gruft, in der das Gespenst dessen umgeht, den man gezwungen hat, das Schicksal des Objekts zu teilen.

Ganz im Sinne dieser neuen Lesart erklärt die afrofuturistische Bewegung den Humanismus zu einer veralteten Kategorie. Wer die aktuelle Lage angemessen erfassen wolle, behaupten ihre Wortführer, der müsse bei all den Verknüpfungen von Objektmenschen und Menschenobjekten beginnen, deren Prototyp oder Vorwegnahme der Neger seit dem Beginn der Neuzeit gewesen sei.[22] Denn seit der Neger auf der Bühne der Neuzeit erschienen sei, gebe es nichts »Menschliches« mehr, das nicht teilhätte am »Nichtmenschlichen«, am »Mehr-als-Menschlichen«, am »jenseits des Menschlichen Liegenden« oder am »Außermenschlichen«.

Mit anderen Worten, vom Menschlichen kann man nur in

einer allgemeinen Einführung siehe Alondra Nelson (Hg.), »Afrofuturism. A special issue«, *Social Text*, Nr. 71, 2002.
22 Kodwo Eshun, *More Brilliant Than the Sun. Adventures in Sonic Fiction*, London 1999; dt.: *Heller als die Sonne. Abenteuer in der Sonic Fiction*, Berlin 1999.

der Zukunft sprechen und stets in Verbindung mit dem Objekt, seinem Doppelgänger oder Sarkophag. Und der Neger sei die Vorwegnahme dieser Zukunft, insofern er aufgrund seiner Geschichte den Gedanken eines unbeschränkten Veränderungspotenzials und einer nahezu grenzenlosen Formbarkeit widerspiegele.[23] Unter Rückgriff auf die phantastische Literatur, auf Science-Fiction, Technologie, Musik und darstellende Künste versucht der Afrofuturismus diese schwarze Welterfahrung neu zu schreiben mit den Mitteln mehr oder weniger ständiger Metamorphosen, vielfältiger Umkehrungen, unter anderem auch anatomischer Formbarkeit und bei Bedarf mechanischer Körperlichkeit.[24]

Die Erde allein vermöchte nicht der einzige Wohnort dieser kommenden Lebensform zu sein, deren Vorwegnahme der Neger ist. Im Grunde war die Erde in ihrer geschichtlichen Beschaffenheit nur ein riesiges Gefängnis für diesen zu endloser Verwandlung bestimmten Metallmenschen, Münzenmenschen, Holzmenschen, Flüssigkeitsmenschen. Seine Heimat – als ein zugleich metaphorisches und formbares Schiff – kann letztlich nur das gesamte Universum sein. An die Stelle der Erde träte damit der Kosmos, als Bühne der Versöhnung zwischen dem Menschen, dem Tier, der Pflanze, dem Organischen, dem

---

23 Siehe die Arbeiten so unterschiedlicher Autoren wie Alexander Weheliye, *Phonographies. Grooves in Sonic Afro-modernity*, Durham 2005; Fred Moten, *In the Break. The Aesthetics of the Black Radical Tradition*, Minneapolis 2003; Eshun, *Heller als die Sonne*, a. a. O.
24 Siehe insb. Nelson (Hg.), »Afrofuturism«, a. a. O.; Ytasha L. Womack, *Afrofuturism. The World of Black Science Fiction and Fantasy Culture*, Chicago 2013; Bill Campbell und Edward Austin Hall, *Mothership. Tales from Afrofuturism and Beyond*, Greenbelt 2013; Sheree R. Thomas, *Dark Matter. A Century of Speculative Fiction from the African Diaspora*, New York 2000.

Mineralischen und allen übrigen Kräften des Lebendigen, ob sie nun solaren, nächtlichen oder astralen Charakters sein mögen.

Die Ablehnung der aus der Moderne hervorgegangenen Idee des »Menschen« mag erstaunen. Stärkt sie nicht letztlich jene Denktraditionen, die gerade wegen ihrer flagranten Weigerung florieren, den Schwarzen den Status von Menschen zuzugestehen? Damit vergäße man, dass wir seit dem Beginn der Moderne davon träumen, Herren und Besitzer unserer selbst und der Natur zu werden. Zu diesem Zweck mussten wir uns selbst, die Natur und die Welt erkennen. Ende des 17. Jahrhunderts kam die Vorstellung auf, dass es zur Verwirklichung dieser Selbsterkenntnis und dieser Erkenntnis der Natur und der Welt erforderlich sei, alle Bereiche des Wissens zu einer Einheit zusammenzufassen und eine Wissenschaft der Ordnung, der Berechnung und des Messens zu entwickeln, mit deren Hilfe die natürlichen und sozialen Prozesse sich in arithmetische Formeln umwandeln lassen.[25]

Die Algebra wurde zum Instrument der Modellierung der Natur und des Lebens, und damit drängte sich zunehmend eine Erkenntnisweise auf, die im Wesentlichen darin bestand, die Welt einzuebnen, das heißt alle Lebensformen zu homogenisieren, sodass deren Objekte nach Belieben austauschbar und manipulierbar wurden.[26] Die Einebnung der Welt war damit für mehrere Jahrhunderte die Bewegung, die ein Gutteil

---

[25] Siehe Earl Gammon, »Nature as adversary. The rise of modern conceptions of nature in economic thought«, *Economy & Society*, Jg. 38, Nr. 2, 2010, S. 218-246.

[26] Marie-Noelle Bourguet und Christophe Bonneuil, »De l'inventaire du globe à la »mise en valeur« du monde: botanique et colonisation (fin XVIIIe siècle, début XXe siècle)«, *Revue française d'histoire d'Outre-mer*, Jg. 86, Nr. 322-323, 1999.

des modernen Wissens und der modernen Erkenntnis bestimmen sollte.

Diese Einebnung wurde in unterschiedlichen Graden und mit unberechenbaren Folgen begleitet von jenem anderen, für die Moderne typischen historischen Prozess, nämlich der Herausbildung von Welt-Räumen unter der Ägide des Kapitalismus. Ab dem 15. Jahrhundert fungiert die westliche Hemisphäre als bevorzugter Motor dieses neuen weltumspannenden Abenteuers. Vorangetrieben wird dieses Abenteuer vom merkantilistischen Sklavensystem. Auf der Basis des Dreieckshandels wird die gesamte atlantische Welt umstrukturiert. Die großen Kolonialreiche in Amerika festigen sich, und es beginnt eine neue Epoche in der Geschichte der Menschheit.

Zwei symbolhafte Gestalten markieren diesen neuen Geschichtsabschnitt: erstens die dunkle Gestalt des Negersklaven (in der merkantilistischen Periode, die wir als »Frühkapitalismus« bezeichnen); und zweitens die helle, schimmernde Gestalt des Arbeiters und im weiteren Sinne des Proletariats (in der industriellen Phase, deren Beginn man zwischen 1750 und 1820 datieren muss). Wir beginnen gerade erst die ökologischen Stoffwechselprozesse (Materie, Energie) im Zusammenhang mit der »Menschenjagd« zu erkennen, ohne die der atlantische Sklavenhandel unmöglich gewesen wäre.[27]

Genauer gesagt, die Sklaven sind das Produkt einer Raubdynamik im Rahmen einer Ökonomie, in der die Erzielung von Profiten auf der einen Seite des Atlantiks sehr stark von einem System abhängt, das Razzien, Raubzüge und diverse Formen von »Menschenjagd« auf der anderen Seite um-

---

27 Zur Kolonialzeit siehe z. B. Richard H. Grove, *Green Imperialism. Colonial Expansion, Tropical Islands and the Origins of Environmentalism, 1660-1860*, Cambridge 1995.

fasst.²⁸ Im Zeitalter des Negersklavenhandels funktioniert der Kapitalismus auf der Basis der Abschöpfung und des Verbrauchs eines, wie man sagen könnte, »biologischen Vorrats« zugleich menschlicher und pflanzlicher Art.

Die durch den gewaltigen Abfluss von Menschen und die dazu erforderliche Gewalt ausgelösten ökologischen Störungen sind bislang noch nie systematisch untersucht worden. Aber die Plantagen in der Neuen Welt hätten ohne den gewaltigen Einsatz afrikanischer Sklaven niemals funktionieren können. Und auch nach der industriellen Revolution dienten diese menschlichen Fossilien weiterhin als Brennstoff für die Energieerzeugung und die für den ökonomischen Umbau des Systems Erde erforderliche Dynamik.²⁹ Zu diesen vielfältigen Ausplünderungen bedurfte es natürlich der Mobilisierung und Verausgabung gewaltiger Mengen an Kapital. Umgekehrt konnten die Sklavenbesitzer den Sklaven Arbeit zu vergleichsweise niedrigen Kosten abpressen, da es sich um unbezahlte Arbeit handelte. Außerdem konnten sie sie bei Bedarf auch weiterverkaufen. Durch seine Abtretbarkeit und Übertragbarkeit wurde der Sklave zu einem privaten Gut, das sich in Geld bewerten ließ und mit dem man handeln konnte.³⁰

---

28 Siehe Randy J. Sparks, *Where the Negroes Are Masters. An African Port in the Era of the Slave Trade*, Cambridge, MA, 2014.
29 Richard H. Steckel, »A peculiar population. The nutrition, health, and mortality of U.S. slaves from childhood to maturity«, *Journal of Economic History*, Jg. 46, Nr. 3, 1986, S. 721-741.
30 Michael Tadman, *Speculators and Slaves. Masters, Traders, and Slaves in the Old South,* Madison 1989; Laurence J. Kotlikoff, »Quantitative description of the New Orleans slave market«, in: William Fogel und Stanley L. Engerman (Hg.), *Without Consent or Contract. The Rise and Fall of American Slavery*, New York 1989; und Maurie McInnis, *Slaves Waiting for Sale. Abolitionist Art and the American Slave Trad*e, Chicago 2011.

Die Sklavenwelten innerhalb der atlantischen Ökonomie sind dennoch durch zahlreiche Paradoxien gekennzeichnet. Die Sklaven sind zwar nützlich für die Erzielung von Gewinnen, aber wegen ihrer Entwürdigung auch Gegenstand einer tiefgreifenden symbolischen und sozialen Entwertung. Auch wenn sie gezwungen sind, das Schicksal von Objekten zu teilen, bleiben sie doch im Grunde Menschen. Sie haben einen Körper. Sie atmen. Sie laufen. Sie sprechen, singen und beten. Einige von ihnen lernen sogar – zuweilen heimlich – Lesen und Schreiben.[31] Sie werden krank, und über Heilpraktiken versuchen sie, trotz der fragmentierenden Kräfte, Genesungsgemeinschaften zu schaffen.[32] Sie empfinden Mangel, Schmerz und Traurigkeit. Sie rebellieren, wenn sie nicht mehr können, und Sklavenaufstände sind für ihre Herren ein absolut erschreckendes Thema.

Außerdem bilden diese Menschen trotz ihrer tiefen Beschmutzung und Stigmatisierung in den Augen ihrer Eigentümer eine Wertreserve. Ebenso wie Geld oder auch Waren dienen sie als Medium für ökonomische und soziale Transaktionen aller Art. Als bewegliche und stoffliche Objekte haben sie den Status von etwas, das zirkuliert, in das man investiert und das ausgegeben werden kann.[33] Die Welten der Sklaverei sind aus dieser Perspektive Welten, in denen die stoffliche Produktion sich auf lebendes Fleisch und auf Schweiß stützt. Dieses lebende Fleisch besitzt einen ökonomischen Wert, den man

---

31 Christopher Hager, *Word by Word. Emancipation and the Act of Writing*, Cambridge, MA, 2013.
32 Sharla M. Fett, *Working Cures. Healing, Health, and Power on Southern Slave Plantations*, Chapel Hill 2002.
33 Edward E. Baptist, *The Half Has Never Been Told. Slavery and the Making of American Capitalism*, New York 2014.

bei Bedarf messen und quantifizieren kann.[34] Man kann ihm einen Preis zuordnen. Der mit dem Schweiß von der Stirn der Sklaven erzeugte Stoff besitzt insofern gleichfalls einen aktiven Wert, als der Sklave die Natur bearbeitet, Energie in Materie umwandelt und selbst eine gleichermaßen materielle und energetische Figur darstellt. Die Sklaven sind danach mehr als bloß natürliche Güter, die der Sklavenhalter benutzt, aus denen er Einkünfte erzielt oder die er ohne jede Einschränkung auf dem Markt wiederverkaufen kann. Zugleich unterscheiden sie sich von allen anderen durch ihre fundamentale Entfremdbarkeit. Der Grund für diese fundamentale Entfremdbarkeit ist im Rassenprinzip zu suchen.[35]

Die Nullwelt

Das Leben im Zeichen der Rasse glich immer schon dem Leben in einem Zoo. In der Praxis bilden drei Verfahren die Grundlage für den Aufbau eines Zoos. Als erstes werden Tiere eingefangen und in Käfige gesteckt. Man nimmt sie aus ihrem natürlichen Lebensraum heraus, tötet sie jedoch nicht, sondern setzt sie in ein großes Gehege, das man bei Bedarf in mehrere Kleinstökosysteme unterteilt. In diesen Gehegen sind die Tiere von einem wesentlichen Teil der Ressourcen abgeschnitten, die zuvor die natürlichen Eigenschaften und die wechselnden Bedingungen ihres Lebens bestimmten. Sie können sich nun nicht mehr frei bewegen. Für ihre Ernäh-

---

34 Caroline Oudin-Bastide und Philippe Steiner, *Calcul et morale. Coûts de l'esclavage et valeur de l'émancipation (XVIIIe-XIXe siècle)*, Paris 2014.

35 Achille Mbembe, *Critique de la raison nègre*, Paris 2013; dt.: *Kritik der schwarzen Vernunft*, Berlin 2014.

rung sind die Tiere nun vollständig von den für ihre alltägliche Pflege zuständigen Menschen abhängig.

Zweitens sind die solcherart versorgten Tiere Gegenstand eines impliziten Verbots. Sie dürfen nur unter außergewöhnlichen Umständen getötet werden und fast niemals zum Zweck eines unmittelbaren Konsums. Damit verliert ihr Körper die Attribute des Fleischs. Sie werden jedoch nicht in rein menschliches Fleisch verwandelt. Drittens werden die in Gefangenschaft lebenden Tiere keinem strengen Domestizierungsregime unterworfen. Löwen werden im Zoo nicht wie Hauskatzen behandelt. Sie haben kein enges Verhältnis zum Menschen. Da der Zoo nicht zum häuslichen Bereich gehört, hält man dort an der Distanz zwischen Menschen und Tieren fest. Erst diese Distanz erlaubt es, die Tiere auszustellen. Das hat in der Tat nur dann Sinn, wenn es eine Trennung zwischen dem Zuschauer und dem ausgestellten Objekt gibt. Im Übrigen lebt das Tier in einem Schwebezustand. Es ist von nun an weder dies noch jenes.

Die in den Menschenzoos des Westens lange Zeit ausgestellten Neger waren weder Tiere noch Objekte. Solange sie ausgestellt wurden, befand sich ihr Menschsein in der Schwebe. Dieses *Leben in der Schwebe* zwischen dem Tier und seiner Welt, der Menschenwelt und der Welt der Objekte ist in mancherlei Hinsicht das Gesetz unserer Zeit, das der Ökonomie. Möglicherweise geht die Ökonomie – jede Ökonomie – letztlich auf die beiden Tätigkeiten des Jagens und Sammelns zurück; und vielleicht haben wir sie trotz gegenteiligen Anscheins niemals wirklich hinter uns gelassen.

In der urzeitlichen Ökonomie waren Jagen und Sammeln nicht nur zwei Tätigkeiten, die der Befriedigung der menschlichen Grundbedürfnisse dienten. Sie standen auch für zwei Arten von Beziehungen zu sich selbst und den Anderen sowie zur Natur, zu den Dingen und zu anderen Spezies – insbesondere zur Tier- und zur Pflanzenwelt. Die wurden als externe, dem Willen des Menschen unterworfene Entitäten wahrgenommen, die man sich aneignete, soweit sie verfügbar waren. Bei Bedarf tat man sich mit ihnen zusammen, aber falls nötig zögerte man auch nicht, gegen sie zu kämpfen oder sie im Vorübergehen einfach zu zerstören.

Die Zerstörung erfolgte nicht mit einem Schlage. Sie war eine Kette mit zahlreichen Stationen. Die in Fallen gefangenen oder auf der Jagd erbeuteten Tiere wurden zerlegt. Das war erforderlich, um das Tier in Fleisch zu verwandeln, welches man roh oder nach einer Feuerprobe (gekocht) verzehrte. Verschlingen, Verdauen und Ausscheiden beschlossen den Konsumationsprozess. Das Paradigma des Jagens und Sammelns hat nicht nur für die urzeitliche Ökonomie Bedeutung.

Im Grunde besitzt jede Ökonomie – und ganz besonders die kapitalistische – ein urzeitliches Fundament, auf das sie heimlich oder zuweilen auch offen zurückgreift. Deren Schlüsselmoment oder notwendige Bedingung ist im Übrigen Zerstörung oder Liquidierung geradeso wie die Herstellung von Werkzeugen, die Erfindung neuer Techniken und Organisationsformen oder die Akkumulationszyklen. Sie bildet das letzte Glied am Ende der Kette, bevor der Zyklus schließlich von vorn beginnt.

Man hat behauptet, im alten Regime des Jagens und Sammelns wie auch in den modernen Wirtschaftssystemen sei Zerstören unumgänglich – eine Voraussetzung für die Reproduktion des sozialen und biologischen Lebens. Aber wer von Zerstören oder Liquidieren spricht, der verweist zunächst einmal auf die Konfrontation zwischen dem Menschen und der Materie – dem physischen und organischen Material, der flüssigen und flüchtigen biologischen Materie, der aus Fleisch,

Knochen und Blut bestehenden menschlichen und tierischen Materie. Und er denkt an die Konfrontation mit dem Leben – dem Leben der Menschen, dem Leben der Natur, dem Leben der Tiere und dem Leben der Maschine. An die für die Erzeugung des Lebens notwendige Arbeit – zu der auch die Hervorbringung der Symbole, Sprachen und Bedeutungen gehört. An die Prozesse, durch die Menschen, von der Maschine gefangen, in Materie verwandelt werden – in die menschliche Materie und den Materiemenschen. Und auch an die Bedingungen ihres Niedergangs.

Dieser Niedergang des Lebens und der Materie ist nicht gleichbedeutend mit Tod. Er ist ein Sich-Öffnen hin zu einem extremen Außen, das wir *Nullwelt* nennen wollen. In dieser Nullwelt enden weder die Materie noch das Leben als solche. Sie kehren nicht ins Nichts zurück. Sie bewegen sich immer nur weiter in Richtung des Ausgangs zu etwas anderem, das Ende wird ständig hinausgeschoben, und selbst die Frage der Endlichkeit wird in der Schwebe gehalten. Die Nullwelt ist eine Welt, deren Werden man deshalb nur schwer nachvollziehen kann, weil die darin eingewebte Zeit sich nicht in den herkömmlichen Kategorien der Gegenwart, Vergangenheit und Zukunft erfassen lässt. In dieser dämmerhaften Scherbenwelt oszilliert die Zeit ständig zwischen ihren verschiedenen Segmenten.

Zwischen Ausdrücken, die wir gewöhnlich als Gegensätze begreifen, bestehen hier diverse Austauschbeziehungen. Die Vergangenheit ist in der Gegenwart. Die Vergangenheit wiederholt sich nicht notwendig in der Gegenwart. Aber manchmal bricht sie sich darin, und manchmal drängt sie sich in deren Zwischenräume, sofern sie nicht einfach an die Oberfläche der Zeit tritt, um sie mit ihrem Grau anzugreifen, zu sättigen und unlesbar zu machen. Der Henker ist im Opfer.

Das Unbewegliche ist in der Bewegung. Die Sprache ist im Schweigen. Der Anfang ist im Ende, und das Ende ist in der Mitte. Und alles oder fast alles ist Verschlungensein, Unabgeschlossenheit, Dehnung und Kontraktion.

Es ist auch eine Welt, die in ihrem Fleisch und in ihren Adern die Kerben der Maschine trägt. Risse, Spalten, Tunnel. Kraterseen. Mal ockerfarben, mal lateritrot, mal kupferrot von der Erde. Schalen, Terrassen, Abstufungen, unterschiedliche Tiefen. Das herbe Blau der unbewegten Gewässer, die keine Welle kräuselt, als wären sie bereits tot. Der Weg, der sich an dem Steilhang in dieser Mondlandschaft entlangzieht. Ameisenmenschen, Termitenmenschen, vom Laterit rote Menschen, die mit Hacken direkt am Hang graben, die sich in diese Todestunnel stürzen; die sich selbst begraben und körperlich wie farblich eins werden mit diesen Gräbern, aus denen sie das Mineral herausholen. Sie kommen und gehen wie Ameisen und Termiten, tragen Lasten auf dem Kopf oder dem Rücken, Körper und Füße im Schmutz. Und an der Oberfläche Hochöfen und Schlote sowie Hügel, von denen man nicht recht weiß, ob sie Pyramiden oder Mausoleen oder das eine im anderen sind.

Offenbar ist hier etwas aus dem Boden geholt und dann im Gedärm der Maschine zermahlen worden. Eine mit Zähnen versehene Maschine, eine Maschine mit Dickdarm. Eine Maschine mit einem Anus, die den Fels verschlingt und zermalmt und verdaut und Spuren ihrer monumentalen Defäkation hinter sich lässt. Und zugleich ein Haufen Eisen und Stahl. Rote Ziegel, verlassene Lagerhallen, Stück für Stück zerlegt und skelettiert von Ameisenmenschen, von Termitenmenschen. Noch stehende Werkstätten, die sich mit ihrem Eisenschrott zieren und Feldern voller Skelette ähneln. Riesige blinde Maschinen, rostend und vom Wetter gezeichnet, hügelartige Zeugen einer untätigen Vergangenheit, die man jetzt unmöglich wiederholen, aber offenbar auch nur schwer vergessen kann.

Doch die Maschine ist alt geworden, sie ist Fetzen, Stumpf, Skelett, Statue, Monument, Stele oder gar Gespenst. Die Welt der schneidenden, perforierenden, extrahierenden Maschine ist zusammengebrochen. Sie ist nicht mehr – oder allenfalls noch im Zeichen der Leere. Aber in ihrer Vertikalität dominiert die altersschwache Maschine auch weiterhin das Dekor, überragt es mit ihrer Masse und prägt ihm mit einer zugleich phallischen, schamanischen und diabolischen Macht allein schon aufgrund ihrer Faktizität ihren Stempel auf. Um diese phallische, schamanische und diabolische Macht zu fassen, muss der Künstler zahlreiche Gestalten der Dunkelheit auf die *Bühne* bringen, heimliche Zeugen, Epitaphgestalten einer Epoche, die ihr Verschwinden hinauszögert.

In diesem Gespenstertheater tauchen mit Ketten gefesselte Menschen, Gefangene mit nackten Füßen, Zwangsarbeiter, halbnackte Menschen mit verstörtem Blick aus der Dunkelheit der Sklavenkarawanen und der kolonialen Zwangsarbeit auf. Sie fordern uns auf, die traumatische Szene nochmals zu durchleben, als wiederholte sich der gestrige Alptraum in der Realität der Gegenwart. An ihnen ist es, auf dieser nur scheinbar verlassenen Bühne, in einer Sprache und mit einer Stimme Worte auszusprechen, von denen man meinte, sie wären wie die Stimme der Sklaven zum Schweigen gebracht worden und verstummt.

Antimuseum

Der Ausdruck »Sklave« ist als ein Oberbegriff zu verstehen, der diverse, von Historikern und Anthropologen gut beschriebene Situationen und Kontexte abdeckt. Der Komplex der atlantischen Sklaverei, in dessen Mittelpunkt das Plantagensystem in der Karibik, in Brasilien oder den Vereinigten Staaten stand, war offensichtlich ein Glied in der Entstehung des modernen Kapitalismus. Dieser atlantische Komplex brachte weder dieselbe Art von Gesellschaft noch dieselbe Art von Sklaverei hervor wie der Islam-Transsahara-Komplex. Und wenn es etwas gibt, das die transatlantische Sklaverei von den autochthonen Formen der Sklaverei in den vorkolonialen afrikanischen Gesellschaften unterscheidet, so gerade die Tatsache, dass Letztere ihren Gefangenen niemals einen Mehrwert abzupressen vermochten, der mit dem in der Neuen Welt realisierten vergleichbar gewesen wäre.

Wir interessieren uns deshalb vor allem für die Sklaverei in der Neuen Welt, deren Besonderheit darin bestand, dass sie eines der wesentlichen Räder in einem Akkumulationsprozess globalen Ausmaßes darstellte.

Deshalb ist es nicht wünschenswert, dass diese Figur – zugleich Dung und Mutterboden der Geschichte – ins Museum wandert. Außerdem gibt es gar kein Museum, das sie aufzunehmen vermöchte. Alle Versuche, die Geschichte der transatlantischen Sklaverei in einem der bestehenden Museen darzustellen, glänzen bis heute durch Leere. Der Sklave erscheint dort bestenfalls als Anhang zu einer anderen Geschichte; als Zitat am Fuß einer Seite, die sich mit anderen Menschen, anderen Regionen oder anderen Dingen befasst. Fände der Sklave wirklich Eingang ins Museum, wie es heute existiert, hörte das Museum ganz automatisch auf, ein Museum zu sein. Es besiegelte sein eigenes Ende, und man müsste es in etwas anderes verwandeln, in einen anderen Ort, eine andere Bühne mit einem anderen Aufbau, anderen Bezeichnungen und erst recht mit einem anderen Namen.

Allem Anschein zum Trotz war das Museum nie ein Ort bedingungsloser Aufnahme der vielfältigen Bilder der Menschheit als ganzer. Im Gegenteil fungierte es in der gesamten Neuzeit als mächtiges Absonderungsinstrument. Die Ausstellung unterjochter oder erniedrigter Teile der Menschheit folgte stets einigen elementaren Regeln der Verletzung und Vergewaltigung. Und vor allem hatten diese Teile der Menschheit dort niemals Anspruch auf dieselbe Behandlung, denselben Status und dieselbe Würde wie die erobernden Teile. Sie wurden stets anderen Klassifikationsprinzipien und anderen Präsentationslogiken unterworfen. Zu dieser Logik der Trennung oder des Sortierens trat stets noch die Logik der Zuweisung hinzu. Die Hauptüberzeugung lautete, da verschiedene Menschheitsformen unterschiedliche Objekte und unterschiedliche Formen von Kultur hervorgebracht hätten, müssten sie auch an unterschiedlichen Orten mit unterschiedlicher und ungleicher symbolischer Stellung untergebracht und ausgestellt werden. Die Aufnahme des Sklaven in solch ein Museum bedeutete eine doppelte Absegnung des Geists der Apartheid, der am Grunde dieses Kults des Unterschieds, der Hierarchie und der Ungleichheit liegt.

Zu den Aufgaben des Museums gehörte außerdem die Produktion von Statuen, Mumien und Fetischen – von Objekten also, die, ihres Atems beraubt, wieder zu toter Materie geworden sind. Zur Statue, zur Mumie, zum Fetisch Machen, das passt bestens zur oben beschriebenen Logik der Absonderung. Hier geht es nicht darum, dem von der Form lange beherbergten Zeichen Ruhe und Frieden zu bieten. Vielmehr ist der Geist hinter der Form zuvor ausgetrieben worden, wie bei den in Eroberungs- und »Befriedungs«-Kriegen gesammelten Schädeln. Um das Recht zur Aufnahme in das Museum heutiger Prägung zu erlangen, müsste der Sklave wie alle ihm vorausgegangenen primitiven Objekte zunächst von seiner urtümlichen Kraft und Energie entleert werden.

Die Gefahr, die diese für Dung und Mutterboden stehende Figur darstellen konnte, oder auch ihr Skandalpotenzial wurden domestiziert – als unverzichtbare Voraussetzung für ihre Ausstellung. Aus dieser Sicht ist das Museum ein Ort der Neutralisierung und Domestizierung von Kräften, die vor ihrer Musealisierung lebendige Kraftströme waren. Das ist auch weiterhin die zentrale kulturelle Funktion des Museums vor allem in den dechristianisierten Gesellschaften des Westens. Möglicherweise ist diese (zugleich politische und kulturelle) Funktion notwendig für das Überleben der Gesellschaft – ganz wie das Vergessen für das Gedächtnis.

Es wäre also wichtig, das Skandalpotenzial der Sklaverei zu erhalten. Dieses Potenzial hat seinen Ursprung paradoxerweise in der Tatsache, dass es sich um einen Skandal handelt, den als solchen anzuerkennen man sich weigert. Dieser Skandal – einschließlich der Weigerung, ihn als solchen anzuerkennen – verleiht dieser Gestalt des Menschseins seine aufständische Kraft. Damit dieser Skandal seine Skandalträchtigkeit behält, sollte der Sklave nicht ins Museum. Die Geschichte der atlantischen Sklaverei lädt darum zur Schaffung einer neuen Institution ein: des *Antimuseums.*

Der Sklave muss weiterhin aufgrund seiner Abwesenheit wie ein Gespenst im Museum umgehen. Er sollte überall und nirgends sein, und sein Erscheinen sollte stets im Modus des Einbruchs statt der institutionellen Anwesenheit erfolgen. So behält der Sklave seine gespensterhafte Dimension. So verhindert man auch, dass aus dem abscheulichen Geschehen, das der Sklavenhandel darstellte, allzu leichte Konsequenzen gezogen werden. Was nun das Antimuseum betrifft, so ist es keineswegs eine Institution, sondern die Gestalt eines andersartigen Raums, des Raums radikaler Gastlichkeit. Als Zufluchtsort versteht das Antimuseum sich zugleich als Ort der Ruhe und als bedingungsloser Unterschlupf für alle Abgehängten der Menschheit und für die »Verdammten dieser Erde«, für all jene, die von dem Opfersystem zeugen, das die Geschichte unserer Moderne darstellt – eine Geschichte, die das Konzept des Archivs kaum zu fassen vermag.

Autophagie

Das Archiv hat immer mit der Vergangenheit und notwendig auch mit Erinnerung zu tun, und so hat es denn auch stets etwas von einer Spalte. Es ist zugleich Durchgang, Öffnung und Trennung, Riss und Bruch, Kratzer und Schlitz, Spalt und Sprung oder sogar Wunde. Aber das Archiv ist vor allem ein spaltbares Material, dessen Besonderheit darin liegt, dass es an seinem Ursprung aus Kerben besteht. Tatsächlich kann es das Archiv nur mit seinen Rissen geben. Man betritt es stets wie durch ein enges Tor, in der Hoffnung, in das dichte Geschehen und seine Höhlen einzudringen. Ins Archivmaterial eindringen heißt, Spuren erneut aufzusuchen. Aber es heißt vor allem, Höhlen in den Hang zu graben. Ein gefährliches Unterfangen, da es sich in unserem Fall oft darum handelt, für Erinnerung zu sorgen, indem man statt realer geschichtlicher Ereignisse hartnäckig Schatten fixiert oder vielmehr in die Kraft des Schattens getauchte geschichtliche Ereignisse. Oft ist es erforderlich, unsere eigene Silhouette auf bereits existierende Spuren zu zeichnen; uns von den Umrissen des Schattens her zu erfassen und den Versuch zu unternehmen, uns selbst vom Schatten her als Schatten zu sehen.

Das Ergebnis ist oft verwirrend. Auf einem Bild sind wir im Begriff, uns selbst eine Kugel in den Kopf zu schießen. Weiter hinten geben wir uns als äthiopisches Kind auf dem Höhepunkt der Hungersnot, die Millionen von Menschenleben forderte. Wir drohen von einem Aasgeier gefressen zu werden, der nichts anderes ist als wir selbst. »Autophagie« wäre hier der richtige Ausdruck. Und das ist nicht alles. Als Neger im Süden der Vereinigten Staaten zur Zeit der Rassentrennung, das Seil um den Hals, hängen wir am Baum, allein und ohne Zeugen den Geiern ausgeliefert. Wir versuchen, etwas nicht Darstellbares auf die Bühne zu bringen, das wir als konstitutiv zwar nicht für unsere Person, wohl aber für unsere Rolle präsentieren wollen.

Durch all das steigen wir mit Leichtigkeit über die Zeiten und Identitäten hinweg, schneiden die Geschichte heraus und stellen uns fest auf beide Seiten des Spiegels. Damit versuchen wir nicht, diese früheren Spuren zu verwischen. Wir versuchen, das Archiv zu belagern, indem wir unsere vielfältigen Silhouetten an diese Spuren der Vergangenheit heften. Denn für sich allein produziert das Archiv nicht notwendig Sichtbarkeit. Es produziert vielmehr eine Spiegelvorrichtung, eine grundlegende und realitätserzeugende Halluzination. Nun sind die beiden ursprünglichen realitätserzeugenden Wahngebilde natürlich Rasse und Geschlecht. Und von diesen beiden ist sehr viel die Rede in den Prozessen, die zu unserer Rassifizierung geführt haben.

Das gilt in besonderem Maße für den Körper der Negerin. Zum besseren Verständnis sei hier daran erinnert, dass schwarz sein heißt, durch die Macht der Dinge auf die Seite derer gestellt zu werden, die man nicht sieht und dennoch darzustellen berechtigt ist. Man sieht die Neger – und vor allem die Negerinnen – deshalb nicht, weil man meint, dass es da nichts zu sehen gibt und dass wir letztlich nichts mit ihnen zu tun haben. Sie gehören nicht zu uns. Geschichten über jene zu erzählen, die man gar nicht sieht, sie zu zeichnen, abzubilden, zu fotografieren war in der gesamten Geschichte ein Akt höchster Autorität, unübertrefflicher Ausdruck der von Begehren freien Beziehung.

Anders als die im Wirbelsturm des Rassismus gefangenen und vom kolonialen Blick unsichtbar, abstoßend, blutend und obszön gemachten Negerkörper leiden unsere Körper nicht daran, dass man sie verschwinden ließe. Unsere Körper sind züchtig, ohne es zu sein. Das gilt für Senghors Dichtung. Als plastische und stilisierte Körper strahlen sie dank ihrer Schönheit und der Anmut ihrer Gestalt. Da bedarf es keiner Metaphern, selbst wenn sie nahezu entblößt sind oder wenn sie im Zeichen der Sinnlichkeit in Szene gesetzt werden. Fast schon frivol versucht der Dichter ganz bewusst, den Augenblick zu erfassen, da jene, die das Risiko auf sich nehmen, ihn zu betrachten, nicht mehr auf der Hut sind.

Die Bilder von Körpern, von schwarzen Körpern, laden in der Tat zu einem Wechselspiel der Gefühle ein. Denjenigen, der sie betrachtet, drängen sie bald zu einem Verführungsspiel, bald zu einer fundamentalen Zwiespältigkeit oder gar zu Abscheu. Ist die Person, die man da sieht, stets und aus allen Blickwinkeln dieselbe? Man betrachtet sie, aber sieht man sie wirklich? Was bedeutet diese schwarze Haut mit ihrer glatten, glänzenden Oberfläche? In welchem Augenblick geht dieser dem Blick der Anderen ausgesetzte, von überall her betrachtete Körper, der sich selbst in den Körper der Anderen versetzt, vom Ich in den Status des Objekts über? Inwiefern ist dieses Objekt Zeichen einer verbotenen Lust?

Außerdem und im Widerspruch zu ihren früheren Spuren, die sie beizubehalten oder zu umgehen versuchen, gibt es Bilder von Negerinnen, die keinerlei Mitgefühl auslösen. Sie verkörpern in erster Linie eine außergewöhnliche Schönheit, die sich, wie Lacan meinte, an den äußersten Rändern der von ihm so genannten »verbotenen Zone« bewegt. Zu den Besonderheiten der Schönheit gehört es, dass sie eine befriedende Wirkung auf den Betrachter ausübt. Der Schmerz auf diesen Bildern erscheint sekundär. Nichts an ihnen drängt dazu, den Blick abzuwenden. Sie sind fern von jenen hässlichen, blutigen und abstoßenden Bildern historischer Lynchmorde. Keine offenen Münder. Keine verzerrten und grimassierenden Gesichter.

Das ist so, weil sie auf einer inneren Bewegung basieren – der Arbeit des Körpers an sich selbst. Es handelt sich bald um Fotografien, bald um Spiegelbilder, bald um Bildnisse oder sogar um Spiegelungen. Aber vor allem handelt es sich um indexikalische Ikonen, deren Verhältnis zum Subjekt zugleich physisch (insofern diese Bilder sich getreu an die objektive Erscheinung ihres Urhebers halten) und analog ist (insofern sie nur indexikalische Spuren des Subjekts sind). Sie sollen den Betrachter fangen und ihn zwingen, die Waffen niederzulegen.

In dieser Hinsicht haben sie etwas mit der befriedenden Wirkung zu tun, die Lacan der Malerei zuschrieb. Sie deaktivieren das Begehren nicht, sondern euphorisieren es sogar noch, indem sie die Widerstände des Betrachters neutralisieren oder ausschalten und seine Phantasien entzünden. Der nachtdunkle Körper verströmt eine elementare Schönheit. Es handelt sich um eine verbotene Schönheit, die genau deshalb offenkundiges Begehren auslöst. Aber auch männliche Ängste. Solch eine Schönheit kann nur kastrieren. Sie kann nicht

Konsumgegenstand sein, sondern nur Objekt eines höflichkeuschen Genießens.

Bilder des Körpers von Negerinnen beziehen ihre Kraft aus ihrer Fähigkeit, das Archiv zu entwaffnen. Durch diese Bilder akzeptieren es die Negerinnen, sich als Andere zu sehen. Aber gelingt es ihnen tatsächlich, aus sich selbst auszuwandern? Sie lassen ihren Körper arbeiten. Aber kein Körper ist jemals vollständig selbstbestimmt. Er wird stets auch vom Anderen bestimmt, der ihn anschaut und betrachtet, und von den Körperteilen, die man anschaut oder dem Anschauen und Betrachten preisgibt. Im Blick des Anderen stößt das Ich stets auf sein eigenes Begehren, wenn auch in verkehrter Form.

Nehmen wir diesen Bildern nicht ihre Fähigkeit zu historischer Bedeutung, wenn wir zulassen, dass sie das Begehren – einschließlich des Selbstbegehrens – anstacheln und es dabei in den Bereich verbotener Lust verweisen? Verwandelt sich hier etwas, das eigentlich die Sache dekonstruieren und einen neuen Ausdruck in der Kategorie des Archivs hervorbringen sollte, nicht in bloße Selbstbetrachtung, in eine Hyperbel des Ichs. Wenn wir uns in dieser Weise exponieren, betrachten wir uns dann nicht so, wie die Anderen uns betrachten? Und wenn sie uns betrachten, was sehen sie dann? Sehen sie uns so, wie wir selbst uns sehen? Oder sehen sie letztlich nur ein Trugbild?

Nach diesen Überlegungen sollten wir die Prämissen der afrofuturistischen Kritik besser verstehen können. Nun wäre zu klären, ob diese Kritik radikalisiert werden kann und ob diese Radikalisierung notwendig voraussetzt, die Idee der Menschheit grundsätzlich abzulehnen. Bei Fanon ist solch eine Ablehnung nicht notwendig. Die Menschheit ist in ständiger Schöpfung begriffen. Ihre gemeinsame Grundlage ist die Verwundbarkeit, angefangen bei der des Körpers, der dem

Leid und dem Verfall ausgesetzt ist. Aber die Verwundbarkeit ist auch die des Subjekts, das anderen Existenzen ausgesetzt ist, die möglicherweise seine eigene Existenz bedrohen. Ohne eine wechselseitige Anerkennung dieser Verwundbarkeit ist kaum Platz für menschliche Fürsorge und erst recht nicht für Pflege.

Sich von anderen berühren zu lassen – oder schutzlos einer anderen Existenz ausgesetzt zu sein – ist der erste Schritt hin zu jener Form von Anerkennung, die sich kaum in das Paradigma des Herrn und des Knechts oder in die Dialektik der Ohnmacht und der Allmacht oder auch des Kampfes, des Sieges und der Niederlage sperren lässt. Im Gegenteil, die daraus resultierende Beziehung ist eine der Sorge und Fürsorge. Die Verwundbarkeit zu erkennen und zu akzeptieren – oder auch einzugestehen, dass das Leben stets Gefahren bis hin zum Tod ausgesetzt ist – bildet den Ausgangspunkt für jede Entwicklung einer Ethik, deren Ziel in letzter Instanz die Menschlichkeit ist.

Nach Fanon ist die in ihrer Schöpfung begriffene Menschheit das Ergebnis der Begegnung mit dem »Gesicht des Anderen«, durch die ich mich außerdem »mir selbst offenbare«.[36] Sie nimmt ihren Anfang in dem, was Fanon »die Geste« nennt, das heißt in dem, »was eine Beziehung ermöglicht«.[37] Tatsächlich gibt es Menschlichkeit nur dort, wo die Geste – und damit die Beziehung der Fürsorge – möglich ist; wo man sich vom Gesicht des Anderen anrühren lässt; wo die Geste eine Sprache hervorbringt, die das Schweigen bricht.

Aber nichts garantiert einen unmittelbaren Zugang zur Sprache. Statt der Sprache kommt es möglicherweise nur zu

---

36 Frantz Fanon, *Écrits sur l'aliénation et la liberté*, Paris 2015, S. 181.
37 Ebd., S. 182.

heiseren Schreien und Gebrüll – Halluzinationen. Es ist typisch für Sklaverei oder Kolonialismus, dass sie leidende Wesen hervorbringen, Menschen, deren Existenz ständig von einer Vielzahl bedrohlicher Anderer überwältigt wird. Es gehört zur Identität dieser Menschen, dass sie eingeengt und ständig dem Willen anderer ausgesetzt sind. Ihre Sprache ist meist eine halluzinierte Sprache.

Eine Sprache, die dem Spielen und Mimen eine zentrale Rolle zuweist. Es ist eine wuchernde Sprache, die sich in der Art eines Wirbels entfaltet. Als schwindelerregende, heftige Sprache ist sie in ihrer Aggressivität wie in ihren Protesten »durchzogen von Ängsten, die mit kindlichen Frustrationen zusammenhängen.«[38] Mit dem halluzinatorischen Prozess, so erklärt Fanon, erlebt man den Zusammenbruch der Welt. »Die halluzinierte Zeit und der halluzinierte Raum erheben keinerlei Anspruch auf Wirklichkeit«, denn es handelt sich um eine Zeit und einen Raum, die sich »ständig auf der Flucht« befinden.[39]

Will man diese verletzten Menschen zum Sprechen bringen, muss man ihre geschwächten Fähigkeiten stärken. In der therapeutischen Situation, die Fanon im Auge hat, erfolgt die Stärkung der geschwächten Fähigkeiten bei Bedarf über die Vernichtung.[40] An die Stelle der Narkosesitzung tritt die unmittelbare Konfrontation mit dem verborgenen Teil des Patienten, der sich heimlich in die Spalten der Sprache, des Schreis und des Brüllens einschleicht. Diese aggressive, im Extremfall

---

38 Ebd., S. 373.
39 Ebd.
40 Siehe insb. die beiden Aufsätze »Sur quelques cas traits par la méthode de Bini« und »Indications de la thérapeutique de Bini dans le cadre des thérapeutiques institutionnelles«, ebd., S. 238-249.

einer Vergewaltigung der Persönlichkeit nahekommende Konfrontation soll die Widerstände brechen und den Abfall- und Schlackenanteil im gespaltenen Patienten in seiner radikalen Nacktheit enthüllen.

Sodann versetzt man ihn in einen Tiefschlaf – den Königsweg in den Zustand amnestischer Verwirrung. Indem man den Patienten in den Zustand amnestischer Verwirrung versetzt, versucht man ihn zu seinen Ursprüngen zurückzuführen, in den Augenblick seines »Eintritts in die Welt« zu Beginn seines Bewusstseins. Mit Hilfe von Elektroschocks und Insulintherapie geht er den Weg in entgegengesetzter Richtung zurück bis hin zur Ursituation, die jeder Mensch einst erfahren hat – Rückkehr in den Zustand absoluter Verletzlichkeit, Verhältnis zwischen Kind und Mutter, Reinlichkeit, der Säugling, die ersten Worte, die ersten Gesichter, die ersten Namen, die ersten Schritte und die ersten Objekte. So verstanden ist Auferstehung ein Prozess der »Auflösung und Rekonstruktion« der Persönlichkeit und zielt letztlich auf die Wiederentdeckung des Ichs und der Welt.

Kapitalismus und Animismus

Man kann die afrofuturistische Kritik des Humanismus nicht vertiefen, ohne sie mit einer entsprechenden Kritik des Kapitalismus zu verbinden.

Hinter der Entwicklung des Kapitalismus standen von Anfang an drei treibende Kräfte. Die erste war das Bemühen, unablässig Rassen und Arten (in unserem Fall »die Neger«) zu fabrizieren. Die zweite war das Bestreben, alles zu berechnen und alles in eine für den Tausch geeignete Ware zu verwandeln (Gesetz des »generalisierten Tauschs«). Die dritte schließlich war der Versuch, ein Monopol auf die Produktion von Leben schlechthin zu erlangen.

Der »Zivilisationsprozess« zähmte diese Triebkräfte und hielt mit unterschiedlichem Erfolg an einer Reihe grundlegender Unterscheidungen fest, ohne die das »Ende der Menschheit« zu einer realen Möglichkeit hätte werden können – ein Subjekt ist kein Objekt; nicht alles kann mathematisch berechnet, verkauft und gekauft werden; nicht alles lässt sich ausbeuten und ersetzen; eine gewisse Zahl abartiger Wahnvorstellungen muss sublimiert werden, wenn sie nicht geradewegs zur Zerstörung des Sozialen führen sollen.

Der Neoliberalismus ist das Zeitalter, in dem diese Dämme einer nach dem anderen brachen. Es ist nicht mehr sicher, dass die menschliche Person sich sonderlich vom Objekt, vom Tier oder von der Maschine unterscheidet. Vielleicht wünscht sie sich letztlich, zum Objekt zu werden.[41] Es ist nicht mehr sicher, dass die Fabrikation von Arten und Unterarten innerhalb der Menschheit tabu ist. Die Abschaffung von Tabus und die mehr oder weniger vollständige Befreiung von Trieben aller Art sowie deren anschließende Umwandlung in Material für einen endlosen Akkumulations- und Abstraktionsprozess – das sind die zentralen Merkmale unserer Zeit. Diese und diverse andere Ereignisse ähnlicher Art zeigen deutlich, dass die Verschmelzung von Kapitalismus und Animismus auf einem guten Weg ist.

Das gilt umso mehr, als der Rohstoff der Wirtschaft nicht wirklich mehr in Territorien, Bodenschätzen und Menschen besteht.[42] Territorien, Bodenschätze und Menschen sind zwar sicher noch unverzichtbar, aber den natürlichen Lebensraum

---

41 Hito Steyerl, »A Thing Like You and Me«, *e-flux*, Nr. 15, 2010.
42 Joseph Vogl, *Das Gespenst des Kapitals*, Zürich 2010.

für die Wirtschaft bilden heute Prozessoren und biologische oder künstliche Organismen; das astrale Universum der Bildschirme, der stufenlosen Übergänge, des Schimmers und der Strahlung; und auch die Welt der menschlichen Gehirne und der automatisierten Berechnung, der Arbeit mit immer kleineren, immer weiter miniaturisierten Instrumenten.

Unter diesen Bedingungen besteht die Produktion von Negern nicht mehr in der Herstellung eines Bandes sozialer Unterwerfung oder eines ausbeutungsfähigen Körpers, das heißt eines Körpers, der vollständig dem Willen eines Herren unterworfen ist und aus dem man ein Höchstmaß an Gewinn schlagen will. Früher war der Neger ein von der Sonne seiner Erscheinung und der Farbe seiner Haut gekennzeichneter Mensch afrikanischer Abstammung, aber das ist heute nicht mehr unbedingt der Fall. Wir erleben gegenwärtig eine tendenzielle Universalisierung der Situation, die früher den Negern vorbehalten war, allerdings im Modus der Umkehrung. Diese Situation war dadurch gekennzeichnet, dass die menschliche Person auf eine Sache, ein Objekt, eine Ware reduziert wurde, die man kaufen, verkaufen oder besitzen konnte.

»Rassensubjekte« werden gewiss auch weiterhin produziert, allerdings unter neuen Modalitäten. Der Neger ist heute nicht mehr nur der an seiner Hautfarbe erkennbare Mensch afrikanischer Abstammung (der »Oberflächenneger«). Der »Tiefenneger« ist heute eine subalterne Gruppe der Menschheit, eine subalterne *Menschenart*, jener überflüssige und fast schon überschüssige Teil, den das Kapital nicht mehr braucht und der zur Aussonderung oder zum Ausschluss bestimmt ist.[43]

---

43 Saskia Sassen, *Expulsions. Brutality and Complexity in the Global Economy*, Cambridge 2014; dt.: *Ausgrenzungen. Brutalität und Komplexität in der globalen Wirtschaft*, Frankfurt am Main 2015.

Dieser »Tiefenneger«, diese Menschenart, erscheint zu einer Zeit auf der Bühne der Welt, da der Kapitalismus mehr denn je den Charakter einer animistischen Religion annimmt, während der Mensch aus Fleisch und Blut einem neuen, »flüssigen«, digitalisierten Menschen weicht, in den von allen Seiten alle erdenklichen synthetischen Organe und künstlichen Prothesen eindringen. Der »Tiefenneger« ist der Andere dieser Software-Menschheit, eine neue Gestalt der Gattung und typisch für das neue Zeitalter des Kapitalismus, in dem die Selbstverdinglichung die beste Möglichkeit einer Selbstkapitalisierung darstellt.[44]

Die beschleunigte Entwicklung der Techniken zu einer massiven Ausbeutung der natürlichen Ressourcen war Teil des alten Projekts einer Mathematisierung der Welt, aber dieses Projekt diente seinerseits nur einem einzigen Ziel, nämlich der Verwaltung des Lebendigen, die heute weitestgehend im digitalen Modus erfolgte.[45] Im Zeitalter der Informationstechnologie erscheint der Mensch zunehmend in Gestalt von Strömen und Flüssen, immer abstrakteren Codes, immer fungiblern Entitäten. Dahinter steckt die Vorstellung, alles könne nun hergestellt werden, auch Lebewesen. Man glaubt, die Existenz sei ein Kapital, mit dem man wirtschaften könne, und der Einzelne sei ein Rädchen in einem Getriebe oder auch eine Information, die man gemäß der Logik einer ständig wachsenden Abstraktion in einen mit anderen Codes verknüpften Code umwandeln müsse.

In dieser Welt der Megakalküle entsteht eine neue Art von Intellekt, die man zweifellos als anthropomaschinell bezeich-

---

44 Mbembe, *Kritik der schwarzen Vernunft*, a. a. O.
45 Éric Sadin, *L'Humanité augmentée. L'administration numérique du monde*, Paris 2013.

nen muss. Wir befinden uns im Übergang zu einer neuen *conditio humana*. Die Menschheit ist im Begriff, die klare Trennung zwischen Mensch, Tier und Maschine hinter sich zu lassen, die den Diskurs über die Moderne und den Humanismus so stark geprägt hat. Der Mensch ist heute eng an sein Tier und seine Maschine gekoppelt, an ein Ensemble aus künstlichen Gehirnen, Verdopplungen und Verdreifachungen, die das Fundament der extensiven Digitalisierung seines Lebens bilden.

Unter diesen Umständen brauchen die Herren von heute anders als früher keine Knechte mehr. Da die Knechte zu einer allzu schweren Last geworden sind, versuchen die Herren, sich ihrer zu entledigen. Das große Paradoxon des 21. Jahrhunderts ist daher die Entstehung einer ständig wachsenden Klasse von Knechten ohne Herr und Herren ohne Knecht. Natürlich werden auch weiterhin Menschen geradeso wie natürliche Ressourcen ausgepresst, um Profite zu erzielen. Schließlich ist diese Kehrtwende nur logisch, denn der neue Kapitalismus ist eine spiegelbildliche Veranstaltung.

Da die alten Herren dies verstanden haben, versuchen sie, ihre Knechte loszuwerden. Ohne Knechte, so glauben sie, kann es keine Revolte geben. Sie meinen, um die Aufstandsgefahr im Keim zu ersticken, brauche man nur das mimetische Potenzial der Unterdrückten freizusetzen. Wenn die neuen Freigelassenen nicht mehr die Herren werden wollen, die sie niemals sein werden, könnten die Dinge nie mehr anders sein, als sie sind. Die ständige Wiederholung des Immergleichen werde dann die Regel sein.

Emanzipation des Lebendigen

Bleibt noch zu klären, wie die Zukunft des Rassismus in einer solchen Konstellation aussehen könnte. In der Geschichte diente der Rassismus zumindest in den Siedlungskolonien und den Sklavenhalterstaaten stets zur *Unterstützung* des Kapitals. Das war früher seine Funktion. Klasse und Rasse konstituierten sich wechselseitig. In der Regel gehörte man einer Klasse aufgrund seiner Rasse an, und Rassenzugehörigkeit bestimmte ihrerseits die Möglichkeiten zu sozialer Mobilität und den Zugang zu einer bestimmten gesellschaftlichen Stellung. Der Klassenkampf war untrennbar mit dem Rassenkampf verbunden, auch wenn die beiden Antagonismen gelegentlich einer je eigenen Logik folgten.[46] Die Rassifizierung erfolgte in der Tat über Diskriminierungspraktiken. Die Rasse erlaubte es, die sozialen Unterschiede als natürlich erscheinen zu lassen und die Unerwünschten in einen Rahmen zu sperren, den zu verlassen man sie per Gesetz oder mit Gewalt hinderte.

Heute zeigen sich andere Formen von Rassismus, die es nicht mehr nötig haben, zu ihrer Rechtfertigung auf die Biologie zurückzugreifen. Es genügt zum Beispiel, zur Jagd auf Ausländer aufzurufen; die Unvereinbarkeit der »Zivilisationen« zu behaupten; geltend zu machen, dass wir nicht derselben Menschheit angehörten, dass die Kulturen nicht miteinander verträglich seien oder dass jeder andere Gott als der eigene ein falscher Gott sei, ein Götze, der Anlass zu sarkastischen Bemerkungen gibt oder den man rücksichtslos entweihen kann.

---

46 Cedric J. Robinson, *Black Marxism. The Making of the Black Radical Tradition,* Chapel Hill 1983.

Unter den Bedingungen der aktuellen Krise des Westens stellt dieser Rassismus eine Ergänzung zum Nationalismus dar – in einer Zeit, da die neoliberale Globalisierung den Nationalismus und auch die Demokratie jeden wirklichen Inhalts beraubt und die wahren Entscheidungszentren in die Ferne verlegt. Außerdem bestätigen die jüngsten Fortschritte im Bereich der Genetik und der Biotechnologie, dass der Begriff der Rasse keinerlei Sinn hat. Paradoxerweise verleihen sie jedoch nicht der Vorstellung einer Welt ohne Rassen neuen Auftrieb, sondern erneuern vollkommen unerwartet das alte und für frühere Jahrhunderte so typische Projekt einer Klassifizierung und Differenzierung.

Eine komplexe Vereinigung der Welt im Rahmen einer grenzenlosen (wenn auch ungleichen) Expansion des Kapitalismus ist also gegenwärtig im Gang. Dieser Prozess geht einher mit der Wiedererfindung von Unterschieden, einer Rebalkanisierung ebendieser Welt und ihrer Aufteilung entlang einer Vielfalt von Linien der Trennung und der disjunktiven Inklusion. Diese Linien verlaufen sowohl im Innern der Gesellschaften und Staaten als auch quer dazu, insofern sie neue Trennungslinien der Herrschaft auf globaler Ebene zeichnen. Danach wäre die Globalisierung der Apartheid die unmittelbare Zukunft der Welt, und dies zu einer Zeit, da das Bewusstsein für die Endlichkeit des Systems Erde noch nie so lebendig und die Verschränkung der Spezies Mensch mit den übrigen Lebensformen noch nie so deutlich war.

Wie können wir in neuen Begriffen die Frage nach der Freisetzung des Emanzipationspotenzials der Unterdrückten unter den konkreten Bedingungen unserer Zeit stellen? Was heißt es, sich selbst zu konstituieren, sein eigenes Schicksal zu bestimmen oder sich selbst zu formen, wenn »der Mensch« nur noch eine Kraft unter mehreren Entitäten mit kognitiven Fähigkeiten ist, die die unsrigen möglicherweise übersteigen? Was heißt es, wenn die menschliche Gestalt, in zahlreiche Teile gespalten, sich mit einem ganzen Knäuel künstlicher, organischer, synthetischer oder sogar geologischer Kräfte arrangieren muss? Genügt es, das alte Konzept eines abstrakten und undifferenzierten, für seine eigene Gewalt und seine rassistischen Gefühle blinden Humanismus zu disqualifizieren? Und wo liegen die Grenzen der Berufung auf eine angebliche »Spezies Mensch«, die ihr eigenes Verhältnis zu sich selbst nur angesichts der Gefahr ihres eigenen Aussterbens wiederzuentdecken vermag?

Und wie kann man unter den heutigen Bedingungen die Entstehung eines Denkens fördern, das weltweit zur Stärkung demokratischer Politik beitragen könnte, eines Denkens, das eher auf gegenseitige Ergänzung als auf Unterschiede ausgerichtet ist? Wir leben in der Tat in einer seltsamen Phase der menschlichen Geschichte. Es gehört zu den Paradoxien des heutigen Kapitalismus, dass er Zeit zugleich erschafft und vernichtet. Dieser zweifache Prozess der Schöpfung, Beschleunigung und Sprengung der Zeit, hat verheerende Auswirkungen auf unser Erinnerungsvermögen, das heißt letztlich auf unsere Fähigkeit, gemeinsam Räume für kollektive Entscheidungen zu schaffen und die Erfahrung eines wahrhaft demokratischen Lebens zu machen. Statt der Erinnerung haben wir unsere Fähigkeit vervielfacht, Geschichten aller Art zu erzählen. Aber es handelt sich immer häufiger um wahnhafte Geschichten, die verhindern sollen, dass wir uns unserer Lage bewusst werden.

Worin besteht diese neue Lage? Die Hoffnung, am Ende über den Herrn siegen zu können, ist nicht mehr angebracht. Wir erwarten nicht länger den Tod des Herrn. Wir glauben nicht mehr, dass er sterblich ist. Wenn der Herr nicht sterblich ist, bleibt uns nur eine einzige Illusion, nämlich selbst am Herrn teilzuhaben. Es gibt nur noch einen Wunsch, den wir immer häufiger auf dem Bildschirm und vom Bildschirm aus leben. Der Bildschirm ist die neue Bühne. Der Bildschirm versucht nicht nur, die Distanz zwischen Fiktion und Realität aufzuheben. Er erzeugt inzwischen Realität. Er gehört zu den Bedingungen des Jahrhunderts.

Nahezu überall – auch in den alten Staaten, die sie lange schon für sich beanspruchen – befindet sich die Demokratie in der Krise. Es fällt ihr deutlich schwerer als früher, dem Gedächtnis und dem Wort ihre volle Bedeutung als Fundament einer menschlichen Welt zukommen zu lassen, die wir miteinander teilen und deren sich die Öffentlichkeit anzunehmen hat.

Man verweist auf Wort und Sprache nicht allein wegen ihres Offenbarungsvermögens und ihrer symbolischen Funktion, sondern auch wegen ihrer Materialität. Tatsächlich gibt es in jedem demokratischen Regime eine Materialität des Wortes, die aus der Tatsache resultiert, dass wir letztlich nur Wort und Sprache haben, um uns selbst und der Welt Ausdruck zu verleihen und auf sie einzuwirken. Wort und Sprache sind indessen zu Werkzeugen, Nanoobjekten und Technologien geworden. Sie sind zu Instrumenten geworden, die sich im Rahmen eines unendlichen Reproduktionszyklus unablässig selbst instrumentalisieren.

Damit prägt sich der endlose Strom der Ereignisse, die uns zu Bewusstsein kommen, in unser Gedächtnis kaum noch als Geschichte ein. Tatsächlich prägen sich Ereignisse in unser Gedächtnis nur aufgrund einer besonderen psychischen wie auch sozialen, also symbolischen Arbeit ein, und dieser Arbeit widmet sich die Demokratie unter den technologischen, ökonomischen und politischen Bedingungen unserer Zivilisation kaum noch.

Die Krise des Verhältnisses zwischen Demokratie und Gedächtnis wird noch verschärft durch zwei Anforderungen, in deren Zeichen wir heute leben – die Mathematisierung der Welt und die Instrumentalisierung. Dadurch macht man uns glauben, die Menschen, die wir sind, seien in Wirklichkeit nur numerische Einheiten und keine konkreten Wesen; die Welt sei im Grunde eine Ansammlung von Problemsituationen, die es zu lösen gelte; und die Lösungen für diese Problemsituationen sollten wir den Fachleuten für experimentelle Ökonomie und Spieltheorie überlassen, die auch an unserer Stelle die Entscheidungen treffen müssten.

Wie steht es nun um die Verschmelzung von Kapitalismus und Animismus? Wie der Anthropologe Philippe Descola anmerkt, wurde der Animismus Ende des 19. Jahrhunderts als eine primitive Form des Glaubens definiert. Die Naturvölker, so meinte man, schrieben unbelebten Dingen geheimnisvolle Kräfte zu. Sie glaubten, natürliche und übernatürliche nichtmenschliche Entitäten wie Tiere, Pflanzen oder Gegenstände besäßen eine Seele und verfolgten wie die Menschen Absichten. Diese nichtmenschlichen Wesenheiten besäßen einen Geist, mit dem die Menschen in Kommunikation oder in sehr enge Beziehungen treten könnten. Darin unterschieden sich die Naturvölker von uns. Denn anders als ihnen sei uns der Unterschied zwischen uns selbst und den Tieren bewusst. Von Tieren und Pflanzen unterscheide uns die Tatsache, dass wir als Subjekte ein Inneres, eine Vorstellung von uns selbst und eigene Absichten besäßen.

Die Verschmelzung zeigt sich im gegenwärtigen Wiederaufleben einer neoliberalen Ideologie, die allerlei Fiktionen erzeugt. Etwa die Fiktion eines neuroökonomischen Menschen – eines kühlen, berechnenden Strategen, der die Normen des Marktes verinnerlicht hat, sich wie in einem Spiel der experimentellen Ökonomie verhält, sich selbst und andere instrumentalisiert, um seinen Anteil am Genuss zu optimieren, und dessen emotionale Fähigkeiten genetisch festgelegt sind. Diese im Grenzbereich zwischen Wirtschaftswissenschaft und Hirnforschung entstandene Fiktion führt zur Abschaffung des tragischen Subjekts der Psychoanalyse und der politischen Philosophie – eines gespaltenen Subjekts, das im Konflikt mit sich selbst und den Anderen steht und dennoch dank Erzählung, Kampf und Geschichte selbst für sein Schicksal verantwortlich ist.

Schluss
Ethik des Passanten

Das 21. Jahrhundert beginnt mit einem Eingeständnis – dem Eingeständnis, dass alle extrem verwundbar sind. Alle und alles. Angefangen bei der Idee der »All-Welt«, zu deren Dichter sich kürzlich Édouard Glissant gemacht hat.

Die irdischen Verhältnisse waren nie allein Sache des Menschen. Das wird morgen noch in höherem Maße gelten als heute. Es wird Macht nur noch als gespaltene, auf mehrere Kerne verteilte Macht geben. Ist diese Spaltung der Macht nun eine Chance für die menschliche Freiheitserfahrung, oder wird sie uns an die Grenze der Trennung führen?

Angesichts der extremen Verwundbarkeit erliegen viele der Versuchung einer Rückkehr zum Überkommenen, und andere lassen sich von der Leere anziehen. Beide Gruppen glauben, der Neuanfang müsse über eine Radikalisierung des Unterschieds erfolgen, und suchen das Heil in der Kraft der Zerstörung.

Sie meinen, Bewahren, Konservieren und Sichern seien in Zukunft der Horizont oder sogar die Voraussetzung für die Existenz, zu einer Zeit, da alles wieder mit dem Schwert entschieden wird. Und das gilt sogar für die Politik selbst, die abgeschafft zu werden droht.

Die Demokratien werden indessen immer schwächer, bis hin zum Systemwechsel. Da sie nur noch Wahnvorstellungen und Zufälle zum Gegenstand haben, werden sie unvorhersehbar und paranoid, anarchische Mächte ohne Symbole, ohne

Bedeutung und ohne Ziel. Ihrer Rechtfertigungen beraubt, bleibt ihnen nur noch Zierrat.

Nichts ist mehr unverletzlich, nichts ist mehr unveräußerlich und nichts unantastbar. Außer vielleicht – und immer noch – das Privateigentum.

Unter diesen Umständen könnte es sein, dass man im Grunde Bürger gar keines bestimmten Staates mehr ist.

Das Land unserer Geburt tragen wir tief in uns, seine Gesichter, seine Landschaften, seine chaotische Vielfalt, seine Flüsse und Berge, Wälder und Savannen, die Jahreszeiten, den Gesang der Vögel, die Insekten, die Luft, den Schweiß und die Feuchtigkeit, den Schmutz, den Lärm der Städte, das Lachen, die Unordnung und die Disziplinlosigkeit. Und die Dummheit.

Aber im Laufe unseres Lebens wird dieses Land uns auch weniger vertraut, und so betrachten wir es gelegentlich im Gegenlicht.

Dennoch ertappen wir uns zuweilen dabei, dass wir stumm seinen Namen singen, erneut die Wege unserer Kindheit gehen möchten, in diesem Landstrich, in dem wir geboren wurden und den wir schließlich verlassen haben, ohne ihn jemals vergessen zu können, ohne uns jemals vollständig von ihm zu lösen, ohne uns immer wieder Sorgen um ihn zu machen. So etwa Fanon, der sich mitten im Algerienkrieg an seine Heimat Martinique erinnert.

Diese Erinnerung, die zugleich auch Distanzierung ist, diese Selbstberaubung wäre also der Preis, den wir zahlen müssten, um frei zu leben und frei zu denken, das heißt auf der Basis einer gewissen Entäußerung, eines gewissen Desinteresses, in der Position dessen, der nichts zu verlieren hat, weil er in gewisser Weise von Anfang an darauf verzichtet hat, irgendetwas zu besitzen, oder weil er bereits alles oder fast alles verloren hat?

Aber warum sollte eine derart enge Verbindung bestehen zwischen Freiheit, Denkvermögen und dem Verzicht auf jegliche Art von Verlust – und damit einer bestimmten Vorstellung von Berechnung und Willkür?

Was nun das Alles-oder-fast-alles-Verlieren betrifft – oder besser, die Loslösung von allem oder den Verzicht auf alles oder fast alles –, so fragt sich, ob dies denn die Voraussetzung ist, um mehr Gelassenheit zu gewinnen in dieser Welt und diesen turbulenten Zeiten, in denen das, was man hat, oft kaum dem entspricht, was man ist, und das, was man gewinnt, nur in einem entfernten Zusammenhang mit dem steht, was man verliert.

Sich von allem oder fast allem zu lösen, auf alles oder fast alles zu verzichten, heißt das, man wäre hinfort »von nirgendwo« und hörte auf nichts mehr und auf keinen Namen?

Und was ist denn Freiheit, wenn man nicht wirklich brechen kann mit diesem Zufall, an einem bestimmten Ort geboren zu sein – dem leibhaften Verhältnis, dem Gesetz des Bodens und des Blutes.

Wie kommt es, dass dieser Zufall so unwiderruflich bestimmt, wer wir sind, wie wir wahrgenommen werden und für wen man uns hält? Weshalb bestimmt er so entscheidend, welche Rechte wir haben, und den ganzen Rest – die Summe der Beweise, Dokumente und Rechtfertigungen, die wir beibringen müssen, wenn wir irgendetwas haben wollen, vom Existenzrecht über das Recht, sich frei zu bewegen, bis hin zu dem Recht, dort zu sein, wohin das Leben uns am Ende geführt hat?

Durch die Welt wandern; das Ausmaß des Zufalls ermessen, den unser Geburtsort mit seiner Bürde aus Willkür und Beschränkung darstellt; sich dem unumkehrbaren Strom der Zeit des Lebens und des Daseins fügen; akzeptieren, dass wir Reisende, Passanten sind, weil dies vielleicht das Wesen unseres Menschseins ist, der Sockel, auf dem wir die Kultur errichten – das sind womöglich die am schwersten zu beantwortenden Fragen unserer Zeit, Fragen, die Fanon uns in seiner Apotheke, seiner Reiseapotheke, der *Apotheke des Passanten*, hinterlassen hat.

Tatsächlich gibt es nur wenige derart bedeutungsgeladene Begriffe wie den des Reisenden, des Passanten.

Zunächst einmal enthält das französische Wort *passant* mehrere andere, angefangen mit dem Wörtchen *pas*, »nicht«, aber auch »Schritt« – einerseits Ausdruck der Negation (was nicht oder noch nicht oder nur aufgrund seiner Abwesenheit existiert), andererseits Rhythmus, Takt, Geschwindigkeit entlang eines Weges, eines Ganges, einer Ortsveränderung: etwas, das (in) Bewegung ist. Sodann gleichsam als Kehrseite, *passé*, »vergangen« – Vergangenheit nicht als Spur von etwas, das bereits geschehen ist, sondern das zu geschehen im Begriff ist, sodass man es erfassen kann in genau dem Augenblick, da es eintritt, in genau dem Akt, durch den es eintritt, in dem Augenblick, da es auftaucht und zum Ereignis geboren zu werden, Ereignis zu werden trachtet.

Dann ist da *le passant*, »der Passant«, diese Gestalt des »anderswo«, kommt der Passant doch nur deshalb vorbei, weil er sich auf dem Weg von einem Anderswo zu einem anderen Anderswo befindet. Er ist *en passage*, auf der Durchreise, und zwingt uns, ihn aufzunehmen, zumindest für den Augenblick.

Aber dann ist da auch noch *passeur*, »Fährmann« oder »Fluchthelfer« und mehr noch *passage* und *passager*, »Überfahrt« und »Passagier«. Sollte also der Passant all das zugleich sein: das Fahrzeug, die Brücke oder Gangway, die Planken auf den Decksbalken eines Schiffs, jemand, der seine Wurzeln andernorts hat und auf dem Weg irgendwohin ist, wo er zeitweilig bleiben wird, in der Absicht, zu gegebener Zeit nach Hause zurückzukehren? Aber was würde aus ihm, wenn er nicht heimkehrte, sondern seinen Weg fortsetzte, bei Bedarf umkehrte, sich aber stets außerhalb seines Geburtsorts bewegte, ohne deshalb den Status eines »Flüchtlings« oder »Migranten« zu beanspruchen und erst recht nicht den eines »Staatsbürgers« oder Einheimischen – eines angestammten Landsmanns?

Wenn man im Blick auf unsere Zeit auf die Gestalt des Reisenden oder Passanten und die Flüchtigkeit des Lebens verweist, singt man damit durchaus kein Loblied auf das Exil oder den Zufluchtsort, auf Flucht oder Nomadentum.

Auch feiert man damit nicht die entwurzelte Welt der Bohème.

Unter den heutigen Bedingungen gibt es solch eine Welt gar nicht. Es geht vielmehr wie in diesem ganzen Buch um die Gestalt eines Menschen, der sich bemühte, einen steilen Pfad zu erklimmen – der wegging, sein Land verließ, anderswo lebte, im Ausland, an Orten, die er zu einer echten Bleibe für sich machte und dadurch sein Schicksal mit dem jener Menschen verband, die ihn aufnahmen und in seinem Gesicht ihr eigenes erkannten, das einer kommenden Menschheit.

Ein Mensch in der Welt zu werden ist keine Frage der Geburt und keine Frage der Herkunft oder der Rasse.

Es ist eine Sache des Weges, der Zirkulation und der Verwandlung.

Das Verwandlungsprojekt verlangt vom Subjekt, dass es die Zerstückelung seines Lebens ganz bewusst annimmt; dass es sich zu Umwegen und gelegentlich unwahrscheinlichen Annäherungen zwingt; dass es in den Zwischenräumen agiert, um hier Dingen, die gewöhnlich getrennt werden, einen gemeinsamen Ausdruck zu verleihen. Fanon ließ sich an jedem dieser Orte mit einer gewissen Distanz und einem reservierten Staunen nieder, um die instabile und bewegte Kartographie, in der er sich wiederfand, vollauf anzunehmen. Als »Ort« bezeichnete er jede Begegnungserfahrung, die es ermöglicht, sich seiner selbst nicht nur als besonderes Individuum bewusst zu werden, sondern als Samenkorn einer umfassenderen Menschheit, welche sich mit der Unabwendbarkeit einer Zeit auseinandersetzen muss, die niemals anhält, deren Hauptmerkmal darin liegt, dass sie fließt – die Passage *par excellence*.

Aber man kann nicht an einem Ort wohnen, ohne auch von ihm bewohnt zu werden. An einem Ort zu wohnen ist nicht dasselbe wie an diesen Ort zu gehören. In einem bestimmten Land geboren zu werden ist ein Zufall, der das Subjekt jedoch keineswegs von jeder Verantwortung befreit.

Im Übrigen ist an der Geburt als solcher nichts Geheimnisvolles. Sie bietet lediglich die Fiktion einer Welt, die vergangen ist, trotz all unserer Versuche, sie mit allem zu verbinden, was uns lieb ist – Sitte, Kultur, Tradition, Rituale, all die Masken, mit denen wir alle ausstaffiert sind.

Nicht an einen Ort zu gehören ist letztlich typisch für den Menschen, denn als ein aus anderen Lebewesen und Arten zusammengesetztes Wesen gehört der Mensch an alle Orte zusammen.

Deshalb sollte er lernen, ständig von einem Ort zum anderen zu wechseln, denn das ist letztlich seine Bestimmung.

Aber von einem Ort zum anderen zu wechseln heißt auch, mit jedem von ihnen eine Beziehung zu knüpfen, die sowohl durch Solidarität als auch durch Distanz geprägt ist – niemals jedoch durch Gleichgültigkeit – nennen wir dies die Ethik des Passanten.

Diese Ethik besagt, dass man einen Ort besser benennen und besser bewohnen kann, wenn man sich von ihm entfernt.

Sind freier Aufenthalt und freier Verkehr nicht notwendige

Voraussetzung für das Teilen der Welt oder für das von Édouard Glissant so genannte »Weltverhältnis«? Was könnte der Mensch jenseits der Geburt, der Nationalität und der Staatsbürgerschaft sein?

Ich hätte natürlich gerne eine erschöpfende Antwort auf all diese Fragen gegeben. Aber hier muss der Hinweis genügen, dass das kommende Denken notwendig ein Denken des Übergangs, der Überfahrt und des Verkehrs sein wird. Es wird ein Denken des fließenden Lebens sein; des Lebens, das vorübergeht und das wir in Ereignisse zu übersetzen versuchen. Es wird ein Denken nicht des Übermaßes, sondern des Überschusses sein, das heißt dessen, was dem Opfer, der Verausgabung und dem Verlust entgeht, da es keinen Preis hat.

Wollen wir solch ein Denken hervorbringen, müssen wir zudem erkennen, dass Europa, das der Welt so viel gegeben und im Gegenzug – oft mit Gewalt und List – genommen hat, nicht mehr das Gravitationszentrum der Welt ist. Wir sollten nicht mehr dort nach Antworten auf die Fragen suchen, die wir hier stellen. Europa ist nicht mehr die Apotheke der Welt.

Aber wenn wir sagen, Europa sei nicht mehr das Gravitationszentrum der Welt, bedeutet dies auch, das europäische Archiv sei erschöpft? War dieses Archiv nicht immer schon das Produkt einer besonderen Geschichte? Wenn die Geschichte Europas über mehrere Jahrhunderte mit der Weltgeschichte und die Weltgeschichte umgekehrt mit der Geschichte Europas gleichgesetzt wurde, folgt daraus nicht, dass dieses Archiv nicht Europa allein gehört?

Da die Welt nicht mehr nur eine einzige Apotheke hat, geht es in Wirklichkeit nun darum, all ihre Stränge zu bewohnen, wenn wir der Beziehung ohne Begehren und der Gefahr einer Gesellschaft der Feindschaft entgehen wollen. Es geht darum, sie von vielfältigen Orten aus so verantwortungsvoll wie möglich zu durchqueren, als die Berechtigten, die wir alle sind, aber in einem totalen Verhältnis der Freiheit und, wo es sein muss, der Distanz. In diesem Prozess, der Übersetzung, aber auch Konflikt und Missverständnisse umfasst, lösen manche Probleme sich von selbst. Damit zeigt sich relativ klar die Notwendigkeit vielleicht nicht einer möglichen Universalität, zumindest aber des Gedankens, dass die Erde uns allen gehört und unsere gemeinsame Grundlage bildet.

Das ist einer der Gründe, weshalb es nahezu unmöglich ist, unversehrt aus der Lektüre Fanons hervorzugehen. Es ist schwer, ihn zu lesen, ohne berührt zu werden von seiner Stimme, seinem Schreiben, seinem Rhythmus, seiner Sprache, seiner klangvollen und volltönenden Stimme, seinen Krämpfen und Kontraktionen und vor allem seinem Atem.

Im Zeitalter der Erde werden wir in der Tat eine Stimme brauchen, die unablässig bohrt, durchbohrt und gräbt, die es versteht, zum Geschoss zu werden, gleichsam eine absolute Fülle, ein Wille, der die Realität unermüdlich anbohrt. Ihre Aufgabe wird es sein, nicht nur Riegel zu sprengen, sondern auch das Leben vor der drohenden Katastrophe zu bewahren.

Alle Fragmente dieser Erdensprache werden in den Paradoxien des Körpers, des Fleischs, der Haut und der Nerven wurzeln. Um der Gefahr der Fixierung, Einschließung und Erstickung, der Dissoziation und der Verstümmelung zu entgehen, müssen Sprechen und Schreiben sich ständig in die Unendlichkeit des Draußen projizieren, sich aufrichten, um den Schraubstock zu öffnen, der den Unterworfenen und seinen Körper aus Muskeln, Lungen, Herz, Hals, Leber und Milz bedroht, den entehrten, von zahllosen Schnittwunden gezeichneten Leib, den teilbaren, geteilten, im Kampf mit sich selbst liegenden Körper, seinerseits aus mehreren Körpern bestehend, die einander in ein und demselben Körper gegenüberstehen – auf der einen Seite der Körper des Hasses, eine fürchterliche Last, der falsche Körper der von Schändlichkeit erdrückten Schmach; und auf der anderen der ursprüngliche, aber von Anderen gestohlene und grässlich entstellte Körper, den es in einem Akt echter Genese buchstäblich wiederzuerwecken gilt.

Wieder zum Leben erweckt und gerade dadurch verschieden vom erniedrigten Körper des kolonisierten Daseins, wird dieser neue Leib eingeladen, Mitglied einer neuen Gemeinschaft zu werden. Sich nach seinem eigenen Plan entfaltend, wird er seinen Weg nun gemeinsam mit anderen Körpern gehen und dadurch die Welt neu erschaffen.

Mit Fanon wenden wir uns deshalb mit dieser letzten Bitte an ihn:

»O mein Leib, sorge dafür, dass ich immer ein Mensch bin, der fragt!«[1]

---

[1] Frantz Fanon, *Peau noire, masques blancs*, Paris 1952; dt.: *Schwarze Haut, weiße Masken*, Wien, Berlin 2013, S. 212.